主编 凌翔

当代名师精品

教学模式创新

蔡林森 申芳芳 胡晓炜 著

北京燕山出版社

图书在版编目（CIP）数据

教学模式创新：以德贯穿　先学后教　当堂训练 / 蔡林森，申芳芳，胡晓炜著．— 北京：北京燕山出版社，2023.4

ISBN 978-7-5402-6875-6

Ⅰ.①教…　Ⅱ.①蔡…　②申…　③胡…　Ⅲ.①课堂教学—教学研究—中小学　Ⅳ.① G632.421

中国国家版本馆 CIP 数据核字（2023）第 053898 号

教学模式创新：以德贯穿　先学后教　当堂训练

JIAOXUE MOSHI CHUANGXIN：YIDE GUANCHUAN XIANXUE HOUJIAO DANGTANG XUNLIAN

著　　者：蔡林森　申芳芳　胡晓炜
责任编辑：杨春光
装帧设计：邓小林
出版发行：北京燕山出版社有限公司
社　　址：北京市西城区琉璃厂西街 20 号
邮　　编：100052
电话传真：86-10-65240430（总编室）
印　　刷：北京军迪印刷有限责任公司
开　　本：710mm × 1000mm　　1/16
字　　数：321 千字
印　　张：24
版　　次：2023 年 4 月第 1 版
印　　次：2023 年 4 月第 1 次印刷
ISBN 978-7-5402-6875-6
定　　价：99.80 元

創新教與學模式
致力高質量教育

蔡林森中學高效教學模式出版賀

辛丑春月 郭振有 於京華

中国教育学会原常务副会长郭振有题词

序一
要灵活运用教育模式

蔡林森校长是我国教育改革的先锋，在江苏省洋思中学创造的“先学后教，当堂训练”教育理念和经验，在河南沁阳又生根发芽，长成大树，并且正在普及到全国基础教育领域。

叶圣陶先生曾经说过：“教，为了不教”，那就是说要教会学生自己学习，自己思考。长期以来，我国的教学总是把教放在主要位置，忽视学生的主体作用，不重视调动学生的主动性和积极性，从而教学效率低下。“先学后教，当堂训练”就改变了这种状况。学生先学，发挥了学生的主体性和积极主动性。学生先学以后，会产生各种问题，或者自己的体会。老师再教，就会有的放矢，提高教学效果。因此，“先学后教”不只是一个教学方法问题，更是一种教育的理念。

当前，我国教育已经进入了一个新时期，要从数量的发展转变到质量的提高，让每个孩子都能享受公平而有质量的教育。为此，校长要把主要精力放在课堂上，让老师上好每一节课，教好每一个学生。蔡林森校长就是始终把主要精力用在课堂上，与老师研究怎样上好每一节课。

近些年来蔡林森校长老刀不老，不断钻研，不断深入，又有许多新的思想、新的经验。《教学模式创新——以德贯穿 先学后教 当堂训练》是蔡校长的新作，他把在沁阳永威学校的经验，总结为中小学高效教学模式，编写成册，内容包括中小学各科教学和每一堂课的教学模式。可以说是一部教学手册。

我认为，教师在阅读这本书的时候，要注意蔡林森校长的教育思想实质。模式毕竟是模式，要服务于以生为本、先学后教、当堂训练的理念，灵活运用教育模式。

顾明远

原中国教育学会会长

2021年1月6日

序二
教育改革关键在于做

拜读了顾明远先生为《教学模式创新——以德贯穿 先学后教 当堂训练》所作之序言，顾先生对蔡林森校长办学理念和经验，以及“以德贯穿：先学后教，当堂训练”教学模式的热情肯定，显示了这本书的出版对新时代教育改革和创新，特别是对中小学新课程改革的价值和意义。

读完这本书稿，我还是要说，我们要像蔡林森那样做校长，做教育。为什么要特别强调“做”呢？因为新时代教育改革的蓝图已经绘就，关键在“做”，认真地做，坚持去做，立德树人，提高质量才能落到实处，得以实现。而蔡林森便是用毕生精力做教师、做校长，做教育的典范，在江苏他把一所村联办的洋思初中做成省内外知名的学校。我当时称他创造了“朴素的教育奇迹”。退休后他应聘加盟河南沁阳永威学校，他把自己创造的“先学后教，当堂训练”的教学模式，拓展到小学和高中，又创造了一个更火的奇迹，这个奇迹仍然是朴素的，但是其意义更加重大，它进一步证实了“先学后教，当堂训练”的教学模式是高效的，且具普遍意义。

读完这本书稿，我高兴地看到，“先学后教，当堂训练”这个教学模式已经逐步完善，走向成熟。这本书应该成为教师教育，特别是各学科教学法的好教材。回顾当初，把“先学后教，当堂训练”称之为一种教学模式的时候，有人质疑过，我自己也犹豫过，但是最后还是坚持了。长期以来，课程教学一直存在着一种模式，而且这种模式还在顽强地延续着，这种模式总是立足于“教”，忽视于“学”，非一场革命的力量难以改变。“先学后教 当堂训练”教学模式，变以“教”为主，为以“学”为主，这是对传统教学模式的一种颠覆。“先学后教，当堂训练”一是确立了学生在课堂教学中的主体地位；二是保证了学生在课堂上自主学习的时间；三是促进了教学目标的达成。只要你实地去考察永威学校的课堂，你就会看到，先学时，学生都在教师指导下，认真地“做功课”；训练时，学生都在教师指导下认真地“做作业”，这便是陶行知先生所说的，在做上教乃为“真教”，在做上学乃为“实学”。正是靠真教、实学，保证了永威学校教与学的质量。

说到“以德贯穿”此乃教育之本，立德树人必须贯穿课内课外，校内校外。在推广蔡林森教育理念和办学经验中，我历来强调，它是面向全体学生的高效的课堂教学，是高度的责任心和奉献精神的统一。蔡校长已是耄耋老人，仍然活跃在教学第一线，每年仍有上千课时在课堂上与老师一起琢磨教学。可贵可敬，只有像他那样坚持以教学为中心，坚守课堂这个主阵地。做好教育人自己的事，教育才能形成内外良性循环。教育有希望，国家有未来。

原江苏省教育厅副厅长、江苏省教育学会会长　周德藩

2021 年 1 月 14 日

序三
大胆探索　不断创新

教育是国之大计，党之大计。建设教育强国是中华民族伟大复兴的基础工程。习近平总书记高度重视教育优先发展战略，高度重视新时代教育立德树人工作，高度重视思政课的建设和发展，强调思政课是落实立德树人根本任务的关键课程。“要把思想政治工作贯穿教育教学全过程，实现全员育人、全程育人、全方位育人。”落实党和国家领导人重要讲话精神，构建“三全”育人大格局，教师队伍是主力军，课程建设是主战场，课堂教学是主渠道，必须充分发挥教师的主导作用和学生的主体作用，大胆实践，勇于创新，探索具有中国特色的以立德树人为目标的教育教学新模式。

蔡林森校长和沁阳永威学校的老师们坚持十几年深化课改，经过不断完善，形成了具有新时代特色的“以德贯穿：先学后教，当堂训练”教学模式。这种教学模式充分发挥了教师的主导作用，能引导教师科学把握学生认知规律，促进教师上好每一堂课；突出了学生的主体地位，激发了学生的求知欲和学习兴趣，提高了学习能力，是一种启发式、互动式、探究式的教学，强化了课堂主阵地作用，能够提高课堂教学质量。

《教学模式创新——以德贯穿 先学后教 当堂训练》的出版、发行，为中小学一线教师提供了借鉴和参考。正像世上没有完全相同的两片树叶一样，世上也没有完全相同的两个学生。因此，老师们在教学安排中，还要结合实际情况，精准分析学情，重视差异化教学和个别化指导，力争让每堂课都能实现知识、能力、情感价值观的教学目标，而且在教师的言传身教下，学生能够增强精神动力，不断提高综合素质。

沁阳永威学校教学质量高，办学成绩突出，他们的实践证明了“以德贯穿：先学后教，当堂训练”教学模式很有价值，希望更多的教育工作者在教学实践中大胆探索，不断创新教育思想、教育模式、教育方法，形成教学特色，让学生在自主、合作、探究中提升学科核心素养和关键能力，为党和国家培养出更多的德智体美劳全面发展的社会主义事业建设者和接班人。

河南省人大常委会原副主任、河南省教育厅原厅长　蒋笃运

2021 年 4 月 1 日

序四
“先学后教，当堂训练”的推广和发展

2006年，蔡林森校长加盟沁阳市永威学校，开始了在沁阳这片热土上的课改实践。十多年来，蔡林森校长坚持落实“先学后教，当堂训练”教学模式，持续提升教育教学质量，沁阳市永威学校迅速成为全国名校；我市教育体育系统将永威学校作为全市校长教师培训基地，全系统持续开展向蔡林森校长学习活动，实现了沁阳教育质量连年位居焦作市前列。

进入新时代，蔡林森校长认真践行习近平总书记关于“思想政治工作是学校各项工作的生命线”的重要论述，他带领老师们在实践中创造性构建了“以德贯穿 先学后教 当堂训练”教学模式，课改的重点由重教学方法的改革，转向重思想政治教育的改革，这样，持之以恒落实立德树人根本任务，心无旁骛推进教育教学高质量发展。《教学模式创新——以德贯穿 先学后教 当堂训练》一书，确实是永威学校校长、老师们课改实践、研究、创新的成果，这本书能够帮助教师形成正确的教育理念，运用好“以德贯穿：先学后教，当堂训练”教学模式，有的放矢地深化课改。

广大教师应该精心备好每一节课，上好每一节课，不断提高教育教学质量，同时，尤其应该力戒教学改革中的形式主义，力戒假课改、乱课改，从根本上摒弃教学改革“空转”“空对空”的不实作风。

我希望我们校长、教师不断向蔡林森校长学习，努力办好学校，使每个孩子都享有公平而有质量的教育，让广大人民满意。

我坚信："以德贯穿：先学后教，当堂训练"教学模式在全国普遍推广，一定鲜花烂漫，硕果累累！

河南省沁阳市教体局党组书记、局长　陈治邦

2021年1月3日

目　录

第三章 教学模式影响全国

第一章　教学模式不断创新

“以德贯穿：先学后教，当堂训练”教学模式是长期不断探索、大胆创新的成果，是各级教育主管部门的领导和学校校长、教师集体智慧和心血的结晶。

“以德贯穿：先学后教，当堂训练”是科学高效、立德树人的教学模式，它普遍适用于中小学各学科课堂教学以及课后多种育人活动，其操作方法主要有三类：

第一类，一节课一次“先学后教”。

一节课一次“先学后教”，最后“当堂训练”（常用于数学等学科）。它包括开头简短的一个辅助环节（板书课题、出示目标、自学指导）和三个主要环节：（一）“先学”，即学生看书（读书）、检测；（二）“后教”，即学生更正、讨论、教师点拨；（三）“当堂训练”，即当堂完成作业。辅助环节就像高速公路旁的“引桥”，主要环节好像高速公路。课上教师引导学生发挥好主体作用，很快通过“引桥”，奔驰在自学的快车道上……其中，“先学”和“当堂训练”是自主学习，“后教”是合作学习，全程自主、合作、探究性学习；全程**以德贯穿，立德树人**，小学的“四个一”教学模式（“看一看”“做一做”，即“先学”；“议一议”，即“后教”；“练一练”，即“当堂训练”）也是这样。

第二类，一节课几次“先学后教”。

一节课几次先学后教，最后当堂训练（常用于语文、英语等学科），全程**以德贯穿，立德树人**，小学“几个比”教学模式（每一个“比”，都是一次“先学后教”，最后“当堂训练”（常用于语文、英语等学科）也是这一种。

第三类，几节课一次“先学后教”。

复习课搞大“先学后教，当堂训练”，即几节课一次“先学后教，当堂训练”（可一节课“先学”，即自己复习，查漏补缺，背诵练习；第二节课“先学”，检测练习，第三节课“后教”，即纠错）；小学一年级采用小步走的“先学后教，当堂训练”（学一点，教一点，再学一点，再教一点）；课后多种育人活动也常运用反复“先学后教”（没有“当堂训练”）的操作方法。运用这一类方法，也必须全程**以德贯穿，立德树人**。

怎样运用好这种教学模式呢？首先，必须坚持“以德贯穿好、紧张学习好”二好的评课标准，尤其必须要把立德树人的成效作为检验课堂教学的根本标准；其次，必须从实际出发，讲究实效，大胆探索，不断创新，精心备课，灵活运用“以德贯穿：先学后教，当堂训练”教学模式，千万不能模式化，死搬硬套，只图形式，千篇一律，因为学科、课型不同，中学、小学学生基础和能力不同，千变万化的缘故。

第一节　不断创新

科学的高效的能够立德树人的教学模式的形成、完善、发展的过程确实是大胆探索、不断创新的过程，从江苏省洋思中学到河南省沁阳永威学校四十年的课改实践就是这样。

（一）不断创新，形成、完善“先学后教，当堂训练”教学模式

1. 大胆探索，起步于“当堂训练”

1981 年，江苏省泰兴市天星镇几个村联办起的一所偏僻的薄弱学

校——洋思中学，生源、设备、教学质量远不如镇内其他两所初中；师资特别差，只有 2 名中师毕业的公办教师，4 名民办教师，其余都是代课教师，英语教师都是开学前聘请来的高考落榜生。

1982 年，蔡林森担任洋思中学校长，他一心要办好学校，教好学生。但是，他发现有的数学教师"满堂灌"，从上课一直讲到下课，黑板上写满了字，连一道例题也讲不完，作业压到课外，学生只得中午边做边对答案，结果作业人人全对，但做过的题还不会。

面对困境，怎么办？蛮干不行，唯一的选择，就是走教学创新之路。他大胆提出"一定要当堂完成作业"的口号，但遭到了有的领导和多数教师的反对。有位化学教师直截了当地质问我："兄弟学校一星期排 4 节化学课，晚上学生到校自习，我校一星期只排 3 节化学课，晚上学生不到校，如果要当堂完成作业，能完成教学任务吗？如果明年中考化学成绩不好，你要为我收回名誉！"大家争得面红耳赤。经过多次教研会反复交锋，终于通过了"当堂完成作业"的方案，逼着教师少讲、精讲，同时，把"检查复习"砍去，改为一上课就新授。这样，教学质量很快提高，名列全镇前茅。那位化学教师，也尝到了课堂改革创新的甜头。

1985 年 11 月份，泰兴县（现江苏省泰兴市）教育局教研室刘守立、张兴发、朱玉林等 9 位领导突然进洋思中学听了整整一天随堂课，意外地发现洋思中学各科教学都能当堂完成作业，效果很好，当场称赞洋思中学开了泰兴县课堂教学改革的先河，要求认真总结、推广，后来，在县、乡两级领导的大力支持下，蔡校长在全市教学工作会议上，作了《改革课堂教学，当堂完成作业》的教改经验介绍，从此泰兴市教育局组织中小学校长、教师分批进洋思中学轮训，掀起了学习洋思的热潮。

2. 不断创新，形成"先学后教，当堂训练"

为了让学生当堂完成作业，洋思中学起初的做法是让学生"课前预习"，课上教师只针对学生不会的讲。后来发现学生"课前预习"，费时间、难度大、易落空，我就要求教师把“课前预习”改为课上学生“先学”（看书、检测），以后“老师讲”，经过探索，把“老师讲”优化为“后教”（学生讨论、教师补充讲），最后“当堂完成作业”。这就初步形成“先学后教，当堂训练”的教学模式。1994 年，《江苏教育报》《中国教育报》相继发表的长篇通讯《洋思之路》，其中重点总结报道了“先学后教，当堂训练”的教学模式。

3. 继续创新，完善“先学后教，当堂训练”

1997 年 9 月，江苏省教委副主任周德藩带领江苏省教研室 30 多名专家进洋思中学听课三天，后来召开各大市教研室主任会议，高度评价洋思中学的“先学后教，当堂训练”教学模式。1999 年教师节，泰州市委、市政府下发学习洋思中学经验（包括教学模式）的文件，全市掀起学习洋思热潮。1999 年 11 月下旬，江苏省教委召开学洋思、推广“先学后教，当堂训练”的教学工作会议，蔡校长作了《运用“先学后教，当堂训练”教学模式，有效地实施素质教育》的介绍，洋思中学的老师给会议代表上观摩课，省教委下发了推广洋思经验（包括教学模式）的文件。

会后，江苏省掀起了学习洋思中学的热潮。中央教科所副所长滕纯、中国教育学会会长顾明远、中国教育学会常务副会长郭振有、天津教科院王敏勤教授等教育专家都肯定“先学后教，当堂训练”是科学、高效的教学模式。持续不断的研究文章、宣传报道在全国引起很大的反响，广大教育工作者纷纷涌进洋思中学参观、考察。

2000 年，江苏省教委副主任周德藩写序，主编了《一个朴素的教育奇迹》一书，书中详细介绍了“没有教不好的学生”教育思想、学校承包责任制、“先学后教，当堂训练”教学法以及洋思人的精神。2002 年 1 月，《江苏教育》杂志发表了四万多字的专题报道，全面系统地介绍了洋思中学经验，其中一个主要内容就是介绍“先学后教，当堂训练”教学法。

21世纪初，轰轰烈烈的新课程改革开始了。大家发现，“先学后教，当堂训练”教学模式，完全符合新课改的基本理念，具有示范性和操作性。洋思中学在各级教育主管部门、教科研部门的指导下，结合新课改、新教材，继续深化教学改革，完善“先学后教，当堂训练”。教育专家陶西平、王文湛等也都充分肯定“先学后教，当堂训练”是一种高效的教学模式。《中国教育报》教学版主编王增昌发表了题为《洋思中学走在新课程改革的前列》的万余字的长篇论文。洋思中学应邀赴省内外500多处讲学、上课，每天接待数百名前来参观考察者随堂听课。大开放促进了大发展，“先学后教，当堂训练”教学模式在不断开放、研究和争议中完善、提高。2005年，蔡林森同邱学华先生合作编著了《蔡林森与洋思经验》，列入“当代中国著名教学流派丛书”，这本书从理论和实践两个方面，完整地阐明“先学后教，当堂训练”教学模式的应用价值、理论基础及其操作方法。后来，“先学后教，当堂训练”获得了教育部国家级教学成果一等奖。

总之，“先学后教，当堂训练”教学模式从起步至形成以及形成后的灵活运用、不断完善的全过程，都是蔡校长和老师们在专家和领导的关心、支持下，大胆探索、不断创新的过程。如果没有大胆探索、不断创新，就不会有“先学后教，当堂训练”教学模式，更不会出现高质量的奇迹。

（二）不断创新，推广、发展“先学后教，当堂训练”。

1. 在初中推广

2006年蔡校长退休后，担任河南沁阳永威学校初中部校长，很快发现学生参加沁阳学业水平测试，质量特差。他十分吃惊，觉得问题严重，毫无退路，怎么背水作战，求生存、求发展呢？他十分自信：唯一的选择还是坚持不断创新，推广“先学后教，当堂训练”。但是，永威学校的学情与洋思中学不一样，他不能照搬洋思中学的原有做法，必须闯出一条快速、高效推广的新路，就是“坚持常年赛课、评课，每天发现问题、解决问题，更加大胆地探索、不断地创新。”

蔡校长在初中部奋战3个多月，进行了三轮赛课，他每天听课、评课七八节，不断找问题，解决问题，老师们饱尝了酸甜苦辣，艰难地迈出了课改的第一步，课堂上学生在老师的引导下，紧张高效地学习，当堂达标，教学质量很快在沁阳领先，老师、学生转变观念，提高了课改的积极性，并且得到家长的理解、支持，沁阳市委、市政府、市教育局大力支持，推广永威的课改经验。

2. 在小学、高中推广、发展

（1）在小学推广、发展。

2007年春，蔡校长担任河南沁阳永威学校执行校长，兼管小学部。小学部就像初中部那样常年赛课、评课。在运用“先学后教，当堂训练”教学模式赛课的过程中，他发现小学数学新教材特别适合学生学习，就和老师们一起研究，形成了“四个一”（看一看、做一做、议一议、练一练）的数学教学模式，这种教学模式很适合小学生好奇、好动、好胜、好学的特点，2012年9月，“四个一”教学模式被河南省教育厅评为河南省教育科学研究优秀成果一等奖。小学语文形成了“几个比”的教学模式。从此，小学生人人成绩优秀、全面发展，家长都很满意。

2007年春天，《中国教育报》以《成就洋思　发展永威》为题整版做了报道，2007年11月，蔡校长应邀在《中国教育报》发表了《每节课讲几分钟岂能硬性规定》的长篇论文，就是谈了推广“先学后教，当堂训练”教学模式，一定要讲究辩证法，不要“一刀切”、顾此失彼，搞极端化。

（2）在高中推广、发展。

2008年2月，蔡校长担任河南沁阳永威学校校长，接管高中，立即收起了所谓挂牌上课的小黑板，停止了每节课上 75 分钟的“大课、小课”，同时，组织高中教师和初中教师一起赛课、评课。开头，部分老师有抵触情绪，难以接受，认为高中教材难，不能搞“先学后教，当堂训练”教学模式。但是，蔡校长坚定不移地组织赛课、评课，焦作市教育局局长带领焦作市中小学校长、教师进永威培训。我根据高中的学情，把“先学后教，当堂训练”教学模式，简化为“自主—合作—自主”的高中教学模式，高中部老师解放思想，一致认为高中学生阅读水平比初中、小学高，应该能读懂课本，也能够运用初中知识自学，教师对学生学过、已懂的知识不教，集中精力解决学习中的难点、疑点。各年级、各学科老师都能引导学生课上紧张自学，当堂解决疑难，当堂完成作业，教学质量在焦作领先。

河南沁阳永威学校各学部独立常年赛课、评课，蔡校长每年听课 1000 节以上，不断发现问题、解决问题。根据永威课改的实践，他每年都写成长篇课改论文，发表在《中国教育报》《人民教育》上，我于 2010 年写成《教学革命——蔡林森与先学后教》，2015 年写成《蔡林森从洋思到永威》，分别由首都师范大学和北京师范大学出版社出版，全国发行，“先学后教，当堂训练”教学模式在沁阳中小学开花、结果，全国各地赴永威参观考察者络绎不绝。

（3）与信息技术融合，学生看书，联系旧知、理解新知。

2016 年 9 月，河南沁阳永威学校普遍用上电子白板。赛课、评课时，蔡校长指导数学教师告别小黑板，用上白板，把“先学”由原来的“学生看书后上讲台板演”改成了“学生看书后一起完成多题书面检测练习”，有了惊人的新发现：小学、初中、高中学生看书后都能快速独立完成书面检测练习，大多数学生全对。例如：初一数学课上（教“解一元一次方程——移项”时），学生先看例题，再书面练习 10 道题，结果，仅有 2 人没有全对，其中 1 人因有一道题移项未变号，另 1 人有一题未移的项却变了号。

为了适应教育信息化的新形势和学生自学能力不断增强的新学情，河南沁阳永威学校老师们普遍运用“先学后教，当堂训练”的最新操作方法：先学——学生看书、独立完成书面练习；后教——教师用白板公布答案，学生评定对错；老师统计全对人数，让未全对的学生把试卷交给老师，老师用白板出示错题；大家只讨论‘哪里错’‘为什么错’，大家讨论，老师适当点拨、拓展，引导学生举一反三；最后当堂训练。这样，适当增加训练的题量，加快训练的速度，节省学习的时间，最大限度地暴露、有的放矢地快速解决疑难问题，学生紧张学习、顽强拼搏、一丝不苟，效果更好。但是，有的教师重视学生练习、训练，而忽视了学生的理解、思维。

针对新问题，怎么办？①有的教师就在学生看书后，增加“提问”（讨论），教师点拨、拓展，这虽能让学生理解新知识，但浪费时间，因为“提问”（“讨论”）与“书面练习”后的“纠错”重复，教师如问得多，更影响效果；②若采用尝试方法，先让学生做尝试练习题（教师出的预备题），后做课本上的练习题，也费时、难突破重点。③经过几年探索，老师们反复学习新教材和参考资料，坚持把课文中云图里的思考题写进自学指导（思考题明确、具体，能突破重点、难点），并且“自学指导”中要求学生边看课本，边回忆已学过的同类旧知，理解新知，以后直接书面练习。例如：教《多项式乘以多项式》，指导学生边看书，边回忆小学学过的《多位数乘以多位数》，因为二者有类似之处，学生容易理解新知。这样，各学科“自学指导”都要求学生边看书，边回忆旧知、理解新知，以后直接书面练习，效果更好。

（三）不断创新，形成“以德贯穿：先学后教，当堂训练”教学模式

河南沁阳永威学校坚持常年赛课、评课，一直引导教师运用“先学

后教，当堂训练”教学模式，有机地渗透德育。但是，学校抓课上渗透德育，不及抓教学方法改革扎实，加之，学校发展特别快，新教师特别多，绝大多数新教师都是非师范类、非本专业的大学毕业生，他们缺少磨炼，缺少吃苦精神，缺少经验；有的老教师虽能运用“先学后教，当堂训练”的教学方法，但师德师风还难以达到高标准，难以适应新形势。

针对存在问题，蔡校长和老师们学习、领悟了“**把思想政治工作贯穿教育教学全过程，实现全员育人、全程育人、全方位育人**”的重要指示，重温传道与授业、解惑等古代教书育人的教育思想，认识到德是首位，是方向，推广“先学后教，当堂训练”教学模式，不仅要改革教学方法、提高教学质量，而且更要把思想政治教育贯穿课堂教学的全过程，简而言之，就是在“先学后教，当堂训练”前加上“以德贯穿”四个字，这关系到“为谁培养人”“培养什么人”“怎样培养人”的大问题，关系到以课堂为主阵地、努力完成立德树人的根本任务。

（1）贯穿什么“德”？“德”既有个人品德，也有社会公德，更有报效祖国和服务人民的大德。我们培养的人必须树立远大理想和社会主义共同理想，这就是我们要立的“德”。我们可以这样理解，就是习近平新时代中国特色社会主义思想不仅进校园，而且进课堂，进师生头脑，给师生铸魂，以社会主义核心价值观贯穿“先学后教，当堂训练”的课堂教学的全过程。

（2）怎样“贯穿”？①必须是“全程”从上课至下课不间断；②必须是“贯穿”，即要把“教书”与“育人”融为一体，要坚持不懈地扎扎实实地有机地渗透德育，既学好知识，同时又受到教育，一举两得，事半功倍，也就是以学生学好知识为载体，在学习的全过程，学生有明确的方向（政治方向），有明确的学习目的（为报效祖国、服务人民），有强大的精神动力（革命精神），一心、用心，尽力攻坚克难，不仅能够完成好学习任务，而且能够促进全面发展，绝不要随意把文化课上成政治课，或者在文化课上随意处理学生纠纷，或者空谈教育、空喊口号、搞形式主义，浪费学习时间，影响学习质量。经过学习、讨论，领导和老师们提高了认识，统一了思想，坚定了政治方向，学校形成了“以德贯穿：先学后教，当堂训练”的高效教学模式。从此，河南沁阳永威学校各学科老师们都继续不断创新，灵活运用“以德贯穿：先学后教，当堂训练”教学模式，尤其在有效地“以德贯穿”方面下真功夫，重点做到以下几点：

1. 坚持“以德贯穿好、紧张学习好”的评课标准

运用“以德贯穿：先学后教，当堂训练”教学模式，首先必须制订突出“以德贯穿”的正确评课标准。2019 年寒假教师培训班上，河南沁阳永威学校领导、教师经过学习讨论，一致通过了“以德贯穿好、紧张学习好的”双好评课标准，并且实行“一票否决制”，即凡是以德贯穿不达标的课，就是不达标的课。从 2019 年春学期开始，河南沁阳永威学校赛课、评课，就坚持“双好”评课标准，重点由评教学方法转为评立德树人。

2. 坚持引导教师在课堂上一言一行作好表率，给学生良好的影响

这是以德贯穿，立德树人的关键，是确保学生个人品德达标的必不可少的。

师德师风是评价教师队伍的第一标准，也是评价课堂“以德贯穿”的第一标准，身教重于言教，有了师德师风好的教师队伍，才能潜移默化地培养出政治思想、个人品德好的学生。学校监控室每节课都检查各学部、各班课上师生行为是否规范，发现问题，及时耐心地进行思想教育，并且列入考核，发放当月师德津贴、班主任津贴、月考核工资，学校寒暑假坚持举办教师培训班，坚持师德教育为先，大力培养典型，表扬先进，促进老师们在课堂上坚持教书和育人相统一，言传和身教相统一，以身作则，教书育人。

3. 坚持守纪律、讲规矩，让学生坐立行读写姿势正确，养成遵纪守法的良好习惯。这是培养学生个人品德必不可少的

有的专家宣扬西方教育，主张课堂上要给学生自由，不必要求学生坐端正，要允许学生打手机、喝水、睡觉……如果这样，学生自由散漫，怎么能专心紧张学习，怎么能培养良好的习惯、态度？这样的学生长大了怎么能够成为遵纪守法的公民？怎么能够成为听党指挥、能打胜仗的中国人民解放军战士？怎么能够成为中国特色社会主义事业建设者和接班人？不以规矩，不成人才。河南沁阳永威学校每年认真修订《课堂全程育人规则》，严格规定上下课仪式、规范学生行为、确保课堂纪律严明。课上不处理纠纷，如有学生违纪，教师示意或不点名制止；如无效，则点名制止；如仍无效，则下课时在《课堂纪律记载簿》上记下，待课后处理，绝不课上纠缠，浪费时间，影响学习。

2018 年，教育部《中小学生减负措施》文件第 12 条规定："教育学生坐立行读写姿势正确。"河南沁阳永威学校坚决执行教育部文件，更加严格要求教师带领每名学生课上真正做到坐立行读写姿势正确。2021 年 3 月 1 日开始，河南沁阳永威学校坚决执行教育部下达的《中小学教育惩戒规则》，严格按《永威学校教育惩戒制度》，坚持把全程、全方位正面教育与适度教育惩戒相结合，坚决纠正不良行为，保障课堂上"以德贯穿"的效果好上加好。

认真总结"以德贯穿"的经验，蔡校长写成了《课改要讲规矩，不能太"任性"》的文章，发表在《中国教育报》上，得到了不少校长、老师的认可。

4. 坚持领悟新教材，接受新教材的政治思想熏陶，学习中华传统文化

政治课注重理论联系实际，突出政治启蒙和社会主义核心价值观的塑造。课上学生按照老师出示的自学指导默读政治课新教材，找出自学指导中思考题的答案，解释答案中的关键词语，理解概念，学好理论，并且能联系实际，举例说明：对于新教材中找不到答案的综合应用题，教师要引导学生联系实际，谈体会，说启示或者排问题，议危害，坚决纠正错误的言行，形成正确的思想政治观念。

语文课上，教师不仅努力引导学生认真阅读、领悟新教，接受中国文化，学习新教材中的先进、模范人物的革命精神、高尚品质，提高思想政治觉悟，同时，在阅读和作文练习（指导、批改、评讲）的过程中，坚持正确的思想政治评价标准，引导学生写出歌颂党、歌颂祖国，歌颂先进人物的好思想、好品德的生动、感人的优秀作文。

历史课上，注意古为今用，引导学生学史明理、学史增信、学史崇德、学史力行，努力继承中华民族的优良传统，弘扬优秀的民族文化，热爱民族英雄，憎恨帝国主义、战略者和卖国贼，培养热爱中华民族，热爱党、热爱祖国的思想感情；地理课上，培养学生热爱祖国的大好河山，增强环保意识和民族复兴的热情。

数、理、化、生课上，努力挖掘教材蕴含的思想政治教育资源，引导学生热爱自然科学，学习科学家、劳动人民的创新精神，继承优良传统，养成持之以恒、一丝不苟的科学态度，刻苦学习，融会贯通，举一反三，增强综合、应用、思维、创新能力，时刻准备将来为中国的高科技发展做出贡献。

体育课上，教师努力引导学生队伍整齐，步伐一致，并在体育锻炼中享受乐趣、增强体质、健全人格、锤炼意志：美术、音乐课上，教师努力引导学生不仅学到知识，会唱革命歌曲；会画画，而且能够以美育人、以文化人，提高审美和人文素养。

劳动课上，教师不仅努力引导学生学会劳动，而且引导学生弘扬劳动精神，崇尚劳动，尊重劳动，懂得劳动最光荣、劳动最崇高、劳动最伟大、劳动最美丽的道理，长大后能够辛勤劳动、诚实劳动、创造性劳动。

这样，学生在课堂上领悟新教材、接受新教材的情感、思想的熏陶，不仅能够当堂完成学习任务，而且能够促进德智体美劳全面发展。

5. 坚定政治方向，强化爱国情怀，加大精神动力

这是培养学生社会公德和报效祖国、服务人民的大德的主要方面。当年，在战场上，解放军指战员发扬革命精神，为党为国，冒着枪林弹雨，冲锋陷阵，英勇杀敌，舍生忘死……如今，习近平新时代中国特色社会主义思想进课堂作指导，给了师生强大的精神动力。课上，教师强化爱国情怀，为党为国教书育人，全身心地进入教师角色，走进教材，满腔热情地精神抖擞地坚持教育公平，关心、教好每一名学生，不让一名掉队；学生就要像解放军那样听党话，为党为国，舍得付出，全身心投入，个个都有爱国心，能够专心、用心、拼命攻坚克难，紧张高效地学习，当堂达到教育教学目标。课堂像战场，统一指挥，步调一致，精神面貌特别好，大家一心紧张高效地完成任务，充满着自信和希望，沉浸在奋斗的欢乐和成功的喜悦中，谁也不觉得苦，不觉得累。这样，运用“以德贯穿：先学后教，当堂训练”教学模式，不仅没有降低教学质量，而且课堂更高效、质量更高，课外减负达标。

总之，“以德贯穿：先学后教，当堂训练”是科学的、高效的教学模式，更是以德贯穿、立德树人的课堂教学模式。河南沁阳永威学校运用这种教学模式，取得了更加喜人的成果。每年受到省、市表彰（例如：河南省依法治校示范校、河南省首批教育名片学校、河南省书法实验学校、河南省园林单位、河南省最美校园、河南省中小学示范性图书馆等），2019 年，学校党支部被评为焦作市十佳基层党组织，2020 年，学校被评为河南省首批义务教育标准化管理示范校。在实践中，蔡林森校长写成题为《德育贯穿课堂教学全过程》《坚定政治方向 规范办学行为》的论文，常务校长申芳写成《“先学后教，当堂训练”在永威的新发展》《教好每名学生的秘密何在》，副校长胡晓炜写成《“以德贯穿：先学后教，当堂训练”教学模式越来越高效》，均先后发表在《中国教育报》上，学校写成了《各学科“以德贯穿：先学后教，当堂训练”的操作方法》一书，每年都修改，发给各学科老师，送给参观来宾，效果喜人。

从江苏省泰兴市洋思中学到河南省沁阳市永威学校四十年的课改实践证明：教学模式创新是长期的、艰巨的任务，也是永恒的教研课题。广大中小学教师灵活运用“以德贯穿：先学后教，当堂训练”教学模式，就必须继续大胆探索，不断创新，尤其要在“以德贯穿、立德树人”方面下真功夫，做大文章，有新突破，才能课堂更加高效，课外减负达标，确保每一名学生都能成为德智体美劳全面发展的社会主义建设者和接班人，为建设现代化强国，做出应有的贡献。

第二节　理论基础

“以德贯穿：先学后教，当堂训练”教学模式和“先学后教，当堂训练”教学模式一样，都改变了传统的教学方法，都有科学性，有先进的理论基础。但是，“以德贯穿：先学后教，当堂训练”教学模式更有新的理论基础，就是习近平新时代中国特色社会主义思想。老师们在习近平新时代中国特色社会主义思想指引下，坚持以社会主义核心价值观贯穿课堂教学的全过程，努力完成立德树人的根本任务。下面，从上述两个方面分析、阐述：

（一）“以德贯穿：先学后教，当堂训练”和“先学后教，当堂训练”有同样的理论基础

1. 教学论基础

以现代教学论为理论基础，体现了学生主体、因材施教、分层教学、

循序渐进等原则。

（1）体现学生主体原则

①是对传统教学的一场革命。

课堂教学的全过程都让学生学，从而改变了传统的教学模式，真正确立了学生的主体地位。

改变了“教”与“学”的顺序。多少年来都是先“教”后“学”，即老师讲了之后，再让学生去练，而“以德贯穿：先学后教，当堂训练”教学模式就明确地规定要先“学”（看书、检测），后“教”（解决“学”中暴露出来的问题）。

改变了“教”与“学”的主次。传统的教学法是以“教”为主，“学”为次。“以德贯穿：先学后教，当堂训练”教学模式，却把“学”放在开头，即以“学”为首，以“学”为主，也就是以自主学习为主，而“教”为次，合作学习为次。再从时间的分配上讲，课上30多分钟的时间是自主学习（包括先学、看书练习、检测及当堂完成作业），教的时间不足15分钟，其中还包括着“兵教兵”，学生与学生合作学习。这样教师教的时间就更少了，所以这个教学法就决定了学生的“学”为主，教师的“教”为次。

摆正了“学”与“教”的关系。即“以学定教”，即根据“先学”的“学情”来确定“后教”的内容和方法；“以教促学”，即“教”（后教）帮助学生解决自学中的疑难，促进学生举一反三，继续自学，完成作业。

摆正了教师与学生的关系。

传统的教学，课堂上以教师讲、传授知识为主，学生始终在听，接受知识，处于被动状态。而运用“以德贯穿：先学后教，当堂训练”教学模式后，课堂教学的全过程都让学生学（看书、检测、更正、讨论、作业），这样，学生自己发现问题、解决问题，真正发挥了主体作用。教师呢？教师的角色变了，变成了节目主持人。也真正发挥了主导作用。尽管教师讲少了，但学生学习的每一步都要靠老师引导，尤其要教师谋划好学生自学的策略或叫设计好自学的作战方案。教师在课堂上的形象、感情都要给学生良好的印象。这样，教师就能发挥主导作用。

②是自主、合作、探究性学习。

搞新课程改革，就是要改变学习方式，变过去教师讲学生听为学生自主、合作、探究性学习。怎样让学生自主、合作、探究性学习呢？怎样把自主、合作、探究性学习的原则落实下来，变为课堂教学结构、变为具体的操作方法呢？“以德贯穿：先学后教，当堂训练”教学模式就是能把自主、合作、探究性学习落实下来，变为教学结构，变为操作的方法。

“以德贯穿：先学后教，当堂训练”就是自主、合作、探究性学习。“先学”（学生看书、检测）和“当堂训练”（当堂完成作业）都是自主学习，“后教”（学生更正、讨论）是合作学习，“先学后教，当堂训练”的全过程都是探究性学习。的确，“以德贯穿：先学后教，当堂训练”是符合并体现了自主学习、合作学习、探究性学习原则的教学法。

③能处理好自主、合作、探究性学习三者之间的关系。

运用这两种教学模式，课堂上，先让学生自主学习（先学——读书、检测），暴露出疑难问题，个人不能解决，在这种情况下，再让学生合作学习（后教——学生更正、讨论），这时，合作学习就有了**必要性**（就像渴了要喝水，饿了要吃饭一样。如果一上课就合作学习，搞什么同桌讨论、小组讨论，学生就轻轻松松，因为还没有碰到疑难问题，没有必要性），也有了**合作的内容**（自主学习中出现的疑难问题）、**合作的目的**（解决存在的疑难问题）、**合作的方式**（更正讨论）、**合作的人**（做对的学生帮助做错的学生更正，懂的学生教不懂的学生）。这样的合作学习（后教）解决了个人不能解决的疑难问题，最后，还是自主学习（当堂完成作业）。

如果没有开头的自主学习（“先学”）这个基础，一上课就合作学习，让学生同桌、小组讨论，似乎学生动起来了，其实是外面动，里面不动（学生不动脑），就会使合作学习流于形式。

④能处理好知识与能力的关系。

“先学后教”与“当堂训练”是相辅相成的。只有做到了“先学后教”，学生学习、理解新知识的时间缩短了，才能留出足够的时间“当堂训练”，来运用知识，形成能力；只有“当堂训练”，才能使“先学后教”紧张、高效，（即促进学生有责任感、紧迫感，能紧张地看书，理解知识）。有人以为“当堂训练”不重要，可有可无，就忽视甚至取消“当堂训练”这个环节，那课堂上势必教师、学生轻松，势必浪费时间、效果不理想。其实，“当堂训练”这个环节是必不可少的。1982 年，洋思中学搞课改就是从“当堂训练”起步的。迈出了这一步，课堂教学就发生了根本的变化。如今，能不能“当堂训练”也是衡量学生能不能运用新知识，形成能力，能不能当堂达到教学目标的标志，也是课堂教学改革到了什么水平的标志。

⑤能正确地运用教材。

搞新课程改革，用的教材多数是国家编的，也有地方编的。学校对这些教材必须从实际出发，增、减变成校本教材。怎样才能变成校本教材呢？“以德贯穿：先学后教，当堂训练”教学模式有效地解决了这个难题。运用这个教学模式时，让学生先学（读书或看书，并检测效果），这是一种调查，它弄清了课本上哪些是学生会的，哪些是不会的（暴露出疑难问题或错误）。会了的，就删去不教；不会的，就成了“校本教材”，课堂上就是要教这样的“校本教材”（学生不会的）。

（2）体现因材施教原则。

这两种教学模式的最能体现因材施教的原则。尽管学生水平有高低，但课堂上优生、学有困难的学生都可以同时看书，再同时完成检测练习。结果优生做对了，基本完成学习任务，学有困难的学生可能做错了。以后，优生就当老师，帮助学有困难的学生更正，还要讲出“为什么”。这样，不仅差生的疑难问题基本解决了，达到真正“补缺”，而且优生在帮助学有困难的学生改错、在讲清“为什么”的过程中，自己也加深了对知识的理解，增强了口头表达能力和思维能力，培养了合作精神等等，达到了“培优”。总之，在运用“以德贯穿：先学后教，当堂训练”教学模式的时候，所有学生都能在原有水平上得到提高，这体现了因材施教的原则。

（3）体现分层教学原则。

学生有差异，必须分层教学。怎么分层呢？有人以为养鸡要按大小分圈饲养，种庄稼要按品种（种水稻、大豆）分类种；只有分了快慢班才是分层教学。其实不然，即使分了快慢班，差异仍然存在，快班中每个学生绝不是一样的，他们还有差异，有人这门功课好，有人那门功课好，学生思想、习惯各不一样。慢班更是如此。再说，随着时间的推移，快班、慢班都在不断变化，差异不仅存在，而且在不断变化。如果以为分了快慢班，就万事大吉了，再也没有什么差异了，就不顾实际，搞一刀切、简单化、单一化的教学，例如快班搞“三高”：高起点、高难度、高速度，导致不少学生掉队，教学质量不理想；教师以为慢班学生都是一样差，就撒手不管，放任自流，结果学生会更差。显然，分快慢班不等于分层教学。

那么怎样分层教学呢？灵活应用“以德贯穿：先学后教，当堂训练”，就是最好的分层教学。“先学”学生看书、检测，一部分做对了，一部分做错了，这就是符合实际、准确的分层。分层后怎么教学呢？“兵教兵”，即合作学习，让做对的同学给做错的同学更正，让懂了的同学讲出“为什么”，最后老师点拨，共同教会不懂的学生。

因此，河南沁阳永威学校尽管不分快慢班，但运用了“以德贯穿：先学后教，当堂训练”教学模式，课堂上就能有效地进行分层教学。

（4）体现循序渐进原则。

有一次，蔡林森校长在山西讲学时，有人询问：“课堂上老师不讲，就让学生学，让学生练，怎么循序渐进？”他当场回答：课堂上学生看书，回忆旧知，就能了解新知，浅层次理解知识。接着，学生模仿例题做类似的习题，就在运用中加深了对知识的理解。错了，大家更正、讨论，老师评点，最后当堂完成作业，步步由浅入深，各个环节不可颠倒。因此，运用“以德贯穿：先学后教，当堂训练”教学模式是符合循序渐进的原则的。

（5）体现反馈矫正原则。

运用这两种教学模式，有一个特点，即课堂教学的全过程都在发现问题、解决问题，这是一根主线。运用“以德贯穿：先学后教，当堂训练”教学模式，课上学生看书有思考题，思考题的作用是引导学生如何看书。自学后学生会出现什么疑问呢？就要通过读书后的检测（考一考）来发现。真是不考不知道，一考吓一跳。学生对新知识有什么疑问，哪里练错了，就是哪里不懂。检测暴露出来的问题，不是教师主观确定的，不是学生自学前就可以“自设”的，而是客观存在的（学生自学后清清楚楚地暴露出来的）“先学后教”四个字的前两个字“先学”就是暴露问题，输出信息、反馈信息；后两个字“后教”是及时矫正。所以，“先学后教”本身就是反馈、矫正的过程。再说“当堂训练”也是在输出信息、反馈信息，便于课外及时矫正，即学生更正，教师辅导，及时“补缺”。

2. 哲学基础

这两种教学模式的哲学理论基础主要是辩证唯物主义的认识论。教学工作必须遵循“实践第一”、“实践—认识—再实践—再认识”的认识规律。

“实践—认识—再实践—再认识”这一认识规律是人人皆知的。战争中学习战争，将军是从战场上打出来的；游泳中学习游泳，才能理解游泳的知识，练出游泳的本领；学骑自行车，也一定要“骑”，在“骑”的过程中才能领悟力的平衡；如果不实践，即使学了日光灯知识，恐怕也不敢安装（生怕触电）。

无数事实证明，认识从实践开始，要在实践中学，在干中学。“以德贯穿：先学后教，当堂训练”教学模式体现了“实践—认识—再实践—再认识”的认识规律。所谓“先学”，就是指学生实践（看书、练习）形成初步的认识，所谓“后教”，即“兵教兵”，也是学生实践，加深认识。所谓“当堂完成作业”，还是学生实践，让学生在作业中举一反三，进一步认识。这样，每一步都让学生实践，从中形成认识，全过程都让学生实践，逐步加深对知识的理解，同时形成能力，全面提高素质。所以“以德贯穿：先学后教，当堂训练”的过程，就是“实践—认识—再实践—再认识”的过程。

唯物辩证法认为，内因是事物变化发展的根据，外因是事物变化的条件，外因只有通过内因才起作用。提高教学质量，学生的学是内因，教师的教是外因。归根到底，教师的教只有通过学生的学才能起作用。“以德贯穿：先学后教，当堂训练”很好地摆正了内因和外因的关系，强调内因——学生的学是第一位的，是根本，外因——教师的教是第二位的，是为了使内因起作用的条件。教学质量的高低，主要是看学生运用知识解决实际问题的能力的高低。而能力的提高，主要是靠学生学、思、知、行紧密结合练出来的，悟出来的。这一点，教师的教绝对代替不了。教师教得好不好，衡量的标准主要是能不能充分调动学生的内在积极性，让学生爱好、勤学、苦练，让学生不仅学到知识，而且学会如何自学，学会如何创新，探索新的知识领域。“以德贯穿：先学后教，当堂训练”突出内因的重要性，但并不否定外因——后教的重要性，并且强调“后教”一定要教好。

3. 心理学基础

这两种教学模式的心理学基础是“迁移规律”和“最近发展区理论”的运用。全国著名教育专家邱学华先生说：“所谓‘迁移’，是已经学得的东西在新情境中的应用，也就是已有的经验对新课题学习的影响。”确实，学生有一定的阅读水平和自学能力，课上学的新知是从以前学的旧知而来的。教师就要指导学生看书，回忆旧知，理解新知，学生看书后，教师就不必讲了。例如，数学课上教学“移项”，教师可引导学生课上根据学过的“等式性质一”，思考、理解新知“移项”，这样就能从旧知，理解新知。

这两种教学模式都符合自主创新、素质教育的要求。“先学”时，学生运用旧知识看书，获得新知识是“创新”，学生看书后完成检测练习，是开始运用新知识，也是“创新”，学生自己纠错、学生讨论、自己弄懂为什么，最后当堂训练，灵活运用知识，解决各种问题都是创新。全过程学生自主、探究性学习就是自主创新，就是在培养自主创新的意识和能力。

以上说明，“以德贯穿：先学后教，当堂训练”和“先学后教，当堂训练”一样，都有先进的坚实的理论基础。

（二）“以德贯穿：先学后教，当堂训练”教学模式有新的理论基础

“以德贯穿：先学后教，当堂训练”教学模式比“先学后教，当堂训练”的不同点是什么呢？就是“以德贯穿：先学后教，当堂训练”教学模式有了新的理论基础，就是习近平新时代中国特色社会主义思想。老师们运用“以德贯穿：先学后教，当堂训练”教学模式，以中国特色社会主义为指导，以社会主义核心价值班贯穿课堂教学全过程，实现全过程、全方位育人。这样从根本上保证既“教书”又“育人”，体现了“传道”“授业”“解惑”等古代教书育人的教育思想，“当堂达标”的要求更高，既有“学好知识，当堂完成作业，成绩达标”方面的，又有达到“以德贯穿、立德树人的目标”方面的。

总之，习近平新时代中国特色社会主义思想是“以德贯穿：先学后

教，当堂训练”教学模式坚实的理论基础。运用这种教学模式，以社会主义核心价值观贯穿课堂教学的全过程，课堂教学才能更好地适应新形势，教师才能更好地教书育人，完成好立德树人的根本任务。

第三节 应用价值

实践是检验真理的唯一标准。一种教学法的优劣主要看教学的效果，这个效果不仅仅是学习成绩，而且是提高综合素质，让学生德智体美劳全面发展。

实践证明：河南沁阳永威学校“以德贯穿：先学后教，当堂训练”教学模式和江苏泰兴洋思中学的“先学后教，当堂训练”教学模式一样，都是简便的、高效的教学模式。

（一）两个教学模式的应用价值有共同的四个方面：

1. 运用这两种教学模式，能够课堂高效，大面积提高教学质量，让每名学生会学，学好

提高质量是教育改革发展的核心任务。有人以为要实施素质教育，就走向另一个极端，以为不要教学质量，甚至对能提高教学质量的新教学方法乱扣帽子，把课堂教学搞成了学生上讲台，整堂课讨论。这是在搞乱教育，搞乱课堂教学改革，危害十分严重，不仅会害了学生，而且会害得有些教师糊涂起来了，不知道该怎样搞课改，不敢搞新课程改革，担心搞了课改会影响教学质量，甚至说什么：“新课程改革的障碍就是高考、中考，不废除中考、高考，课改就难搞。”听到这类话，蔡校长都旗帜鲜明地指出，改革就是发展生产力，不提高质量，还要什么教学创新呢？

事实胜于雄辩。河南沁阳永威学校坚持教学模式创新，小学、初中、高中的教学质量都大幅度提高，家长、社会都很满意。永威学校所在的沁阳市的教学质量也大幅度提高，一跃成为焦作市质量最高的县市。不少来宾多次来永威学校考察，他们都说：学了永威，我们的教学质量也大大地提高了。

为什么灵活运用这两种教学模式，都能如此大幅度地提高教学质量呢？

（1）**运用这两种教学模式，能够调动学生积极性**。每名学生从上课至下课，全过程都像考试那样紧张地学习，学生成了学习的主人，都有了责任感，都能够解放自己内在的求知欲，迸发出巨大的动力。课堂上有动（有序地更正、讨论）有静（静下心来，埋下头来静悄悄地看书、思考、当堂完成作业），静中有动（紧张地动脑，学习），学习效率就特别高，这样就一定能够大面积提高教学质量。相反，如果“满堂灌”，学生思想开小差，或者课堂上尽在展示，从上课至下课，教室里没有静，都在动，看起来热热闹闹，学生轻轻松松，其实学生不动脑，学习效果就谈不上。

（2）**运用这两种教学模式，能够及时、准确反馈信息，当堂发现问题、解决问题**。学生读书后，进行检测，检测就暴露出了问题，以后通过后教（学生更正、讨论，教师有针对性地精讲），能当堂解决学生自学中暴露的问题。如果，课上展示所谓的成果（从上课至下课，尽让学生读课前准备好的讲稿），不能发现问题、解决问题，就是课堂教学最大的问题。

（3）**运用这两种教学模式，学生能够当堂完成作业，达到“堂堂清”**。学生不仅理解了知识，当堂完成作业，做对了，才算真正学会，形成能力，而且达到了多元的教学目标。这样，能够当堂准确地检测教学效果，便于教师下课后及时批改作业，准确地发现问题，有针对性地引导学生更正，进行必要的个别辅导，达到“日日清”。相反，如果不能当堂达标，学习任务还要拖到课外去完成，学习效果就必然大打折扣。

（4）**运用这两种教学模式，能够“培尖”“补缺”**。优生通过自己看书、练习，做对检测题，完成学习任务后，就当小老师，帮助别人学习，优生就会对知识进一步理解，融会贯通，灵活运用，真正地培了“尖”；同时，学有困难的学生的问题能够当堂解决，当堂达标，一个也不掉队，就真正地补了“缺”。这样每个学生都在原有的基础上得到提高。

（5）**运用这两种教学模式，能够让学生在课堂上学会学习**。不仅要学会知识，还要学会动手，学会动脑，学会做事，这是提高教学质量最根本的法宝。

总之，灵活应用这两种教学模式，就能大面积提高教学质量，让每个学生学得好，确保教育均衡发展，实现教育公平。

2. 运用这两种教学模式，能够有效地实施素质教育，让每个学生提高综合素质

课堂是素质教育的主阵地。怎样在课堂上有效地实施素质教育呢？

课堂上实施素质教育不是用口号喊出来的，也不是贴标签，说几句实施素质教育的空话，装潢门面，更不是自吹出来的，而是要以学习知识为载体，有具体、有效的科学方法来实施来有机地渗透。

毛泽东同志说：“我们不但要提出任务，而且要解决完成任务的方法问题。我们的任务是过河，但是没有桥或没有船就不能过。不解决船和桥的问题，过河就是一句空话。不解决方法问题，任务也只是瞎说一顿。”

经过长期探索，沁阳永威学校“以德贯穿：先学后教，当堂训练”教学模式特别能够以德贯穿，德育渗透，“五育”并举，有效地实施素质教育，让学生在课堂上全面发展。

为什么运用“以德贯穿：先学后教，当堂训练”教学模式能够有效地实施素质教育呢？

（1）**运用这两种教学模式，能够推进教育公平，提高每名学生的综合素质。**河南泌阳永威学校 90% 左右的学生靠自己读书、思考，就能模仿例题，做对习题，当堂达标，而且能够主动教做错的、不会的同学，少数后进生通过自学一般能完成 90% 左右的学习任务，剩下 10% 左右的疑难问题靠同学帮助也能基本解决，每一位学生都能当堂达到教学目标，这样以学习知识为载体，在学习的过程中，培养学生相互关心，团结协作，共同提高的思想品质。

相反，某些典型学校课堂上教师放任自流，把教师的“满灌”改为少数学生上讲台“满堂灌”，即让尖子生上讲台，读课前写好的演讲稿，作“表演”，大多数学生在课堂上看戏、听说书，美其名曰“展示成果”，从上课至下课乱哄哄，不让学生静下心来看书、思考、练习，不能发现问题、解决问题，这种文化大革命中学生上讲台的极“左”的做法，怎么能提高质量、培养出爱读书、肯动脑、会学习、能相互帮助，共同提高的学生呢？

（2）**运用这两种教学模式，能够真正有机地渗透德育。**课上教师言传身教，作好榜样，学生在紧张自学、当堂达标的过程中，不知不觉地养成了坚持不懈、锲而不舍、紧张、快节奏、耐心做事、一丝不苟、严守纪律等良好习惯，培养了自信心、责任感、独立自强的竞争意识和合作精神。学生靠自己学，由旧知而获得新知，这是在培养自己敢于摸索，大胆创新的精神。

相反，有的学校搞假课改，晚上“满堂灌”，白天学生读写好的讲稿，做假宣传，说假话，这样的课改只会教学生不讲诚信，哪里能有效地实施素质教育呢？

3. 运用这两种教学模式，能够减轻学生过重的课外负担

其主要原因有两个：

（1）不向课后延伸。每节课当堂训练的时间不少于 15 分钟。这样学

生能够雷厉风行，快节奏地当堂独立完成作业，课堂高效，就能从根本上保证减轻学生课外过重负担。

（2）课前不搞“讲学稿”。运用这种教学模式，河南沁阳永威学校各学科课前从不搞什么“讲学稿”“导学案”，仅仅根据教材要求，布置学生课前适当预习，即用几分钟的时间，主要是看教材，查字典，扫除生字词。河南沁阳永威学校教师到外地上课，从不要求借班上课的学生要做什么预习作业。

这样，能够让学生有足够的睡眠时间和休息时间，能够每天锻炼一小时，就有时间培养兴趣、爱好，培养特长，这是实施好素质教育必不可少的。

相反，有的学校课前学生搞什么讲学稿、导学案，每节课都要花大量的时间，课堂上学生轻轻松松，似乎是在快乐学习，不能当堂完成作业，这样，不管口号多响，怎么包装，怎么浮夸，都谈不上能减轻课外的过重负担。

4. 这两种教学模式都有普遍的应用价值

这两种教学模式是一种教育、教学的基本原则，是一种先进的教育思想，体现了教育公平、教育民主、尊重学生等思想，都有普遍推广的应用价值。

（1）课内、课外都能广泛灵活运用。

河南沁阳永威学校中、小学不仅各学科课堂教学普遍灵活运用“先学后教，当堂训练”教学模式，成果都能喜人，而且课后育人服务中普遍灵活运用“先学后教，当堂训练”教学模式，努力提升课后服务水平，满足学生多元化需求，得到社会的认可。

例如：与学生谈话，采用几次“先学后教”，即几次学生先谈，教师后谈，最后总结、鼓励、提出要求；例如：上主题班会，课上公布班会主题后，先学，即学生准备发言提纲，后教，学生登台发言，教师评点，最后小结，让学生落实；校会、大型活动也常这样；例如：班主任写期末评语，先学（即学生自我小结），后教（小组、任课教师、家长提出评定意见），最后班主任归纳，写成评语；例如：培训教师也这样，先学，教师发言，或者练习，以后针对实际，讨论、解决问题，等等。

（2）省内、省外许多学校都能普遍推广。

不论是小学、初中、高中，不论是沿海地区还是内地，不论是农村还是城市，到处都可以应用“先学后教，当堂训练”教学模式，并且都能够取得喜人的成果。

2006 年 10 月 20 日，蔡校长到永威学校上班后的第三天，沁阳市教育局就下发文件，授予永威学校“沁阳校长、教师培训基地”的铜牌。沁阳市教育局局长亲自带领第一批校长，进驻永威学校培训，而且一驻就是一个月。同时，沁阳教育局每天都安排数十名本地教师进到永威学校听随堂课，这样的培训长年不断。2010 年秋季学期，永威学校为沁阳举办了 10 期校长培训班。全市的校长、副校长再一次集中到这里，每天从早到晚跟着我巡视校园、听课、评课，参加各种会议和活动，亲眼看见、亲耳听到、亲身体验，接受“影子培训”。2011 年春季学期，又为沁阳培训骨干教师 10 期，每期 60 多人。每期培训班结束，学员人人参加结业考试，写下心得体会。几千篇、数百万字培训心得都登上了沁阳教育网，成为一地教师交流、学习的新平台。沁阳市 121 名校长已前来进行过 1290 人次的“跟班学习”，4459 名教师已有 17000 人次先后到永威学校开展封闭培训。他们回到自己的学校后，大力推广永威教学模式，均获得成功。全市义务教育均衡发展的局面形成，沁阳市教育质量一跃升至焦作第一。沁阳教育局领导说，沁阳市校长、老师的教育观念前进了十年到二十年。

2007 年 4 月，沁阳所在的焦作市教育局局长亲自带领全市校长来永威学校培训，而且每天跟着蔡校长起早、进班、听教师赛课。一周后，焦作市教育局授予永威学校“焦作校长、教师培训基地”。永威学校继而为焦作市开办了40多期校长培训班。以后，焦作大市各县（区）校长带领教师陆续进永威学校跟班培训，各校掀起了学习推广永威教学模式的热潮。

2009年10月，永威学校被授予“河南省教育名片”称号。两个月后，省教育厅下发文件，将永威学校定位为“河南省中小学校长培训实践基地”。河南省教科所在永威学校召开全省中小学教育改革成果永威经验现场展示会，所展示的公开课全获成功。河南省的新密、驻马店、新乡、南阳、安阳、鹤壁、济源、洛阳、三门峡、开封、商丘、漯河、许昌、平顶山、周口等近百县市纷纷组织教师，进入永威学校培训、学习。

几年来，中国教育学会、中国教育报刊社在永威学校多次召开了蔡林森教育管理思想研讨会、同课异构观摩会等，来自全国各地的教育工作者参加了会议。会上，学校高中、小学和初中部的教师一起上公开课，得到了与会领导和代表的高度评价。永威学校每天都要接待数百名前来参观、考察、听课的教师。他们抱着认真诚恳的态度学习永威经验，回到自己的教学岗位都取得了喜人的成果。至今，已有四川、江苏、山西、陕西、黑龙江、宁夏、青海、内蒙古、新疆、广西、云南、江西、湖北、山东、河北等全国各地3000多所学校的校长、教师来永威接受过培训。

从2009年4月开始，山东省枣庄市台儿庄区教育局局长亲自带队，先后5次组织中小学校长、骨干教师、教研员300余人赴永威学习，每次学习一周时间。局长全程参与，作好表率，台儿庄的教师与永威教师一一结对，全天、全方位跟踪学习，听课、评课，对口交流，借班上课。台儿庄课改的经验曾在山东省素质教育论坛上介绍，得到了该省教研室领导的高度评价。

2010年11月—12月，山东聊城市东阿县教育局党委研究决定，由局党委成员带队，教研室具体组织，分期分批赴沁阳永威学校学习。第一期派出50名中小学主管业务校长，第二期来的是50名中小学校长，第三期是班主任、学科组长等各级各类学校教师共计500多人。学习期间，所有培训学习人员全部食宿在校，全程参与永威学校的一切教育教学实践活动，蔡林森校长的敬业精神及其课堂教学模式给所有学员以极大的触动。以后，全县校长亲临一线指导、参与研讨，迅速掀起了轰轰烈烈的课改热潮，涌现出一大批先进典型。东阿教育局李存河局长领导召开了全县为期两天的“学永威，见行动”现场会，交流经验，展示成果。

2010 年 4 月，四川省的广安市邻水县教育局购买 6000 本《教学革命——蔡林森与先学后教》，给全市教育系统机关干部、学校校长、老师人手一册，并组织他们学习、讨论，进行了一次全县教育系统的通识性培训。半年后，邻水县派出 58 人赴永威学校“蹲点”学习一周。通过全方位的听公开课、随堂课，分年级、分学科与永威学校骨干教师“一对一结对”研讨，上汇报课、小组交流，全方位地学习、感知、体验了“以德贯穿：先学后教，当堂训练”教学模式的课堂教学模式。回去后，他们真抓实干，学员们上观摩课 148 节，举办永威教学模式专题讲座 62 场，8000 余人次参与。他山之石攻破了邻水课堂教学的“瓶颈”。通过一年的探索，邻水的课堂效率提高了，课后作业减少了，学生负担减轻了。

相距更为遥远的新疆农二师八一中学，先后 25 次组织教师进永威学校学习、培训，每次一周，每学期派三名教师进永威挂职学习，他们把永威教学模式远道“带回”新疆，八一中学取得了显著成果，中考成绩创历史最高，高考大大提升。

此外，遥远的黑龙江、海南、西藏等各地的教育工作者也纷纷涌进永威参观、学习，“以德贯穿：先学后教，当堂训练”影响全国，得到了广大教育工作者的认可。

（二）“以德贯穿：先学后教，当堂训练”有新的应用价值

“以德贯穿：先学后教，当堂训练”教学模式最明显的根本的应用价

值，就是课堂上能够坚定政治方向，努力完成立德树人的根本任务，培养德智体美劳全面发展的社会主义事业建设者和接班人。

教育部和各级教育行政部门多次下达减轻学生课外过重负担的文件，特别是2021年，中共中央办公厅、国务院办公厅下发了《关于进一步减轻义务教育阶段学生作业负担和校外培训负担的意见》（以下简称“双减”），为什么有的学校学生负担怎么难以降下来呢？因为有的学校是因为课堂教学方法上有问题，还是以老师讲为主，不是“满堂灌”就是“满堂问”，搞形式主义、花架子，课堂上浪费时间高达50%左右，课堂教学效率低，不能当堂达到教学目标；因为有的学校是因为课堂上师生缺少精神动力，课堂教学低效，不得不加重学生课外的负担，这是中、小学教育的一大难题。

河南沁阳永威学校坚持以灵活运用“以德贯穿：先学后教，当堂训练”教学模式，坚定政治方向，努力以德贯穿、立德树人，能够课堂更加高效，更加能够促进学生全面发展，更加能够确保尽快落实好“双减”文件，达到减轻学生课外过重负担的目标。同时，在课后育人活动中，永威学校老师们也灵活运用“以德贯穿：先学后教，当堂训练”教学模式，提升了学校课后服务水平，满足学生多样化的需求，得到了家长、社会的好评。这是沁阳永威学校成为河南省义务教育标准化管理示范校的奥秘。

第四节　实施要点

灵活运用“以德贯穿：先学后教，当堂训练”教学模式，确保课堂高效是长期的艰巨的任务，是综合因素的结果。河南沁阳永威学校为了课堂高效，还在课外下了真功夫：例如：坚持教书育人责任制，严格管理，奖优罚劣；坚持教师培训创新，提高教师素质，尤其要以师德师风作为标准教师的第一标准，确保每个教师都能成为学生的楷模；要坚持备好每一节课，精心策划怎样教书育人都达标……这样，千方百计调动师生积极性，发挥多种积极因素，才能更加发挥好“以德贯穿：先学后教，当堂训练”教学模式的优越性，效果更好。

1. 课堂高效离不开优秀的教案

河南沁阳永威学校教师备课分为 3 种：

（1）寒暑假集体备课，达到“教学进度”“学习目标”“自学指导”“看书后的书面检测题”“当堂训练题”“五统一”。教师要吃透教材、教参，精心修改上一学年的教案，备好下学期所有新课，着重提高作业设计质量，确保当堂作业达到国家规定的监测标准：①看书后的提问、书面练习，重在正确理解培养思维能力。不仅要有效、有序地让学生正确口述答案，说出“为什么”，而且要有效、有序地回答有关的选择题、判断题、改错题、易错题，激发学习兴趣，提高学习能力。②“当堂训练’不仅要做完课本上的练习题，而且要适当补充选择题、判断题、改错题、易错题等灵活题，培养学生的综合能力，努力从根本上确保减轻课外负担。

（2）周日复备。着重研究如何实践创新，出新招，该讲则讲，而且讲好，能够高效地解决学生的疑难问题，培养学生思维、实践能力。不过，老师一定要实事求是，讲究实效。尤其小学一年级学生刚进校，或者刚学起始科目，老师就必须下功夫扶着学生学；如果把教学模式作为教条，死搬硬套，千篇一律，或者用教学模式代替简案，就不备课，必定会影响课堂教学效果。

（3）课前教师细备。重点备讲好“过渡语”（能承上启下或者小结、强调），用好课件、精讲点拨，能够高效地解决可能出现的疑难等细节。

2. 课堂高效离不开优秀的教师

河南沁阳永威学校坚持教师培训、备好课、上好课列入教书育人责任制，做到：

（1）提高师德师风水平。①学校每月严格责任制发放师德津贴，表扬先进，反对不良行为，促进教师提高师德水平。②引导教师在课堂上坚持教书和育人相统一、言传和身教相统一、坐立行读写姿势正确，处处做学生的楷模，做到稳重、端庄、感情真挚、自然、大方、亲切，不佩戴首饰，不穿背心、拖鞋，不带茶杯、手机进教室，不坐着上课不抽烟，不做小动作(剪指甲打哈欠、挖鼻孔、搔头摸耳)，不用食指指向学生，不得训斥、讽刺、歧视、侮辱、虐待、伤害学生。坚持以德贯穿课堂教学全过程，促进学生行为规范，养成良好习惯。

（2）培训、竞赛，提高业务水平。①岗前培训。新教师坚持接受学校、学部岗前培训，过好师德关（这是一票否决的第一标准）、教材关、写字关、讲课关。确保上了讲台就能让学生、家长都满意。②开学前学教材比赛，学期末考教材，力争人人满分。③讲课比赛。师徒结对，“捆绑承包”，通过备课、讲课提升教学质量。

回顾四十年大胆探索、不断创新的历程，大家深深地体会到：教学模式创新确实是一项长期的复杂的综合工程，它涉及到学校方方面面。学校必须坚定政治方向，规范办学行为，坚持全方位地改革创新，才能获得成功，硕果累累。

第二章　教学模式普遍应用

“以德贯穿：先学后教，当堂训练”教学模式在河南省沁阳永威学校中小学各学科课堂教学、线上教学以及课外教育、活动等普遍应用、省内外普遍推广，均获得成功。

第一部分　在初高中普遍应用

第一节　中学数学

一、新授课

中学数学新授课一般采用：一节课一次“先学后教”，最后“当堂训练”，全程学生先自主学习、后合作学习、最后当堂达标，全程教师以德贯穿、立德树人。其课堂教学结构中“先学”部分“看书思考”和“书面检测”的中间一般不“提问”（如所学知识难度大，学生难理解，就插进二三分钟的“提问”）。一节数学课共有两次书面练习（一次是“看书思考”后的“书面检测”，一次是最后的“当堂训练”），这样确保学生紧张高效地看书思考，回忆旧知，自然地理解新知，接着运用新知，书面练习，以后讨论纠错，点拨拓展，最后当堂完成作业，达到教学目标。数学课上的一次性“先学后教”，最后“当堂训练”的课堂结构示意图如下：

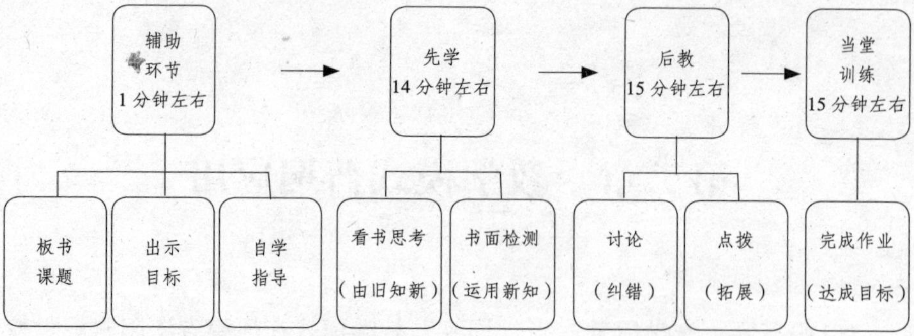

下面，介绍中学数学新授课的一节课一次“先学后教，当堂训练”的主要操作方法。

课前预习

预习的方式：仅仅是看看课本（例题与旁注、思考题……），联系同类旧知识，如回忆《有理数的混合运算》，初步看懂新知《整式的混合运算》。预习的时间：只能几分钟，不能花一节课时间，做什么《学案》试卷而加重课外负担。

规范上课仪式：上课铃声一停，学生起立（立正姿势正确，全班一个样），教师做好楷模，自信、严谨、端庄、稳重，精神抖擞地走上讲台，大声地亲切地招呼：“同学们好！”学生回答：“老师好！”教师微笑地说：“请坐下！”学生轻轻地坐下，姿势正确，全班一个样，很快营造课堂紧张、高效学习的氛围。

教学过程

（一）板书课题（半分钟左右）

课题一般写在黑板中上方，书写要工整，笔画、笔顺正确，字体大小适当，也可白板出示，要确保最后一排学生也能看清。

操作要领：

教师要精选最佳方式，板书课题，引入新课，常用的方式有：

1. 由旧知导入新课。教师常用三言两语导入新课。例如：教师讲：同学们，上节课我们学习了用代入法解二元一次方程组，本节课学习《用加减消元法解二元一次方程组》(板书)，加减消元法与上一节学的代入消元法有什么相同点、有什么不同点，我们应该怎样选择、灵活使用呢……

2. 出示动画引入新课。教师屏幕出示精心设计的动画、图片（限在几秒钟内），配合适当的动作、语言，激发学生的兴趣，导入新课，屏幕出示一定要注重效果，不得喧宾夺主（底色常为白色，不用深色使得文字看不清，屏幕上的字不得太小、不规范、不端正，不得配音乐）而影响效果。

3. 由实践导入新课。例如，学习《角》一节，可引导学生观察教室的墙角、桌角、书角等等，观察教师演示的立方体的模型的角，引入：什么是“角”，如何表示一个角呢？我们学了这一课就知道了。

4. 由重要性调动学习积极性，导入新课。例如：本节课，我们一起来学习《平行四边形的性质》，这一知识对今后学习几何十分重要，我们一定要学好它，打好基础。

5. 边板书课题，边导入新课。这种方式简便、省时，但要能激发兴趣，促进学生紧张、高效学习。

（二）揭示目标（半分钟）

出示学习目标的目的是让学生明确本节课的学习目标，能够紧张、高效地学习。

操作要领：

1. 出示目标的内容。数学课的学习目标是国家统一新编教材规定该理解、记忆的知识和应达到的能力，至于情感、态度、价值观等方面的学习目标，一般不作为出示的内容，不过，教师必须始终做好楷模（尤其要立、行、说、写等姿势始终正确），以德贯穿，努力培养学生良好的行为习惯。

2. 出示目标的要求。

（1）目标要具体、准确。对知识的理解、记忆、运用要有明确的要求，既不降低，也不拔高，更不能搞偏，因为目标有导向作用，它关系到课堂教学全过程各个环节质量的高低。例如：教《有理数加法》，目标应该定为“理解并运用”，就应该要求学生当堂不仅理解知识，准确记忆，而且一定要当堂完成作业，达到训练应用能力的目标。如果降低要求，学习目标仅仅定为“知道”“理解”“记忆”，就必然会只求听懂而不能当堂完成作业、达到培养能力的目标；也不能仅仅用“学习”这样不明确的词语代替“理解”“记忆”“掌握”“运用”等不同层次的具体要求。

（2）目标要简明扼要，通俗易懂，让学生一目了然。

3. 出示目标的方式。一般用白板出示，字体应工整，大小适当，确保最后一排同学能看清楚，不必朗读或齐读出示的学习目标。

4. 出示目标的时间。时间要恰当，既不能过短，急于切换，让学生没看清楚；又不能过长，节奏太慢，浪费时间。

（三）自学指导（半分钟左右）

出示自学指导。自学指导的方式为：常用白板出示，让学生达到四个明确：自学内容、自学方法、自学时间、自学要求（即自学后如何检测），这样，便于学生紧张高效的学习。

操作要领：

1. 明确自学的路子（由“旧”知“新”，即温故知新）。教师要以思考题引导学生紧张、高效地“看书思考”，联系同类“旧知”，努力理解“新知”（弄懂自学指导中的思考题，懂得“为什么”），例如：教《分式的通分》，要根据课本上的一句话“分式的通分和小学学的通分是一样的”，确定“自学指导”中的思考题：“分式的通分与分数的通分怎么一样？还有什么不同？怎样由旧知新，正确理解、掌握分式的通分？”这样，学生就能联系“旧知”，思考、理解新知，就能正确理解所学新知识，无须老师多问、多讲。

2. 明确自学的内容。一般教材中有不少是旧知识，因此，自学的内容要突出重点，如教有理数的混合运算时，重点看“运算顺序”及旁边的思考题；例如，学习《解整式方程的“去括号”》一节，要求学生重点看“去括号”那一步，至于“去括号”后的“合并同类项”“移项”等可略看或不看。

3. 明确自学的方法。自学的方法是主要是让学生独立思考、看书，记忆，不宜让学生边看边讨论，也不宜老师随便插话，免得相互干扰，要确保学生专心学习。

4. 明确自学的要求。要分类提出要求：（1）重点看新知部分（课本哪儿至哪儿），回忆本单元或小学学过的有关旧知，理解新知；（2）看例题，理清解题的思路、步骤、格式，学会模仿例题，触类旁通，灵活运用正确方法，规范答题。

5. 明确自学的时间。要根据实际而定，既不能时间过长（使得学生拖拖拉拉，难以养成雷厉风行的习惯），也不能过短（使学生自学走过场），一般告诉学生几分钟后，要怎么检测，这样促进学生紧张看书，力争获得好成绩。

过渡语：出示自学指导以后，教师常鼓励学生“下面开始自学竞赛”，使学生积极地愉快地继续自学，但语言要简洁。

（四）先学（15分钟左右）

1. 看书思考（由旧知新，指联系类似“旧知”，理解“新知”）

学生严格地按照“自学指导”专心看课本，思考怎么“由旧知新”，准确理解概念，弄懂“为什么”，怎么模仿例题，运用新知，做对书面检测题。这样，学生紧张地看书，代替老师“多问”“多讲”。

操作要领：

（1）教师应关注全体学生。学生看书时，教师坚持言传和身教相统一，站在讲台上聚精会神地不停地关注每名学生，关注细节，重视育人，必要时走下讲台，帮助学生矫正看书姿势，端正坐姿，教师对按照“自学指导”静心、专心看书的学生表示满意的神情，对看书不够专心的学生，个别提示，说上一两句悄悄话，营造专心看书、思考的学习氛围。教师要一心想着学生：学生有哪些疑难，该怎么最有效地引导、帮助解决……教师不能心不在焉、东张西望，不能说闲话，不能做闲事，不能在黑板上随便写字，更不能走出教室，影响学生学习。

（2）要从课上学情出发，把握好看书的时间。既要让学生在规定的时间内看完书，培养学生紧张学习，做事雷厉风行、快节奏的好习惯，又要根据学情作出必要的变动（如内容过多，大部分学生还没看完，时间可适当延长些；如学生全部提前看完了，可提前结束）。

（3）学生看书结束后，教师过渡语：“看完的请举手，没有疑问的请举手。”

①如所学新知难度大，学生确实难理解，就只用很少时间（3 分钟内）“提问”帮助学生快速解决疑难。“提问”不要让学生“背概念”或回答“自学指导”中的所有思考题，更不要“满堂问”，而要学生运用新知，回答简单的习题，让学生能真正理解新概念。例如：教学用代入法解二元一次方程组，出示：

用代入法解二元一次方程组：

$\begin{cases} x+y=3 ① \\ x-y=1 ② \end{cases}$ 解：由①式得：$x=3-y$ ③

老师提问最简单的问题，让学生理解难点：如把③式代入①式，后果怎样？如果把③式代入②式，怎么样？让学生真正理解代入“另一式”的“另”字的含义，确保解题正确。

②如果大家没有疑问，一般不“提问”，就直接进入“书面检测”环节，这样能让学生紧张地看书、思考、理解新知、接着紧张地练习，达到高效。

教师过渡语："能不能运用刚学到的知识呢？下面，书面检测，比谁能模仿例题的步骤、格式，触类旁通，运用新知，做对书面检测题"。

2. 书面检测“书面检测”是在调查、学生看书的效果，发现学生“运用新知”“书面练习”中有哪些错误和疑难问题。

操作要领：

①课前，出好、印好书面检测题。课前，教师精心选好书面检测题：一般使用课本上有代表性的基础题，如题量不够，教师可以针对重点、难点，精心自编或选用资料上的形式不同（如改错题、选择题、判断题等）的一、两道灵活题，重点训练应用新知能力（例如：教一元一次方程的“去分母”，可以只练“去分母”一步，“去分母”后的几步，不练，这样，让学生集中精力练习应用新知，直到当堂训练时，才练习解一元一次方程“去分母”的全过程，直到求出解）。练习题既不能过少、过易，又不能过多、过难，更不能随便使用偏题、怪题。

②确保按时、快速独立完成。检测前，学生先合上课本，教师后发书面练习纸，让学生书面练习。练习时，教师不得辅导学生，但必须全身心投入，既要关注每名后进生，发现他们存在什么问题，又要关注优生，是否认真，同时确保每名学生坐、写姿势正确，都像考试那样按时、快速（一般在 8 分钟内）、紧张、独立完成，书写工整，人人不作弊、不拖拉，养成诚信、严谨的习惯。

③老师巡视，及时发现学生做错的题，准备后教。

（五）后教（15 分钟左右）

“后教”包括“讨论纠错”（解决疑难）和“点拨拓展”（指导灵活运用）

1. 讨论纠错（10 分钟左右）。

讨论纠错就是在合作学习，主要解决书面练习中暴露出来的属于运用新知方面的错误和疑难问题，重点在培养运用新知解决实际问题的能力，至于个别学生是粗心或书写等不作为重点。这一环节是最难的环节，也是最容易被忽视、走过场的环节。

操作要领：

（1）学生评定。

①书面检测一结束，同桌交换自学检测纸。

②白板出示答案。一次或二次、三次出示答案。答案必须正确；如一题多解，应公布几种答案，并突出最简便的一种；必要时既有原题、图形，又有答案；答案必须规范（格式与例题一样），但无评分标准，目的让学生集中精力只找出错题，不评分，不为分数多少而分散精力、浪费时间。

③评定对错。按照出示的答案，同桌相互认真地逐题判定对错，不打分数，以免学生追求分数，分散精力，如答题规范、正确、完整，层次清楚，语言准确，书写工整，达到要求打对“√”，如有一步错或有一点不达要求，则打错“×”，要比谁实事求是，认真评定，不出差错。

④表扬全对同学。教师问“全对的同学请举手”，教师统计、公布全对的人数，并且不点名地表扬他们，但不公布分数，不批评做错的学生。

（2）讨论纠错。

老师要引导学生运用刚学到的概念、法则来判定练习题的对错。

①要针对练习全对人数的“多”或“少”，选用最佳出示错题的方式：

第一种，如全班只有几名学生未全对，则收齐未全对的书面练习纸，要把有同一题做错的练习纸放在一起。以后，出示几名学生的同一错题，让学生仔细看、找出哪里错，想象为什么错，认真准备后，帮助纠错，要求学生运用刚学的新知识，直接说出哪一步错，为什么、怎么纠错；

第二种，如全班多数学生未全对（尤其单元复习综合练习时），则不收未全对的学生练习纸，教师不出示错题，只按练习题的顺序，如果哪一题人人做对就不讨论；哪一题、哪一步做错，就同时重点讨论同一题的同一步，努力纠正。

②要针对试题的难或易，选用纠错的最佳方式讲：

第一种，若错题不复杂（如：代数基本计算题），只要一步就能得到答案的，，则直接纠错。先让做错的学生站在位上说出自己“哪里错”“为什么错”，找出错的原因（例如同底数幂相乘，是“底数错？”还是“指数错？”还是“符号错？”“怎么会错的？”）；如做错的同学说得不对，则让大家帮助更正。

第二种，若错题复杂，则分步纠错。让学生仔细看、找准错误、想好为什么，以后让会纠错的同学举手，从中让学有困难的学生上台讲，根据新知识，分步检查（例如：几何证明题，是不是已知条件搞错？是不是图画错？是证明过程无序还是不完整、缺少条件……）哪一步对，就不讨论；如哪一步错，就讨论解决，让学生学会探索：怎么由“求证什么（未知）”推向“已知”？怎么由“已知”推向“未知”，找到隐形条件，确定选用什么方法以及证明的过程。

学生讨论时，教师密切配合板书。学生说对，教师同时板书重点，不必讲，就接着让学生讨论下一题。

③教师精讲。

教师精讲的内容：经过讨论，学生都不会的，尤其是新知方面的，教师千万不能对学生不会的不讲，或者一略而过，或者就题讲题。教师应该既要精讲，由个别到一般，找出规律，上升理论，让学生真正能理解新知识，懂得“为什么”，并且会灵活运用新知识，做对习题，不出现类似的错误，又要适当拓展，培养学生的思维能力。

（3）拓展（5 分钟左右）。

①口答竞赛白板出示的习题。

抢答白板出示的拓展题：例如，教学“同底数幂相乘”，让学生口答：

$(a+b)^2\cdot(a+b)^3$　　$(a-b)^3\cdot(b-a)^2$　　$(-a)^2\cdot a$　　$(-a)^3\cdot a^2$

②抢答白板出示的速算题。例如：99×101

$2^8=$　　$3^5=$　　$11^2=$

白板出示易错题，例如：教学分式的约分后，口答：分子、分母都被约去后，得数是0还是1，为什么？

抢答白板出示的用简便方法解的习题。例如：用最简便的方法，解二元一次方程组；例如：用最简便的方法（刚学的垂直平分线的性质）直接证明两条线段相等，而不再先证明三角形相等来证明线段相等。

②如有时间，不能浪费，教师可以引导学生“坐火车”，一个接着一个开展自编、自答类似的习题。

这样通过多种形式的口答竞赛，就能强化训练，增强记忆、思维、速算能力，有利于培养优秀人才（如时间不够，则取消口答竞赛）。老师们在备课时要精选所学知识点学生最容易错的简单题，作为当堂训练前的口答竞赛题。

口答竞赛后，老师可引导大家小结，确保当堂训练不出现类似的错误，或者看书，记忆、自背、互背知识点，真正达到“堂堂清”，千万不能纠错后浪费时间，影响课堂更加高效。

（六）当堂训练（完成作业，达到目标，15分钟左右）

“当堂训练”的目的有四个：一是引导学生通过限时训练把知识转化为解决实际问题的能力；二是检测每个学生是否当堂达到了学习目标，做到“堂堂清”；三是确保减轻学生过重的课外负担；四是尽快准确反馈信息，便于教师课外及时辅导，确保“日日清”。

操作要领：

1. 当堂训练的练习题要课前出好。当堂训练的练习题一般要比看书后的检测题难一点，但主要还是完成课本上的练习和习题，如题量不足，教师可针对学生的薄弱点自编或选用灵活题。练习题要有代表性，不宜过少，过易，影响训练的强度，也不宜过难、过多，影响限时规范训练。

2. 当堂训练不再使用作业本，当堂训练题在自学检测练习纸的反面。

3. 当堂训练必须严格。（1）教师要让学生合上课本，让学生像考试那样独立完成，教师不得辅导学生，学生不得对答案，更不得作弊。（2）要注意矫正学生坐姿、握笔姿势，保证眼睛与书本距离一尺，培养他们的综合素质。（3）如少数学生做得特别快，提前完成，可以自主复习、预习。

4. 作业当堂完成，下课铃声一响，学生交当堂训练作业，绝不加重课外负担。

规范下课仪式：教师填写好《课堂纪律记载簿》。

以上六个环节是中学数学课上运用“以德贯穿：先学后教，当堂训练”教学模式的课堂结构。看似简单，其实很不简单，老师必须既大胆放手让学生紧张自学，又善于引导学生理解学过的旧知、理解新知，模仿例题、做对习题，如有错则纠、适当拓展，确保课堂高效、当堂达标，课外减负达标。

二、复习课

复习课的内容。期末、学年末或者中考、高考前的复习课，不是老师重讲一遍，学生重听一遍，不是把课本上的习题重做一遍，而是要学生人人查漏补缺，解决问题，把不熟的要读熟，能够准确记忆，把不懂的要弄懂，把易错题、综合题、灵活题要练习，确保错了的不再错，力争 100% 地完成学习任务，增强能力，提高综合素质。

复习课的依据。复习课的依据是学情。复习就要从实际出发，先“做 B 超”，再“对症下药”，即“先查”，“后补”：先背，后读（不熟的地方）；先练，后纠。

复习课的计划。复习课的计划不要复杂化，不图字数。要根据复习课的总时间，确定各个阶段的复习的内容、时间、重点，安排复习的进度，如情况有变，计划也做必要的变动。

复习课的课型。中学数学复习课也要坚持灵活运用“以德贯穿：先学后教，当堂训练”教学模式，让学生既满怀信心，又戒骄戒躁，紧张高效地学习。根据学情，课型主要有如下几种：

第一种：背书、读书课。如因某种原因，“四清”不够扎实，就要有计划地上好背书、读书复习课，引导学生一单元一单元、一类一类，自背、互背，或者拉网式地全册背诵，如有不熟的，做上记号，反复读熟，并与遗忘作斗争，确保准确记忆，一点不错。即使“四清”扎实了，也要适当安排背书、读书课，严防遗忘所学知识。

第二种：综合练习课。可在一单元一单元、一类一类或两单元或几单元背书、读书课后，安排综合练习课，基础题不练，课本上的原题不练。只练多种形式的综合题、灵活题、易错题（不是偏题、怪题）。综合练习课分三种：一节课小“先练”“后教”复习课。即复习课上前15—20分钟，学生书面练习，以后，学生互评、纠错，教师归纳、拓展（方法和新授课一样）；两节课大“先练”“后教”复习课。第一课时“先练”：学生书面练习，课后，老师认真批改，分类做好批改记录；第二课时“后教”：教师引导学生讨论、纠错，教师要作出有针对性地必要的补充、更正、拓展（方法与新授课上一样），让学生能够真正理解，并能灵活运用，真正学会解题方法，避免类似错误。最后，“当堂训练”，让学生针对训练中暴露的问题，反复练习，形成能力；复习阶段结束前，还可两节课“先练”（全册内容），一节课“后教”。

总之，不管什么课型，都要让学生紧张地自学（背书、读书、综合练习，纠正错误），不仅能够提高复习效率，而且能够让学生满怀信心，持之以恒地发现问题，解决问题，促进全面发展。

2.1.2 垂线

学习目标

1. 理解并掌握垂线的概念及性质，理解点到直线的距离；

2. 能够运用垂线的概念及性质解决实际问题。

学习过程

规范上课仪式（略）。

一、板书课题

导入语：（教师手里拿着道具 - 两条硬纸板），上节课我们学习了相交线，知道两条直线相交会形成对顶角，现在让这两条直线转动起来，当其中一个角成 90° 时，这两条直线有什么特殊的位置关系呢？

今天我们学习 2.1.2 垂线（板书课题）。

本节课的学习目标是什么呢？请看投影。

二、出示学习目标

1. 理解并掌握垂线的概念及性质，理解点到直线的距离；

2. 能够运用垂线的概念及性质解决实际问题。

过渡语：怎样才能当堂达到学习目标呢？请同学们按照指导认真自学。

三、出示自学指导

认真看课本 (P41—P42)。要求：

1. 结合图 2–4 和 2–5，理解、识记什么叫作垂直、垂足，并会用符号“⊥”表示；

2. 看“做一做”，边画图边思考：怎样用折纸的方法折出互相垂直的直线？

3. 看“想一想”，并画图，思考：在平面内，过一点能画几条直线垂直于已知直线？

4. 看图 2–8，线段 PO，PA，PB，PC 的长短有什么关系？为什么？

5. 理解并熟记什么叫作点到直线的距离，思考：如何运用点到直线的距离测量跳远成绩？

如有疑问，可以小声问同学或举手问老师。

5 分钟后，比谁能正确地运用垂直的定义和垂线的性质做对检测题。

如有疑难，请问同学或举手问老师。

四、学生自学

过渡语：自学指导明确的同学请举手？自学竞赛开始！

（一）学生看书，教师巡视全班，督促每一位学生认真、紧张地自学。

（二）检测

过渡语：我们马上要进行自学检测了，要运用今天所学的知识，比谁做得又对又快！

自学检测题

1. 如图所示是一名跳远运动员跳落沙坑时的痕迹，则表示该运动员成绩的是（　　）

A. 线段 的长　　B. 线段 的长

C. 线段 的长　　D. 线段 的长

2. 如图，要把水渠中的水引到 C 点，在渠岸 AB 的什么地方开沟，

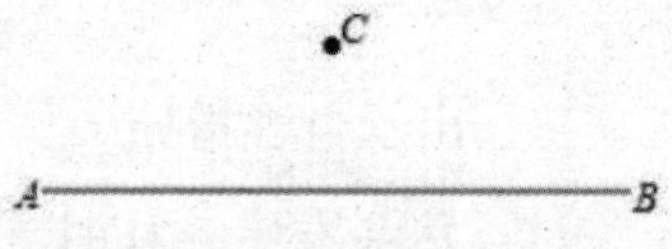

才能使沟最短？画出图形，并说明理由。

3. 如图，AC ⊥ BC，AC = 3，BC = 4，AB = 5。

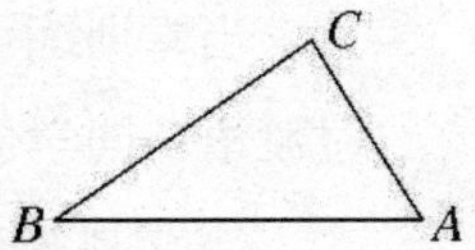

(1) 点 A 到直线 BC 的距离是______；点 B 到直线 AC 的距离是______。

(2) 点 C 到直线 AB 的距离是______。

4. 如图，直线 AB，CD 相交于点 O，EO ⊥ AB，垂足为 O，∠ EOC=35° 。求∠ AOD 的度数。

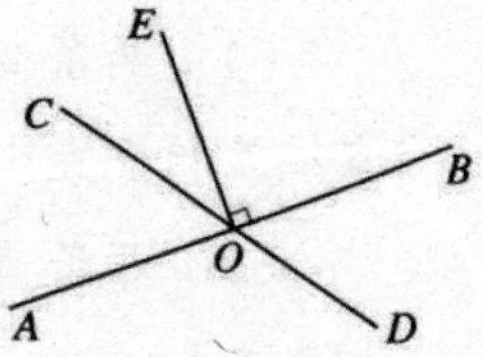

要求：1. 过程规范，书写工整。

2. 6 分钟独立完成，比谁做得又对又快。

3. 学生练习，教师下去巡视，收集学生出现的错误，进行第二次备课。

五、后教

（一）纠错

1. 白板逐题出示答案，学生交换试卷互改（只找出错题，不评分）.

2. 了解学情：全对的同学举手？表扬全对的学生 .

3. 过渡语：但是还有部分同学没有全对，我们来帮帮他们 .（教师站在讲台，由学生送错题卷）

4. 重点讨论第 2 题的图是否标有垂直符号，理由对不对？第 3 题的第（2）问如何求距离？第 4 题的过程是否规范？（白板展示相关错题）. 老师把同学做错的题分类放到展示台上，白板出示，让做对的同学说说错在哪里？为什么？（不出示、不讨论做对的题）

预计会出现的错误：

第 2 题垂线段没有标垂直符号，并且理由写成了“两点之间，线段最短”；

第 3 题的第（2）问不会求；

第4题写的过程不规范。

（二）学生默读课本，自背、互背，达到堂清。

六、当堂训练

过渡语：同学们，运用新知识做作业时，要避免检测时出现的错误。

当堂训练题

1. 下面四种判定两条直线的垂直的方法，正确的有（　　）个

（1）两条直线相交所成的四个角中有一个角是直角，则这两条直线互相垂直

（2）两条直线相交，只要有一组邻补角相等，则这两条直线互相垂直

（3）两条直线相交，所成的四个角相等，这两条直线互相垂直

（4）两条直线相交，有一组对顶角互补，则这两条直线互相垂直

（A）4　　（B）3　　（C）2　　（D）1

2. 如图，已知直线AB、CD都经过O点，OE为射线，若∠1 = 35°，∠2 = 55°，则OE与AB的位置关系是______。

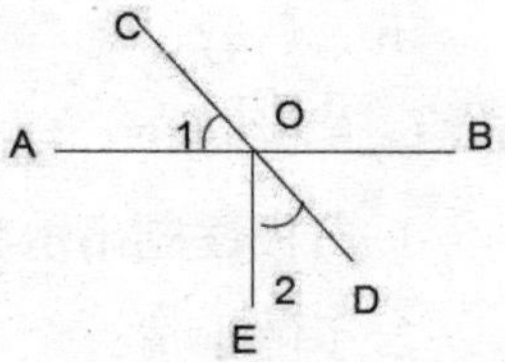

3. 如图，已知AB，CD相交于O，OE⊥CD于O，∠AOC=36°，则∠BOE=______。

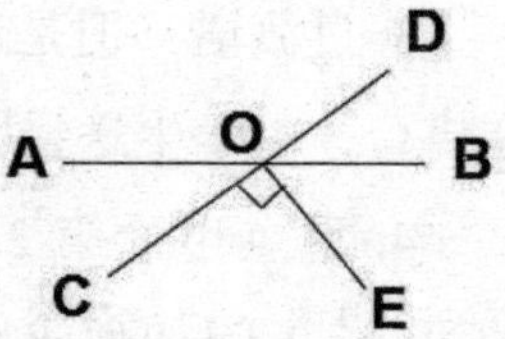

4. 如图，火车站、码头分别位于A、B两点，直线a，b分别表示铁路和河流。

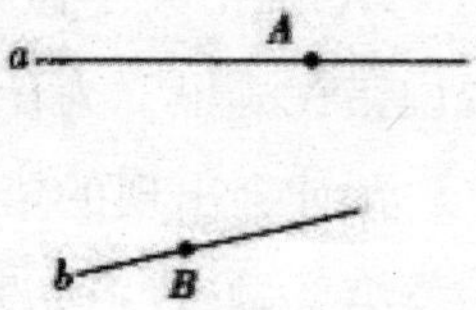

(1) 从火车站到码头怎样走最近？画图并说明理由。

(2) 从码头到铁路怎样走最近？画图并说明理由。

规范下课仪式：教师填写好《课堂纪律记载簿》。

2.6 一元一次不等式组（1）

学习目标

1. 理解、识记一元一次不等式组及其解集的概念。

2. 会正确地解一元一次不等式组。

学习过程

规范上课仪式（略）。

一、板书课题

导入：同学们，类似于方程组，两个或更多的不等式也可以组成不等式组，怎样解不等式组呢？今天，我们一起来学习 2.6 一元一次不等式组。（师板书）

二、出示目标

过渡语：本节课的学习目标是什么呢？请看投影（出示学习目标）：

1. 理解、识记一元一次不等式组及其解集的概念。

2. 会正确解一元一次不等式组。

三、自学指导

过渡语：要达到目标，得靠大家认真地自学，怎样自学呢？请同学们按照指导认真自学，比谁看书认真，效果好！

屏幕出示自学指导。

认真看课本（P54— P55 例 1 结束）。要求：

1. 结合“问题”中的两个不等式，联系方程组理解并识记什么是一元一次不等式组；

2. 结合“问题”中未知数的取值范围，理解并识记什么是一元一次不等式组的解集；

3. 看例 1，思考：解一元一次不等式组分为哪四个步骤？每一步需要注意什么？如何利用数轴找不等式组的解集。

如有不懂的，可小声问同学或举手问老师。

6 分钟后，比谁能仿照例题正确地解一元一次不等式组。

四、先学

（一）看书

过渡语：自学指导明确的同学请举手，自学竞赛开始！

学生按自学指导看书、学生巡视。

（二）检测

过渡语：教师手指着思考题，问：还有哪些问题不会的请举手．接下来，我们要比谁检测题做得又对又快！

1. 出示自学检测题：

自学检测

解下列不等式组

$\begin{cases} x-1<3 \\ x+1<3 \end{cases}$　　$\begin{cases} x-1>3 \\ x+1>3 \end{cases}$　　$\begin{cases} x-1<3 \\ x+1>3 \end{cases}$　　$\begin{cases} x-1>3 \\ x+1<3 \end{cases}$

要求：仿照例题，规范解题；时间：10 分钟，比谁做得又快又对，谁先完成，请举手。

2. 学生练习，教师巡视。（收集错误进行第二次备课）

五、后教

（一）纠错

1.白板逐题出示答案，请同学们交换试卷互评，不打分数，只评对错。

（1）解：解不等式①，得 $x<4$

解不等式②，得 $x<2$

把不等式①和②的解集在数轴上表示出来，如图所示：

所以不等式组的解集是：$x<2$

（2）解：解不等式①，得 $x>4$

解不等式②，得 $x>2$

把不等式①和②的解集在数轴上表示出来，如图所示：

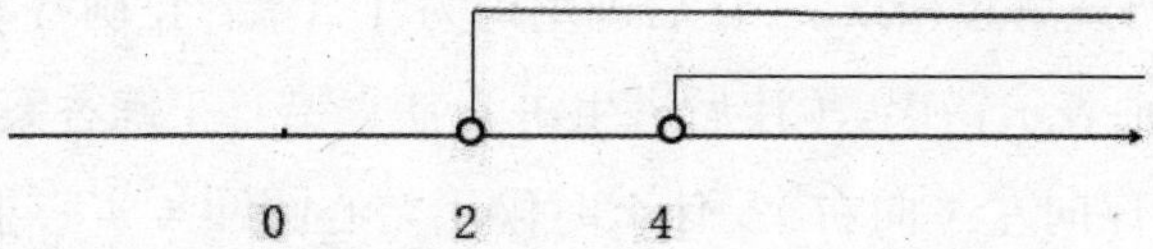

所以不等式组的解集是：$x>4$

（3）解：解不等式①，得 $x<4$

解不等式②，得 $x>2$

把不等式①和②的解集在数轴上表示出来，如图所示：

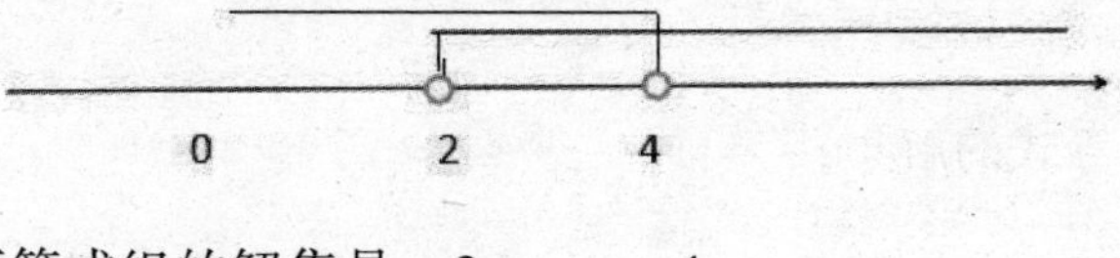

所以不等式组的解集是：$2<x<4$

（4）解：解：解不等式①，得 $x > 4$

解不等式②，得 $x < 2$

把不等式①和②的解集在数轴上表示出来，如图所示：

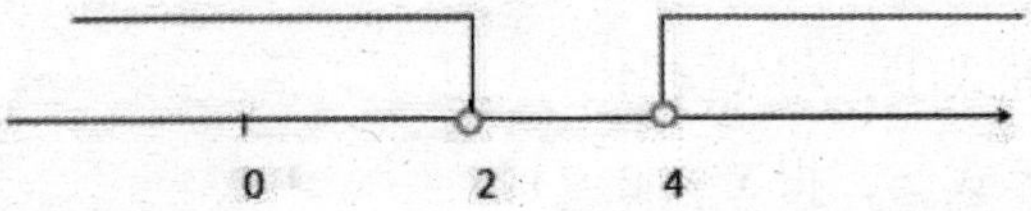

所以不等式组无解。

2. 了解学情：全对的同学请举手，好！表扬做全对的同学！

3. 若未全对的人数少，则收齐未全对的试卷，白板一类一类地出示错题（同时出示同一题的几种错）. 若未全对的人数多，则不收未全对的试卷，改为教师逐题评讲。

（二）讨论纠错（白板展示相关错题，指名让做错的学生回答“错在哪里？为什么？”）。

预设错误：

错误 1：不等式解集错误。（让后进生讲为什么错？正确答案是什么。）

错误 2：数轴表示错误。（让后进生讲为什么错？正确答案是什么。）

什么时候开口向左（向右）？什么时候用空心圆圈（实心小圆点）？

错误 3：不等式组的解集错误（让后进生讲为什么错？正确答案是什么。）

预设讨论：（1）学生在解出来两个不等式后，在数轴上表示解集时分不清楚空心和实心，重点让学生看数轴，明白两个解集的公共部分就是不等式组的解集。

（三）口答题

口答下列不等式的解集：

(1) $\begin{cases} x>3, \\ x>7. \end{cases}$

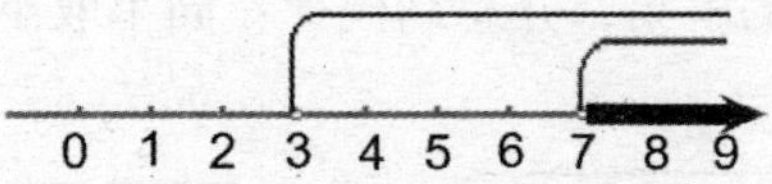

解:原不等式组的解集为

$x>7$

(2) $\begin{cases} x>2, \\ x>-3. \end{cases}$

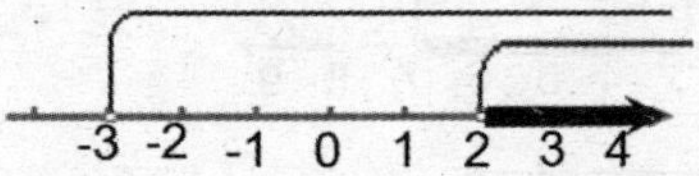

解:原不等式组的解集为

$x>2$

(3) $\begin{cases} x>-2, \\ x>-5. \end{cases}$

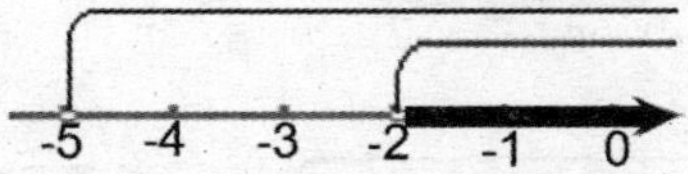

解:原不等式组的解集为

$x>-2$

(4) $\begin{cases} x>0, \\ x>-4. \end{cases}$

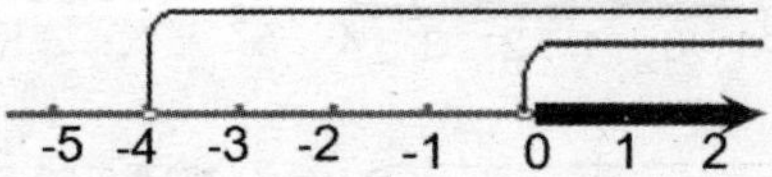

解:原不等式组的解集为

$x>0$

让学生口答不等式组的解集，并总结规律：同大取大。

(5) $\begin{cases} x<3, \\ x<7. \end{cases}$

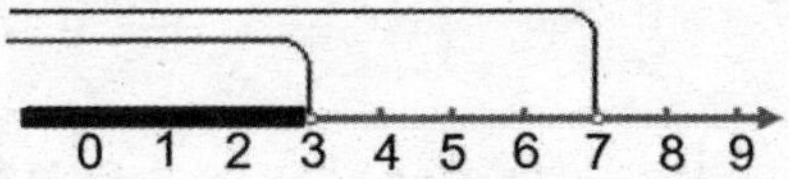

解:原不等式组的解集为

$x<3$

(6) $\begin{cases} x<-2, \\ x<-5. \end{cases}$

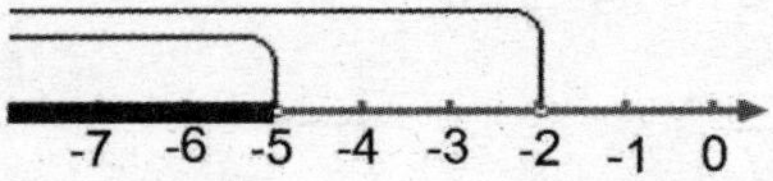

解:原不等式组的解集为

$x<-5$

(7) $\begin{cases} x<-1, \\ x<4. \end{cases}$

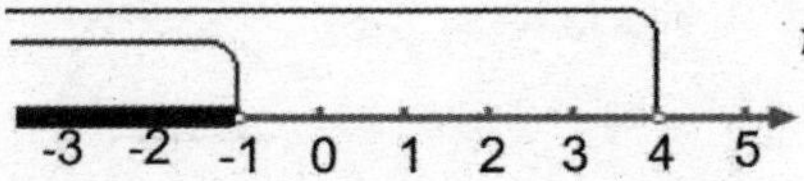

解:原不等式组的解集为

$x<-1$

(8) $\begin{cases} x<0, \\ x<-4. \end{cases}$

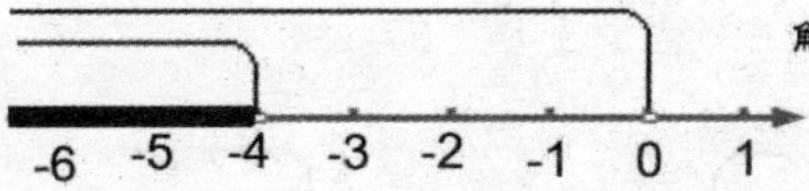

解:原不等式组的解集为

$x<-4$

让学生口答不等式组的解集，并总结规律：同小取小。

(9) $\begin{cases} x > 3, \\ x < 7. \end{cases}$

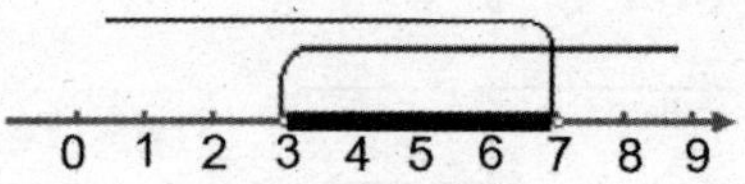

解:原不等式组的解集为 $3 < x < 7$

(10) $\begin{cases} x < -2, \\ x > -5. \end{cases}$

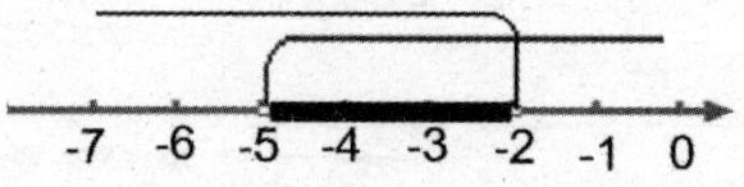

解:原不等式组的解集为 $-5 < x < -2$

(11) $\begin{cases} x > -1, \\ x < 4. \end{cases}$

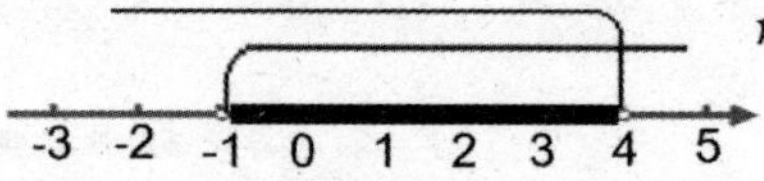

解:原不等式组的解集为 $-1 < x < 4$

(12) $\begin{cases} x < 0, \\ x > -4. \end{cases}$

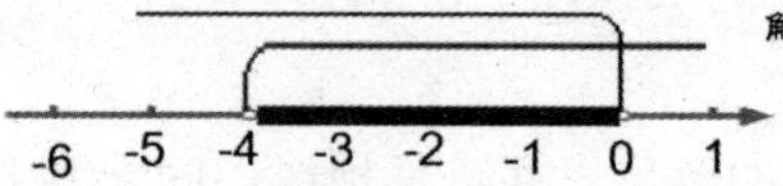

解:原不等式组的解集为 $-4 < x < 0$

让学生口答不等式组的解集，并总结规律：大小小大取中间。

(13) $\begin{cases} x < 3, \\ x > 7. \end{cases}$

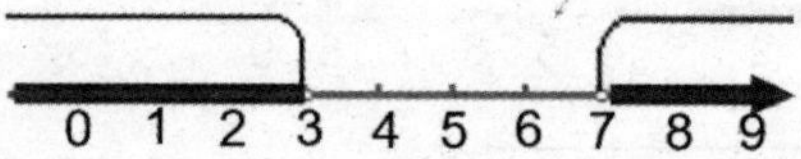

解:原不等式组无解.

(14) $\begin{cases} x > -2, \\ x < -5. \end{cases}$

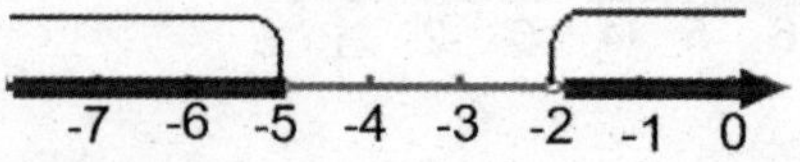

解:原不等式组无解.

(15) $\begin{cases} x < -1, \\ x > 4. \end{cases}$

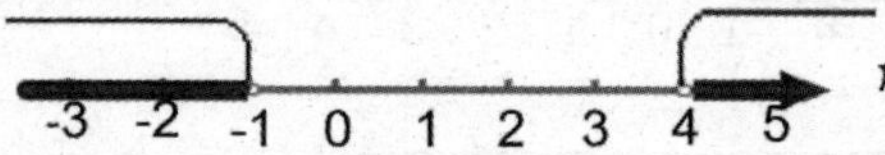

解:原不等式组无解.

(16) $\begin{cases} x > 0, \\ x < -4. \end{cases}$

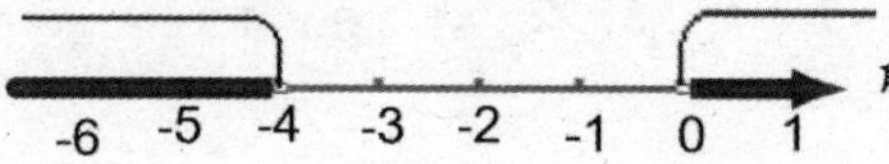

解:原不等式组无解.

让学生口答不等式组的解集，并总结规律：大大小小无解。

（四）课堂小结：（教师引导学生总结并当堂背诵）

1. 解一元一次不等式组的步骤。

第一步：解不等式①

第二步：解不等式②

第三步：在数轴上表示① ②的解集

第四步：写出不等式组的解集

2. 不等式组解集的表示及记忆规律。

设 $a<b$	在数轴上表示解	解集	规律(口诀)
$\begin{cases}X>a\\X>b\end{cases}$		$x>b$	同大取大
$\begin{cases}X<a\\X<b\end{cases}$		$X<a$	同小取小
$\begin{cases}X>a\\X<b\end{cases}$	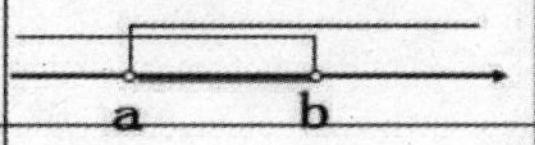	$a<X<b$	大小小大取中间
$\begin{cases}X<a\\X>b\end{cases}$	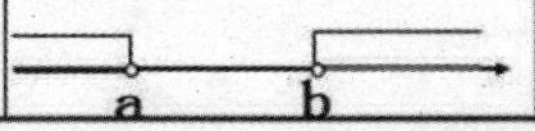	无解	大大小小找不到

请同学们默读、自背以后，同桌互背，老师抽背，达到堂清。

六、当堂训练

过渡语：大家认真看书，讨论、练习，成绩喜人，下面请大家运用今天所学的知识来做今天的当堂训练题，一定要避免今天课堂出现的问题，确保人人满分。

（出示当堂训练题）

当堂训练题

1. 解下列不等式组：

(1) $\begin{cases}x-5<1\\2x>3\end{cases}$　(2) $\begin{cases}2x-5>0\\3-x<1\end{cases}$　(3) $\begin{cases}3x-1>5\\2x<6\end{cases}$　(4) $\begin{cases}\frac{1}{2}x>\frac{1}{3}x\\4x-3\geq 1\end{cases}$

(5) $\begin{cases}-2x \geq 0\\3x+5 \leq 0\end{cases}$　(6) $\begin{cases}\dfrac{x+1}{2}>1\\7x-8<9x\end{cases}$

2. 不等式 $3x-7>x$ 的解集、不等式 $2-5x<2x$ 的解集与不等式组 $\begin{cases}3x-7>x\\2-5x<2x\end{cases}$ 的解集之间有什么关系?

选做题:

如果一元一次不等式组 $\begin{cases}x>3\\x>a\end{cases}$ 的解集为 $x>3$，请求出 a 的取值范围。

规范下课仪式：教师填写好《课堂纪律记载簿》。

高一年级数学教案必修 2（北师大版）

2.1.4 两条直线的交点

学习目标

1. 能用解方程组的方法求两条直线的交点坐标。
2. 会用方程组解的个数判定两条直线的位置关系。

规范上课仪式（略）。

教学过程

一、板书课题，揭示目标

导入语：同学们，今天我们来学习“两直线的交点”，请看本节课的学习目标（投影出示）

二、自学指导

过渡语：要想达到本节课的目标，需要同学们紧张高效的自学，下面请看自学指导！

自学指导

认真看课本 P72 至 P74 练习前，要求：

1. 解析几何中了解两条直线相交的条件是什么？

2. 看例 13，能用解方程组的方法求两条直线的交点坐标。

3. 看例 14，会用求交点坐标的方法解决三条直线交于一点的问题。

如有疑问，可小声问同学或举手问老师。

5 分钟后，谁能背诵两条直线相交的条件，比并会正确运用。

三、先学

（一）学生看书，教师督促每位学生认真、紧张的自学。

（二）书面检测

（1）出示要求：10 分钟内独立完成；仿照例题，比谁做得又对又快。（做完的请举手示意）

（2）出示书面检测题：

（1）求下列两条直线的交点：

① l_1: $x-y=5$　　l_2: $2x+7=0$

② l_1: $y=\frac{1}{2}x+2$　　l_2: $y=3x+7$

三条直线 $ax+2y+7=0, 4x+y=14$ 和 $2x-3y=14$ 相交于一点，求 a 的值。

（3）根据条件，求直线方程

①经过两条直线 $x+2y-5=0$ 和 $3x-y-1=0$ 的交点，且平行于直线 $5x-y+100=0$；

②经过两条直线 $2x+y-9=0$ 和 $x-2y+1=0$ 的交点，且垂直于直线 $6x-8y+3=0$；

（3）学生练习，教师巡视.（收集错误进行二次备课）

四、后教

1. 互评（白板出示答案）

同桌交换，根据出示的答案用红笔认真评定。

2. 了解学情：全对的同学举手，给予表扬（预测第 3 题大部分学生方法会多样）

3. 更正

过渡语：大家的问题主要集中在第 3 题，请大家按照要求认真更正：

要求：

（1）先自我更正，更正不了的小组讨论。

（2）时间：3 分钟。

（3）小组讨论，学生讲，教师补充：

1. 在每 2 道题中，先计算哪两条直线的交点，再代入第三条直线

2. 在第三题中，（1）（2）由于所求直线与已知线平行，或垂直所求直线要怎么设？所求直线方程求出后应该化为什么形式？

（4）过渡语：小组成员都会了，并且都更正完毕的，小组长及时举手，比一比哪一组最先更正完。

（5）引导学生总结。

（一）、知识点过关检测

方程组解的情况与方程组所表示的两条直线的位置关系：

直线 l_1，l_2 解方程组 $\begin{cases}\text{唯一解}\\\text{无穷多解}\\\text{无解}\end{cases} \Longleftrightarrow \begin{cases}l_1,\ l_2\ \text{相交}\\l_1,\ l_2\ \text{重合}\\l_1,\ l_2\ \text{平行}\end{cases}$

五、当堂训练

过渡语：师：为了进一步巩固大家的自学效果，咱们比比看谁能又对又快地做好当堂训练。

学生当堂训练

1. 判断下列直线位置关系，若相交，求出交点。

① l_1：$3x-y+4=0$　　l_2：$x+3y+2=0$

② l_1：$3x-5y+10=0$　　l_2：$9x-15y+30=0$

2. 求经过两直线 $2x-3y-3=0$ 和 $x+y+2=0$ 的交点与直线 $3x+y-1=0$ 平行的直线 l 的方程。

3. 求证：无论 k 取何值，直线（k+1）x −（k−1）y−2k = 0 必过定点，并求出定点。

规范下课仪式：教师填写好《课堂纪律记载簿》。

高二年级数学教案（北师大版）

1.2 排列（第一课时）

学习目标

1. 理解排列的概念，能正确写出一个排列问题的所有排列。

2. 理解排列数公式，能用排列数公式进去求值和证明。

规范上课仪式（略）。

教学过程

一、板书课题（按规定，举行上课仪式后）

导入：同学们，今天我们来学习第一章第 2 节排列（板书课题）

请看本节的学习目标：（投影）

二、自学指导

师：同学们，如何完成本节的学习目标呢？主要依靠大家的自学，请认真看自学指导。（投影）

自学指导：

请认真看课本 P7–10 的内容，要求：

1. 学习课本 P7–8“问题提出”中的三个问题，理解并熟记排列的概念，回答什么是排列问题？

2. 结合课本 P9 表 1–1，会利用乘法原理求出从 n 个元素中取出 m（$m \leqslant n$）个元素的所有排列个数，并能熟记排列数 A_n^m 的计算公式。当 $m=n$ 时，根据 A_n^m 的计算公式求出 A_n^n。

3. 根据 n 的阶乘 $n! = n(n-1)(n-2)\cdot\cdots\cdot 2\cdot 1$，理解并熟记用阶乘表示 A_n^m 的公式。（规定 $0! = 1$）

4. 学习例 1—例 4，会运用排列和排列数公式解决相关问题。

10 分钟后检测，比谁能熟记排列及排列数的概念和公式，并会运用！

三、先学

（一）学生看书，教师巡视，教师督促每一位学生认真、紧张的自学。

（二）书面检测

（1）要求：合上课本，独立完成；书写认真，步骤规范，时间 12 分钟。

先做完的举手示意，比一比谁做的又对又快！

（2）出示检测题，学生练习。

1. 下列问题中是排列问题的为________（只填序号）

①选 2 个小组分别去植树和种菜；

②选 2 个小组分别去种菜；

③某班 40 名同学在假期互发短信；

④由 1，2，3 三个数字可以组成多少个无重复数字的三位数？

⑤从 40 人中选 5 人组成篮球队，有多少种不同的选法？

⑥从 1，2，3，4 中取两个数可以组成多少个不同的集合？

2. 我体操男队共六人参加男团决赛，但在每个项目上，根据规定，只需五人出场，那么在鞍马项目上不同的出场顺序共有（　）

A. 6 种　　B. 30 种　　C. 360 种　　D. A_6^5 种

3. $100\times99\times98\times\cdots\times89$ 等于（　）

A. A_{100}^{10}　　B. A_{100}^{11}　　C. A_{100}^{12}　　D. A_{100}^{13}

4. 求解下列式子：

(1) 用排列数表示：$(55-n)(56-n)\cdots(69-n)(n\in N^*$，且 $n<55)$

(2) 计算：$\dfrac{2A_8^5+7A_8^4}{A_8^8-A_9^5}$；

(3) 解方程：$A_{2x+1}^4=140A_x^3$

四、后教

1. 白板出示答案，学生自改。

2. 统计。

（1）全对的请举手，给予表扬。

（2）统计错误：收集共性错误：可能是第 5 题。

3. 讨论：

（1）先自我更正，更正不了的小组讨论。

（2）时间：2 分钟。

（3）讨论的内容：

①排列与排列数有什么区别？

②将连续自然数的积写成排列数的方法是什么？

③利用排列数公式计算的时候，该如何选择公式？阶乘如何约分？

4. 以小组为单位，讨论后要归纳总结。

判断排列问题的关键是什么？

排列与排列数的区别？

如何根据最大、最小的数写出排列数？

在运用阶乘排列数公式时，该如何约分化简？

五、当堂训练

1. 过渡语：比谁能运用排列的定义和排列数公式做对当堂训练！

2. 出示当堂训练题：

1. 写出下列问题的所有排列：

（1）北京、广州、南京、天津4个城市相互通航，应该有多少种机票？

（2）两名老师和两名学生合影留念，写出老师不在左端且相邻的所有可能的站法，并回答共有多少种？

2. 计算下列各式

（1）计算：① $2A_4^3 + A_4^4$；　　② $\dfrac{A_5^5}{A_5^2}$.

（2）求证：$A_n^m + mA_n^{m-1} = A_{n+1}^m$.

3. 求出式子中 x 的值

（1）$3A_x^3 = 2A_{x+1}^2 + 6A_x^2$.

（2）$3A_8^x = 4A_9^{x-1}$.

3. 学生练习，教师巡视，确保学生姿势正确，预防近视。

规范下课仪式：教师填写好《课堂纪律记载簿》。

第二节　中学语文

中学语文教学采用的是另一种操作方法，即**一节课几次“先学后教”，最后“当堂训练”操作方法**（即分散学，分散教，学一点，教一点，再学一点，再教一点，反复几次，最后当堂训练），为什么呢？因为语文教学目标不是单一的而是多元化的，既有识字教学，会读课文，会理解课文的写作方法、中心思想，又有阅读和写作能力等要求确定的。数学课上学生“看书思考”后，不“提问”，直接“书面检测”，语文课上一般学生“看书思考”后（不“书面检测”）就直接“提问”，“讨论纠错”，老师“点拨”“拓展”，反复进行，最后“当堂训练”。不过，不管运用哪一种操作方法，都要引导学生紧张、高效地看书、思考，联系“旧知”，理解“新知”，全过程学生自主、合作、探究性学习，全过程教师以德贯穿、立德树人，其课堂教学结构示意图如下：

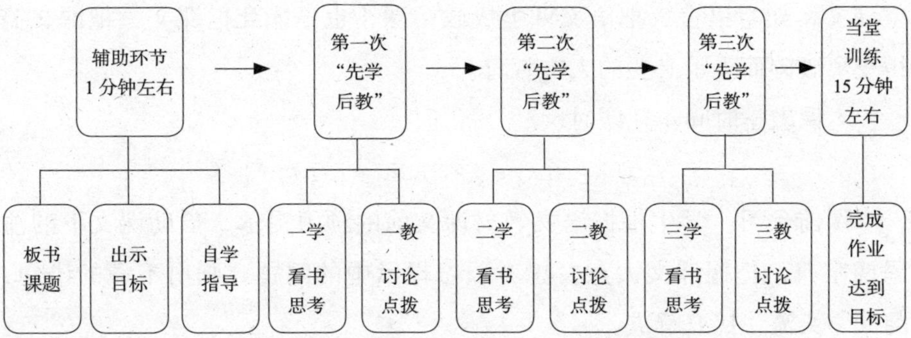

教师灵活运用“以德贯穿：先学后教，当堂训练”教学模式，在环节与环节之间，要讲一、两句富有指导性、鼓动性的过渡语，承上启下，促进学生紧张学习，当堂达标。

语文课堂教学要从学生读书（自读或导读）开始，教师一般要做到“四不”：不介绍时代背景（因为学生学过了历史，待学生读懂课文后，启发学生联系历史课上学到的知识讨论主题）；不介绍作者（因为课题下注释有），不解题（待学生读懂课文后，启发学生自己解题）；不范读课文（把教师范读课文，改为让学生自己读，既能发现问题，又能培养学生能力或者放录音）。

不过，课型不同，应用要有所变动。现举例介绍如下：

一、文言文（包括古诗词）教学

中学文言文教学，一般教案中在课题下写出：

本课学习目标，有两个方面：一是情感、态度、价值观方面的政治思想教育目标；二是读写知识、读写能力的目标，要求总目标与新教材和新课标的要求一致，不能随意降低，把该“运用”、培养读、写能力的，却不训练，使目标降低到仅仅“知道”或者“理解”的程度；也不能随意拔高，把该“知道”“了解”的目标，却要求“运用”；既不能架空课文，架空语言，把语文课上成政治课，也不能死抠课文，把课文搞得支离破碎而丢了必要的人文教育。

本课教学时间：几课时

课前预习。学生根据语文教材课文前的预习提示，借助课文下的注释或字典，把握课文大意，思考预习提示中的问题，画出不懂的语句，与同学交流，探究解决。

规范上课仪式（略）。

教学过程

（一）板书课题（20秒左右）

教师要选用最佳方法开门见山，引入新课，板书课题。常用的方式有：

1. 由旧知导入新课。由刚学的本单元同体裁课文，导入新课，引导学生联系旧知，理解新知，这种方法常用，便于学生有效地自学。

2. 出示精心设计的必要的图片或动画（与课文有关的人，或事，或景，显示一定要注重效果，不得喧宾夺主，底色常为白色，不用深色使得文字看不清，字不得太小、不规范、不端正，不得配音乐而影响效果），配合适当的动作、语言，让学生了解作者和写作背景，便于理解课文内容。

3. 如课题难懂，可引导学生解释课题中的词义，提出思考题，激发学生读课文的兴趣。

4. 如课题易懂，可不必解题，或让学生说出大体意思；如无必要，就不介绍作者和写作背景，待学生理解课文内容、结合讨论文章中心和写作方法时，讨论解题。

5. 教师用精心备好的特别生动、有趣的三言两语引入，板书课题，或者直接板书课题；或者边板书课题，边导入新课。

过渡语：同学们，按照课文前的预习提示，认真预习，能认识生字、会读课文的举手，鼓励质疑问难，提出不认识、不理解的字词，请大家帮助。

（二）出示本节课的学习目标（略）

（三）第一次先学后教，检查预习，比正确朗读课文

1. 出示自学指导。

白板出示“自学指导”，检查预习效果，比谁能正确朗读课文，读准字音、停顿正确，要让学生明确自学的内容、方法、要求、时间。

2. 先学。

初一年级学生学习文言文有困难，一般按照“自学指导”，听录音，给难读的生字注音，几分钟后，比谁能够正确朗读课文；初二、初三年级以及高中年级学生通过预习，能够独立阅读文言文，可以不听录音，

改为学生默读课文，准备指名朗读，或者不默读课文，直接进入“后教”环节，指名朗读。

3. 后教。

①指名（先后进生，后优生）朗读课文，有错即停，其他同学帮助纠错，老师板书读错的字词，并表扬正确纠错、声音响亮的学生。

②第一次“先学后教”中，“先学”与“后教”穿插进行，读一点，有错就纠，再读一点，有错再纠，边学边教。

③轮读课文结束后，学生齐读教师板书的字词。

过渡语：“大家能够正确、流利地朗读课文了，很好！下面请看自学指导”。

（四）第二次“先学后教”，比正确译讲课文

1. 出示自学指导。

①屏幕出示补充注解。

②要求学生边默读课文，边运用课本上的注释解释重点词。如有疑问，可举手问老师和同学。3 分钟后，能正确译讲课文。

2. 先学。

学生按照自学指导，准备译讲。

3. 后教。

过渡句：会译讲的同学请举手。好！下面指名译讲。鼓励质疑问难，引导大家帮助解决。

（1）译讲前，出示译讲方法，初中高年级及高中可不出示或改为教师口述一两句。

（2）指名学生译讲，有错讨论帮助。

教师白板出示图像和文字（如教《狼》、《咏雪》、《小石潭记》、《岳阳楼记》等课，均边出示图像），边指名学生边看图，边译讲。

初一年级可让学有困难的学生利用注释，先逐句译讲，解释重点词（每人译讲一两句，尽可能让多数同学有译讲的机会），其他同学认真听，

及时更正译讲中的错误，教师板书关键词，但不必重复讲，如学生译讲错了，其他学生都不能纠正，教师纠错，并板书关键词。译讲一层后，学生概括大意，教师板书层意。

初二、初三年级以及高中译讲课文可以不用逐字逐词译讲的方法，而让学生运用旧知（能够理解文言实词、虚词、句式）会译讲的，统统不必让学生译讲，可一层一层地提问："这一层没有不会译讲的句子和不会解释的词语的同学请举手"，如这一层大家都会，则考考大家，指名解释几个难度大的关键词，翻译几个难度大的重点句，严防学生有不会译讲的地方而不质疑。如指名译讲的重点词、重点句，都讲对了，则指明学生用自己的话说出这一层的译文；如学生有不会译讲的句子、不会解释的词语，则指名尖子生讲（培了尖），如尖子生不会讲，老师一定要讲好，并板书关键词。译讲结束后，可鼓励学生质疑问难，叫学生回答问题，或说出层意，教师板书小标题，也可让学生朗读译讲过的课文。

总之，从实际出发，要根据学生阅读文言文的篇幅长短、难易程度而确定引导学生译讲的方法，让学生能够运用学到的旧知译讲，如课文难度大，学生不能译讲的，教师就必须引导大家讨论，必要时教师讲。

（五）第三次"先学后教"，比正确背诵课文

1. 出示自学指导。

引导学生分层背诵，不熟的地方作记号，一层熟了，再背下一层……几分钟后，比谁先能准确背诵，并能正确默写。

2. 先学。学生读书，练习背诵。

3. 后教。

（1）同桌互背。

（2）指名上讲台高声背诵（后进生优先）。

（3）高中如篇幅长，可改成熟读本节课所学文段——读文本，读注释。

过渡语：同学们能正确背诵课文了，这篇文章能给我们什么启示呢？下面请看自学指导。

（六）第四次“先学后教”，比理解中心思想和写作方法。

1. 出示自学指导。

要求学生看全文，重点联系时代背景、找出思考课文后的习题或作者的观点，文章的中心；同时联系学过的同体裁的文章，比较、归纳本文的写作特色等，强调要点全，表述准，有条理，无病句。

2. 先学。学生默读课文，思考问题，准备登台发言。

3. 后教。

讨论的内容。要抓住重点，突破难点。讨论时，教师不可信口问这问那，东拉西扯，搞“满堂问”。

讨论的顺序。学生讨论时，教师要面向全体学生，目光巡视每个学生，不要盯住课本，不要只看少数学生；应先提出讨论题，让全班同学思考，个个准备回答，然后指名举手学生中最差的学生回答；不能先指名（或指定 ×× 组同学），再提出问题，让全班学生袖手旁观；如讲得不对，不要问“对不对”，让全班齐声回答（因为齐答会使学生不动脑，谁会谁不会搞不清楚）；而要指名优生更正、补充，教师板书要与学生的讨论密切结合，学生讨论哪一点，说对了老师板书这个要点，再讨论另一点，老师再板书另一要点。切不可等学生讨论完了，教师再边讲边板书，以免重复、费时。

（1）教师不该讲的内容。对学生回忆旧知，触类旁通，能够理解的新知，坚决不教；对部分学生说错了的，做错了的、优生帮助更正、正确讲出“为什么”的已经解决的问题，也坚决不教。切不可学生讲一句，教师重复一句，学生讲一遍，教师重复一遍；对个别学生或极少数学生知识回生的问题，可以课外个别补救，这样，教师讲得内容就极少了，一般不超过 4 分钟。

（2）教师该讲的内容。教师讲的内容应该是全班同学通过更正讨论，还不会的或说错了的或说得不完整的；教师不要就题讲题，只找答案，而要正确地、有效地引导学生找出规律，知其所以然，上升为理论，并能有效地联系实际，指导运用、增强学生阅读、写作能力，尤其要努力提高学生思想政治素质。

（3）教师要注重身教。教师以身作则，做好榜样，立德树人，尤其要全身心投入，善于动脑，发现问题、解决问题，要能够驾驭好课堂，对学生要严格要求，确保学生坐姿端正，书写工整，解题规范。教师要用好《课堂纪律记载簿》，千方百计让学生紧张地思考，解决疑难问题。

4. 当堂训练。

5. 操作要领。

（1）教师要精心设计练习题。当堂训练的练习题要课前出好，当堂训练的练习题一般要比看书后的检测题难一点，但主要还是完成课本上的练习和习题，如题量不足，教师可针对学生的薄弱点自编或选用灵活题。练习题要有代表性，不宜过少，过易，影响训练的强度，也不宜过难、过多，影响限时规范训练。

（2）当堂训练必须严格。①教师要让学生合上课本，让学生像考试那样独立、限时完成，教师不得辅导学生，学生不得对答案，更不得作弊。②要注意矫正学生坐姿、握笔姿势，保证眼睛与书本距离一尺，培养他们的综合素质。③如少数学生做得特别快，提前完成，教师可安排他预习新课或做资料上的试题。

（3）要按时完成。当堂训练不使用作业本，当堂训练题印在自学检测练习纸的反面。当堂训练的时间 15 分钟左右。下课铃声一响，学生交作业，确保作业不拖到课外、加重课外负担。

（4）"当堂训练"的目的有四个：一是引导学生通过练习把知识转化为解决实际问题的能力；二是检测每个学生是否当堂达到了学习目标；三是减轻学生过重的课外负担；四是加快准确反馈信息，便于教师及时作好课外辅导，确保"日日清"。

教学短篇的文言文（短篇），一般采用三次或四次"先学后教"，一课时教完；如果课文篇幅较长，就两课时教完，第一课时可以搞三次“先学后教”，即第一次“先学后教”，能准确地读全文。第二次“先学后教”，译讲课文或者第一段或一、二段。第三次“先学后教”，背诵、默写一、二段，第二课时继续译讲、背诵或讨论课文后面的思考题；如果课文篇幅特长，就三课时教完，第二课时只继续译讲课文后部分、背诵课文后部分，第三课时讨论主题和写作方法等问题。总之，不管用几课时教完，每一个环节都是让学生“先学”（发现问题），再“后教”（“兵教兵”，合作学习，解决问题），反复进行，最后当堂训练，完成作业。教学文言文，一定要培养学生的阅读能力，凡是学生利用工具书或者运用旧知就能理解的词语、翻译的句子或短文，就让学生自己学，有困难，学生讨论，解决。千万不能学生会的还要让他逐字逐句地读、讲，浪费时间。

规范下课仪式：教师填写好《课堂纪律记载簿》。

穿井得一人

学习目标

1. 能正确理解寓言的寓意，懂得耳听为虚、眼见为实的道理，学会通过求证去了解事情真相。

2. 能确朗读课文，掌握重点字词和文言文知识。

3. 能正确背诵课文。

教学课时：1 课时

课前预习。学生根据语文教材课文前的预习提示，借助课文下的注释或字典，把握课文大意，思考预习提示中的问题，画出不懂的语句，与同学交流，探究解决。

规范上课仪式（略）。

教学过程

一、板书课题，出示目标

导入语：今天我们来学习《吕氏春秋》中的一则寓言故事《穿井得一人》，课题中的“穿”是什么意思？那么题目的字面意思是什么呢？挖井为什么会得到一个人来呢？带着这个问题，我们来学习这节课。本节课的学习目标是什么呢？（屏幕出示）

学习目标

1. 能正确理解寓言的寓意；

2. 能确朗读课文，掌握重点字词和文言文知识；

3. 能正确背诵课文。

过渡语：同学们，通过课前预习，查字典，能认识生字词，会朗读课文的请举手。好！下面检测预习效果。

二、第一次先学后教：检查预习，比能正确朗读课文

（一）白板出示：

第一次先学后教：比正确朗读课文

自学指导

检查预习，比谁声音响亮，字音准确，停顿正确。若发现错误，请举手纠错。

（二）教师指名学生轮流朗读课文；如有错即停，其他同学帮助更正。

过渡语：大家通过自学，已经能正确朗读课文了，下面我们来进行

第二场比赛，比正确译讲课文。

三、第二次“先学后教”：比能正确译讲课文

（一）白板出示：

第二次“先学后教”：比正确译讲课文

自学指导

请结合课下注释和参考书，边读课文，边识记重点字词意思，5分钟后，比谁能正确译讲课文。

有疑难的可小声问同桌或举手问老师。

（二）学生自学，练习翻译，教师巡视，帮助解疑。

（三）检查自学效果。

过渡语：时间到，谁还有不理解的字词，请举手提问！

（如有学生提问，教师请会的同学帮助解答；如无人能答，教师则讲；如无人提问，教师宣布：译讲比赛开始！）

1. 指名译讲，边译讲边梳理结构层次。

（1）白板出示译讲方法：请看投影，先读一句原文，再解释重点词，最后连起来翻译。其他同学认真听，如有错，请帮助纠正。

（2）学生译讲，依次一人译一句。（先请后进生回答，如对，则问：认为对的请举手！如有错，则请尖子生帮助更正，学生不会，教师纠正。）

①译讲一层（1、2句）：

宋之丁氏，家无井而出溉汲，常一人居外。及其家穿井，告人曰：“吾穿井得一人。”

师：这句话的含义是什么呢？

生：打好了井，好比得了一个打水浇田的人。

过渡语：国人听到这个消息，会有怎样的反应呢？我们接着往下译讲。

②译讲第二层（3、4句）：

有闻而传之者：“丁氏穿井得一人。”国人道之，闻之于宋君。

过渡语：宋国的国君听到这件事后，会怎么做呢？我们继续往下译讲。

③译讲第三层（第5句）：

宋君令人问之于丁氏。丁氏对曰："得一人之使，非得一人于井中也。"

过渡语：接下来我们译讲最后一句。

④译讲最后一句（第6句）：

求闻/之若此，不若/无闻也。

⑤这句话运用了哪种表达方式？

（议论）

⑥全文分几部分？

（全文分两大部分。）第一部分概述故事，按什么顺序写的？（按事情发展顺序写）第二部分是议论，有什么作用？（点明寓意）

小结：我们也可以仿照本文写作文。

过渡语：理解是记忆的基础，下面我们开始背诵课文。请看自学指导。

四、第三次"先学后教"：比正确背诵

（一）出示自学指导

第三次"先学后教"：比正确背诵

自学指导

请同学们根据提示，一层一层反复背诵，5分钟后比谁能正确、流利地背诵课文。

（二）学生自背，教师巡视，检查指导学生背书情况。

（三）同桌互背。引导学生在不熟的地方做上记号，反复读，反复背。

（四）全班齐背。

（五）指名背诵。（指名后进生背诵）

过渡语：同学们能正确背诵课文了。那么这篇文章给了我们什么启示呢（引导学生联系当下的实际考虑）？请看自学指导。

五、第四次“先学后教”：比正确回答本文给人的启示

出示自学指导：

第四次“先学后教”：比正确回答问题

自学指导

请结合本文内容，思考：从《穿井得一人》中，你联系实际，认真思考，获得了怎样的启示？生活中为获得真知真见，避免道听途说，应该怎么做？

2分钟后，比谁回答得好！

指名回答：

1. 学习了这篇文章，你获得了什么启示呢？

（这则寓言告诉我们，对于传闻不要轻易相信传闻，更不能盲目传播，要实事求是，弄清真相。也就是不造谣，不信谣，不传谣。）

2. 生活中为获得真知真见，避免道听途说，应该怎么做？

（在现实生活中，对待传闻应该采取调查研究的审慎态度，应有去伪存真的求实精神，不轻信，不盲从，更不能以讹传讹。）

3. 在我们的实际生活中，往往也有一些谣言，哪位同学可以试举一例并结合本节课的内容来谈谈你对这些谣言的感受和看法？

小结：同学们说得很好！这则寓言故事虽然很古老，但对于我们现在的人们仍有很大的教育意义。在我们现实生活中的许多谣传也是这样产生的，希望我们学会用事实说话，眼见为实，耳听为虚！不要道听途说！

过渡语：最后我们进行当堂训练。

六、当堂训练

默写全文

要求：字体工整，卷面整洁。

时间：10分钟。

规范下课仪式：教师填写好《课堂纪律记载簿》。

7. 归园田居

学习目标

1. 正确背诵并默写诗歌。

2. 正确理解诗的内容，体会作者的情感。

教学时间：1 课时

课前预习。学生根据语文教材课文前的预习提示，借助课文下的注释或字典，把握课文大意，思考预习提示中的问题，画出不懂的语句，与同学交流，探究解决。

规范上课仪式（略）。

教学过程：

一、板书课题

导入：陶渊明从二十九岁起开始出仕，任官十三年，无法忍受官场的污浊与世俗的束缚，他在义熙元年（405 年）四十一岁时，最后一次出仕，做了八十多天的彭泽县令即辞官回家，选择归隐，躬耕田园，此后再也没有出来做官。从此他结束了时隐时仕、身不由己的生活，终老田园。归来后，作《归园田居》诗一组，今天我们一起来学习其中的第一首。请看学习目标。

二、出示学习目标

1. 正确背诵并默写诗歌。

2. 正确理解诗的内容，体会作者的情感。

三、第一次先学后教，检查预习，比会读诗词

1. 过渡语：课前同学们已经预习过了，预习效果怎样呢？下面比谁能正确朗读诗词。

2. 出示自学指导：检查预习，比谁正确朗读，读准字音，声音洪亮，能体会感情，有错请其他同学帮助。

3. 指名学生朗读，有错共同纠正。

四、第二次先学后教：比读懂诗词

1. 过渡语：同学们已经会读诗歌了，接下来我们要读懂诗歌。

2. 屏幕出示自学指导：

大声朗读全诗，结合课下注释及补充注释：

（1）误落尘网中：指官场。

（2）榆柳荫后檐，桃李罗堂前：遮蔽；陈列。

（3）户庭无尘杂，虚室有余闲：没有世俗的烦忧；日子过得安闲舒适。

能理解诗的内容。如有疑问可问同学或举手问老师，3 分钟后比谁能逐句讲解诗意。

3. 出示画面，教师引导学生逐一解释词义、说出句意、诗词的跳跃、省略、词序的变化。

五、第三次先学后教：背诵诗词

过渡语："下面我们进入背诵环节，请同学们按要求，开始大声背诵。"

（一）学生练习背诵全诗。

（二）学生互背。

（三）教师抽背。

六、第四次先学后教：赏析诗词

过渡语："同学们背诵得流利而准确，接下来让我们来比一比，看谁

能正确回答问题。”

（一）屏幕出示

（二）自学指导

仔细品味“榆柳荫后檐，桃李罗堂前”一句，说说“荫”字和“罗”字的妙用。

时间5分钟。

（三）学生书面回答思考题。

（四）公布答案（略）。

（五）对照答案，自改。

（六）教师屏幕出示错题，学生讨论纠错。

七、当堂训练：默写这首诗。

规范下课仪式：教师填写好《课堂纪律记载簿》。

二、现代文（精读课文）教学

现代文教学也像文言文教学那样，常用几次“先学后教”的操作方法，不过，体裁不同，须稍作变动。

一般教案中在课题下写出：

一、本课的学习目标。有两个方面：一是情感、态度、价值观方面的政治思想教育目标；二是读写知识、读写能力的目标，要求总目标与新教材和新课标的要求一致，不能随意降低，把该“运用”、培养读、写能力的，却不训练，使目标降低到仅仅“知道”或者“理解”的程度；也不能随意拔高，把该“知道”“了解”的目标，却要求“运用”；既不能架空课文，架空语言，把语文课上成政治课，也不能死抠课文，把课文搞得支离破碎而丢了必要的人文教育。

二、本课的教学时间：几课时。

课前预习。学生根据语文教材课文前的预习提示，借助课文下的注释或字典，把握课文大意，思考预习提示中的问题，画出不懂的语句，与同学交流，探究解决。

规范上课仪式（略）。

教学过程

（一）板书课题（20 秒左右）

教师要选用最佳方法开门见山，引入新课，板书课题。常用的方式有：

1. 由旧知识引入新课。例如：教学散文单元的第二课，教师讲述：本节课所学的新课和已学的前一篇课文都是散文，文章结构、写作方法基本一样。我们运用上节课学到的知识，触类旁通，就能有效地自学，理解新课……这种方法由旧知新，一般常用。

2. 现代文，如课题难懂，可引导学生“解题”，弄懂课题中的词语的含义，提出思考题，培养学生审题能力，激发学生读课文的兴趣；

3. 现代文如课题易懂，可不必解题，或让学生说出大体意思；如无必要，就不介绍作者和写作背景，待学生理解课文内容、结合讨论文章中心和写作方法时，讨论“解题”，让学生加深理解，培养思维能力。

4. 教师用精心备好的特别生动、有趣的三言两语引入，板书课题，或者直接板书课题；或者边板书课题，边导入新课；

5. 如有必要，可以用出示精心设计的图片或动画（与课文有关的人，或事，或景，显示一定要注重效果，不得喧宾夺主，底色常为白色，不用深色使得文字看不清，字不得太小、不规范、不端正，不得配音乐而影响效果），配合适当的动作、语言，让学生了解作者和写作背景，便于理解课文内容。如作者和写作背景是学生熟悉的或者是课题下注解中有的就不必介绍。

（二）出示本节课的学习目标。

操作要领：

1. 出示学习目标的目的：让学生明确本节课的学习目标，能够紧张、高效地学习。

2. 出示的语文学习目标有两方面：一是情感、态度、价值观方面的思想政治教育目标；二是读写知识、读写能力的目标。这两个目标都必须在每节课教案开头写明。

过渡语：同学们，按照课文前的预习提示，认真预习，能认识生字、会读课文的举手，鼓励质疑问难，提出不认识、不理解的字词，请大家帮助。

（三）第一次先学后教：检查预习，比会读生字词。

1. 出示自学指导：检查预习，让学生明确第一次先学后教的内容、方法、时间和要求，便于学生紧张高效地学习。

2. 指名读生字、解释词语。如有错，教师引导学生纠正，必要时，教师点拨。

操作要领：（1）要从实际出发，名著、诗歌必要时放录音，让学生读准生字、提高朗读水平；初中高年级以及高中如无必要，可以取消这个环节。（2）学生朗读时，要求大声，一个接着一个读，其他同学专心听准字音，教师不随便插话，师生评点，语言简洁，常用独词句，免得浪费时间。

（四）第二次先学后教：朗读课文，归纳段意，理清结构。

1. 出示自学指导：

初中高年级以及高中学生一边浏览全文，一边触类旁通，给本课分段、归纳大意；初一可以读一自然段，归纳该自然段的大意，以后分段归纳段意。2 分钟后，比谁分段正确。

2. “先学”：

学生按照“自学指导”快速浏览全文，分段，写层意，准备朗读、回答。

3.“后教”：

（1）指名学生轮流朗读课文，其他学生联系学过的相同体裁的课文，回答本课各段的大意，教师配合板书段意。

（2）指名学生运用学过的旧知（同体裁课文的结构），说出本课各段的联系，并能模仿课文的结构，给XX作文编出提纲。

（4）教师适当拓展：

操作要领：

①教师要坚持言传和身教相统一，关注、尊重、引导每一名学生积极发言，正确简洁地评价，教师作必要的归纳、拓展。

②一般初中低年级开始教学某一单元（同体裁的课文）的第一篇课文，可以读一自然段，归纳该自然段的大意；再读一自然段，再归纳该自然段的大意……最后分段、归纳各段大意；以后教第二篇、第三篇，可以不必这样，改为学生读完全文，运用学过的同体裁的课文的旧知，给新课文分段，写段意，说出文章结构。例如：学习说明文《大自然的语言》，可以引导学生阅读全文后，模仿《中国石拱桥》《苏州园林》等说明文，给文章分段，写出说明的顺序，这样学生回忆旧知、理解新知，节省时间，突破难点，效果明显。

③如初中高年级及高中可引导学生运用旧知独立阅读课文、分段、写大意，理清文章结构。

④同体裁的文章，结构基本相同，但也不完全一样，要引导学生比较、寻找结构方面的特色，培养创新、思维能力。

⑤不同体裁的文章，结构不一样，要引导学生寻找规律。

如学说明文，则找出提示段意的主干句子，把握全文说明的顺序，并能联系实际，增强阅读写作能力；如学小说：注重小说的情节（开端、发展、高潮、结局，包括插叙）；如学诗歌，则着重讨论诗歌谋篇布局的精巧；如学议论文，则要找出中心论点、分论点、论据，讨论论证的思路（论证的层次）；如学新闻，能运用新闻的结构……

⑥要触类旁通，指导学生能阅读文章，理清结构，或者模仿课文，给 ×× 作文编提纲。

（五）第三次“先学后教”，文章的立意和写作技巧（联系旧知，同体裁文章比较、归纳异同，触类旁通，灵活运用）。

1. 出示自学指导。

引导学生思考课文后的思考题、综合题，着重回答：学习本文有什么启示？学到了什么写作方法？几分钟后，请同学们登台发言，比谁回答正确。

2. 先学。学生默读课文，思考问题，准备登台发言。

3. 后教。

（1）请多名学生（先后进生，后优生）登台大声发言，要求观念正确，答案完整，条理清楚，语句通顺，培养思维和讲话的能力；其他学生补充、更正。

（2）正确地领悟课文，不仅学习课文表达中心思想的写作方法，而且更要着重接受教材的思想政治熏陶，提升中华民族文化的认同感、自豪感，增强文化自信，自觉继承、发扬中华民族的优良传统，学习古人、革命前辈和时代楷模的开阔的胸怀、报国的志气，培养爱党、爱国、爱人民、爱父母、爱老师、爱同学的思想情感，形成正确的思想政治观念，能够分清是非，爱憎分明，不做对国家、对他人有害的事。

（3）教师小结：拓展。引导学生触类旁通，举一反三，能够学会阅读，准确概括文章的中心思想、中心论点，并且能够模仿课文灵活运用所学知识，写出观点正确、有特色的作文。

（六）第四次“先学后教”，背诵课文或片段。

1. 出示自学指导。背诵的方法、要求、时间等。

2. 先学。

（1）自背，把背错的做上记号；（2）同桌互背；（3）老师检查：“会背的举手”；（4）让会背的后进生上台表演背，有错大家纠正。

（七）第五次“先学后教”，综合练习（灵活运用，培养能力）

运用本课写作方法，写类似文章或片段。

规范下课仪式：教师填写好《课堂纪律记载簿》。

教学现代文，教师要钻研教材、教参，从实效出发，精心合理地划分课时，确定每节课的学习目标、教学内容。一般这样：如篇幅短，则一课时教完，采用几次“先学后教”，最后“当堂训练”的形式；如篇幅较长，则第一课时可以：第一次“先学后教”，能准确地读生字词，第二次“先学后教”，读全文，归纳大意，理清文章结构，并能运用；当堂训练：临摹生字，默写字词；第二课时，第一次“先学后教”，文章立意及思想教育；第二次“先学后教”，学习语言表达或仿写片段等练习；当堂训练：背诵课文，综合练习；如课文长，可教三课时，即第三课时重点写作综合训练或学习语法短文知识。

总之，运用“以德贯穿：先学后教，当堂训练”教学模式，不管是教文言文，还是教现代文，不管课文体裁不同，篇幅有长有短，基本程序都一样，一节课搞几次“先学后教”“当堂训练”，根据课文教学时间，可以为一课时，或两课时、或三课时，不管几课时教完。课上每一个环节（每一步）都要正确引导学生学什么？怎么学？并且帮助解决疑难问题，都是在让学生“先学”（发现问题），再“后教”（合作学习，解决问题），反复进行，最后当堂训练，按时独立完成作业，全程以德贯穿，立德树人。教师都要从实际出发，讲究实效，力求当堂达标。

在阅读教学中，教师应高度重视课文后的练习题，要把课文后的练习题作为学生课堂上自学的载体，让学生围绕课文后的习题，读书、思考、找答案或进行书面练习。要根据每节课的教学目标，有计划地把课文后面的练习题安排在课堂教学中，顺序一般为先练课文后面的小问题，后练文章中心思想写作特色的大问题（一般不按课文后面习题的顺序，因为课文后常常第一题是综合大题），也可让学生逐段读课文，讨论教师提出该理解的词句、修辞等问题。

15. 白杨礼赞（教读课）

学习目标

1. 感悟作者对广大抗日军民的崇敬与赞美之情，发扬中华民族朴质、坚强、团结向上的精神。

2. 能正确朗读课文，掌握生字词。

3. 能理解以赞美为线索贯串全文的写法，理解文章烘托、对比、欲扬先抑等写作技巧的表达效果，并能在写作中运用。

4. 学习对比、象征手法的使用，把握托物言志散文的基本特点。

教学时间：2 课时

课前预习。学生根据语文教材课文前的预习提示，借助课文下的注释或字典，把握课文大意，思考预习提示中的问题，画出不懂的语句，与同学交流，探究解决。

第一课时

学习目标：

1. 感悟作者对广大抗日军民的崇敬与赞美之情，发扬中华民族朴质、坚强、团结向上的精神。

2. 能正确朗读课文，掌握生字词。

3. 能理解以赞美为线索贯串全文的写法，理解文章烘托、对比、欲扬先抑等写作技巧的表达效果，并能在写作中运用。

规范上课仪式（略）。

教学过程：

一、导入新课

（一）通过预习，能够解释课题“白杨礼赞”的同学请举手。（“礼赞”就是赞美，“白杨礼赞”就是赞美白杨，为什么把“白杨”二字放在赞美之前？突出白杨。）

（二）作者为什么要赞美白杨？怎么赞美白杨？我们认真学习，就可以知道。本课分两课时教学，第一课时的学习目标是什么呢？请看：

二、出示目标

屏幕出示：

1. 感悟作者对广大抗日军民的崇敬与赞美之情，发扬中华民族朴质、坚强、团结向上的精神。

2. 能正确朗读课文，掌握生字词。

3. 能理解以赞美为线索贯串全文的写法，理解文章烘托、对比、欲扬先抑等写作技巧的表达效果，并能在写作中运用。

过渡语：同学们，通过课前预习、查字典，能读准字音、解释词语的请举手。好！下面检测预习。

三、第一次“先学后教”：比谁能读准字音、解释词语

（一）屏幕出示：

第一次先学后教：比谁能读准字音、解释词语

1. 指名读生字，解释难理解的字词

毡子　外壳　倔强　虬枝　秀颀　晕圈

婆娑　恹恹欲睡　无边无垠　坦荡如砥

2. 解词

旁逸斜出：

纵横决荡：

妙手偶得：

潜滋暗长：

（个别字词出示图片，帮助学生理解词意。生口答，师逐一出示答案）

（二）质疑问难：还有不认识的生字或不理解的字词的同学，请大胆举手质疑！（请其他同学帮忙正音、解词）

四、第二次“先学后教”：比正确朗读课文、概括段落大意

过渡语：生字词会读了，词语也理解了，下面指名逐段朗读课文，比谁能说对段落大意。（去掉白板上的生字词，只留课题）

（一）出示：

自学指导

比谁朗读课文声音响亮、富有感情，比谁能模仿学过的课文，正确地概括段落大意。

（二）边读边讨论

教师指名学生有感情地朗读课文，并提醒其他同学边听边准备概括段落大意。

板书设计：（边提问边出示）

白杨礼赞

（1）我赞美白杨树

（2）黄土高原的景色

（3—4）惊奇地看见白杨　　（4）……实在是不平凡的一种树！

（5—6）白杨树的外形　　（6）……决不是平凡的树！

（7—8）白杨树的“精神品格”及象征意义　　（8）白杨不是平凡的树。

（9）我要高声赞美白杨树！

1. 同学们，请高声齐读第1段，要读出赞美之情。

2. 提问：第1段写了什么？赞美白杨树。（出示：我赞美白杨树）

3. 指名读第2段，说说第2段写了什么。（指名后进生答，若后进生答错或答不出来则让其他学生更正、补充）答对后，出示：黄土高原的景色。

4. 同学们，请有感情地齐读3、4段，说说3、4段写了什么？（指名后进生答，若后进生答错或答不出来则让其他学生更正、补充）答对后，出示：惊奇地看见白杨（4）……实在是不平凡的一种树！

5. 指名读第5、6段，说说5、6段写了什么？（指名后进生答，若后进生答错或答不出来则让其他学生更正、补充）答对后，出示：白杨树的外形（6）……决不是平凡的树！

6. 指名读第7、8段，说说7、8段写了什么？（指名后进生答，若后进生答错或答不出来则让其他学生更正、补充）答对后，出示：白杨树的"精神品格"、象征意义（8）白杨不是平凡的树。

7. 请同学们高声齐读第9段，要读出赞美之情，说说第9段写了什么？（指名后进生答，若后进生答错或答不出来则让其他学生更正、补充）答对后，出示：我要高声赞美白杨树。

五、第三次"先学后教"：比学会以线索贯穿全文的写法

过渡语：下面进行第三场比赛，比学会以线索贯穿全文的写法。

（一）出示：

白杨礼赞

第三次"先学后教"：比学会以线索贯穿全文的写法

自学指导

请仔细看各段大意，认真思考，回答下列问题：

1. 课文从哪几方面直接写白杨？开篇为什么要写高原景象？

2. 作者用什么线索把多方面材料贯穿成文？表现什么中心？

3. 本课和《背影》一课都是散文，在以线索贯穿全文的写法上

有什么相同点和不同点?

（二）板书设计:

白杨礼赞

哪几方面写白杨用什么线索贯穿全文（赞美）

	（1）我赞美白杨树
（2）黄土高原的景色	
（3—4）惊奇地看见白杨	（4）……实在是不平凡的一种树!
（5—6）白杨树的外形	（6）……决不是平凡的树!
（7—8）白杨树的“精神品格”及象征意义	（8）白杨不是平凡的树。
	（9）我要高声赞美白杨树!

（三）提问:

（将自学指导去掉，出示以上段落大意和抒情的句子）

1. 课文从哪几方面直接写白杨?（引导学生根据段落大意说出：形象、精神、象征意义）既然文章题目是《白杨礼赞》，为什么开篇要写高原景象?（黄土高原是白杨生长的环境，高原的辽阔、雄伟，烘托出一种“不平凡”的环境氛围。）作者在写景时还写了自己的感受，一成不变的高原景色让作者有什么感受?（单调）当像哨兵似的白杨出现，作者又有了什么感受?（惊奇地叫了一声）这样的写法就是先抑后扬，为赞美白杨树的不平凡做了铺垫。正是有了白杨，单调的黄土高原就有了生机。总的说，本文从哪几方面写白杨呢?（教师指着段落大意说）先以黄土高原铺叙，再写白杨的形象、精神、象征意义。

2. 作者用什么线索把多方面材料贯穿成文?（出示：用什么线索贯穿全文）表现什么中心?（学生上讲台发言）

第 1 段点题，最后一段与开头呼应，中间几段边概写边抒发赞美之情。所以，作者以赞美之情贯穿全文，（出示赞美）情感不断升华，表现中心思想，使文章形散而神聚。（出示箭头示意贯穿全文）

3. 本课和《背影》一课都是散文，在以线索贯穿全文的写法上有什么相同点和不同点？（学生上讲台发言）

相同点：两篇都是散文，都用线索贯穿全文，使文章形散神聚；不同点：《背影》是以“背影”这个形象为线索，而本文以赞美之情为线索；此外《背影》是开头倒叙，以后按时间顺序写，这是以“一张照片”等物为题，写回忆性散文的一般结构；《白杨礼赞》先铺叙高原景色，再写白杨的形象、精神、象征意义，这是托物言志散文安排材料的一般结构。同学们，要认真阅读、写作，寻找规律，一定能灵活仿写出优美的散文。

过渡语：同学们，通过课前预习和刚才的讨论大家能够当堂达标，接下来我们临摹生字。

六、当堂训练：临摹生字

（一）出示：

当堂训练：临摹生字

认真观察行楷生字笔画的变化、连笔、间架。临摹生字，5 分钟后比谁写得好。

（二）出示课本上“读读写写”。指名说出难写的生字该注意什么。

（三）学生临摹生字。

（四）点评：谁写的字好。

1. 出示最优秀的练习纸。对照方格里的字，是不是与方格里的字一个样，表扬。

2. 出示差的练习纸，说说哪个字与方格里的字不一样。

（五）如果有时间则听写生字。

规范下课仪式：教师填写好《课堂纪律记载簿》。

第二课时

学习目标：

1. 学习对比、象征手法的使用，把握托物言志散文的基本特点。

2. 感悟作者对广大抗日军民的崇敬与赞美之情，发扬中华民族朴质、坚强、团结向上的精神。

规范上课仪式（略）。

教学过程：

一、板书课题

师：同学们，这节课我们继续学习《白杨礼赞》。（板题：白杨礼赞）

二、出示目标

请看学习目标：（大屏幕显示）

1. 学习对比、象征手法的使用，把握托物言志散文的基本特点。

2. 感悟作者对广大抗日军民的崇敬与赞美之情，发扬中华民族朴质、坚强、团结向上的精神。

过渡语：上节课我们了解了托物言志散文形散而神聚的特点，接下来学习本文的写法，请看自学指导。

三、第一次“先学后教”：理解和运用对比、衬托的写法

（一）出示：

自学指导

默读课文，思考下列问题，3 分钟后比谁能正确回答。

1. 本文写法有扬有抑，富于变化。试找出相关的段落，体会这种写法的表达效果。

2. 文章最后有一段提到了楠木，作者的用意是什么？

（二）先学：默读课文，准备回答指导中的两个问题。

（三）后教：

1. 提问：本文写法有扬有抑，富于变化。试找出相关的段落，体会这种写法的表达效果。

（1）学生回答相关段落，教师出示：相关段落：它没有婆娑的姿态，没有屈曲盘旋的虬枝。也许你要说它不美。如果美是专指“婆娑”或“旁逸斜出”之类而言，那么，白杨树算不得树中的好女子。但是它伟岸，正直，朴质，严肃，也不缺乏温和，更不用提它的坚强不屈与挺拔，它是树中的伟丈夫！

（2）有什么表达效果？教师出示：作者采用欲扬先抑的表现手法，先用两个“没有”否定白杨树的美，说它不是树中的“好女子”；紧接着用“但是”一转，赞扬了它是树中的“伟丈夫”。这样先抑后扬，前后形成对比，更加突出了白杨树的独特风格与个性，很自然地由赞美树过渡到赞美人。

小结：本文抑扬手法的使用，一是使文章波澜起伏，富于变化；二是更加突出了白杨树的“不平凡”，突出了白杨树的精神风貌，赞美之情溢于言表。

2. 提问：文章最后有一段提到了楠木，作者的用意是什么？

指名回答，教师出示：最后一段提到楠木，主要是与白杨树形成对比：两种树的品格不同，一是普通当中蕴含着“不平凡”，一是贵族化；所代表的人不同，一是在北方坚持抗战的广大民众，一是视民众、顽固倒退的人们。两相对比，突出赞美了白杨树及其所代表的精神和品格。

过渡语：那本文的语言又具有什么特点呢？我们继续自学。

四、第二次“先学后教”：品味关键语句

（一）出示自学指导：

自学指导

默读课文，思考下列问题，3 分钟后比谁能正确解答。

作者说白杨树是“西北极普通的一种树，然而实在是不平凡的一种树”，既“极普通”又“不平凡”，这样表达是否矛盾吗？试结合全文说说你对这句话的理解。

（二）先学：默读课文，准备回答指导中的问题

（三）后教：

提问：既“极普通”又“不平凡”，这样表达是否矛盾吗？

教师出示：不矛盾。“普通”即“平凡”，“不平凡”即“伟大”，这个看似矛盾的表述，其实包含着辩证法，即平凡当中蕴含着伟大。说“普通”，是因为白杨树在西北高原极常见，也极易生长；说“不平凡”，是因为白杨树独特的外形，特别是内在的品格和精神风貌，也就是作者赋予它的正直、质朴、坚强不屈等。作者用这看似矛盾的表述，更能给读者留下深刻的印象。

过渡语：文章着重塑造了虽“普通”却极“不平凡”的白杨树形象，直到今天，文中昂扬向上的精神仍然很有感染力，作者借赞美白杨树表达什么主题呢？我们进行第三场比赛。

五、第三次“先学后教”：把握文章主题

（一）出示自学指导：

自学指导

默读课文第6—8段，思考下列问题，2分钟后比谁能正确回答。

白杨树有什么象征意义？作者是通过哪些语句层层深入地把这种意义揭示出来的？

（二）先学：默读课文，准备回答指导中的问题

（三）后教：

提问：白杨树有什么象征意义？作者是通过哪些语句层层深入地把这种意义揭示出来的？

教师出示：

相关语句示例：当你在积雪初融的高原上走过，看见平坦的大地上傲然挺立这么一株或一排白杨树，难道你就只觉得它只是树？难道你就

不想到它的朴质，严肃，坚强不屈，至少也象征了北方的农民？难道你竟一点也不联想到，在敌后的广大土地上，到处有坚强不屈，就像这白杨树一样傲然挺立的守卫他们家乡的哨兵？难道你又不更远一点想到，这样枝枝叶叶靠紧团结，力求上进的白杨树，宛然象征了今天在华北平原纵横决荡，用血写出新中国历史的那种精神和意志？

象征意义：白杨树象征了北方的农民，抗日的军民，尤其象征了民族解放斗争中所不可缺的朴质、坚强、力求上进的精神。通过四个“难道”层层深入地揭示出来：第一个“难道”通过反问引起读者思考，为由树及人张本；第二个“难道”点明“至少”象征了北方的农民；第三个“难道”点明象征抗日军民——“守卫他们家乡的哨兵”；第四个“难道”进一步抽象化，点明“枝枝叶叶靠紧团结，力求上进”的白杨树象征着中华民族的抗日精神和意志。

（四）小结：

本文运用象征手法，通过白杨树这个艺术形象，歌颂了中国共产党领导下的广大军民保卫祖国的英雄形象，歌颂了他们朴质、坚强、团结向上的精神和意志，抒发了作者对他们的崇敬和赞颂之情。

过渡语：通过刚才的讨论大家当堂达标，接下来当堂训练。

六、当堂训练

写作时恰当使用象征手法，可以让读者咀嚼回味，给人留下深刻的印象。试选取你熟悉的某个事物，赋予它一定的象征意义，完成一次片段写作。

要求：字数至少 200 字，字体端正，卷面整洁。

时间：10 分钟。

规范下课仪式：教师填写好《课堂纪律记载簿》。

18. 中国石拱桥

学习目标：

1. 了解中国石拱桥的特点，激发对民族文化与社会主义事业的自豪感。
2. 能正确朗读课文，掌握生字词。
3. 理清本文的说明顺序，理解作者的行文思路。
4. 学习常见的说明方法，体会它们的作用。
5. 结合具体语句，体会说明文语言的准确性、严密性。

教学时间：两课时。

课前预习：学生根据语文教材课文前的预习提示，借助课文下的注释或字典，把握课文大意，思考预习提示中的问题，画出不懂的语句，与同学交流，探究解决。

第一课时

学习目标：

1. 了解中国石拱桥的特点，激发对民族文化与社会主义事业的自豪感。
2. 能正确朗读课文，掌握生字词。
3. 理清本文的说明顺序。

规范上课仪式（略）。

教学过程：

一、导入新课

同学们，今天我们学习《中国石拱桥》（屏幕出示课题：中国石拱桥）作者是谁呢？指名说，学生说对，屏幕出示作者。这篇课文分两课时教学，第一课时的学习目标是什么呢？请看：

二、出示目标

屏幕出示：

1. 了解中国石拱桥的特点，激发对民族文化与社会主义事业的自豪感。

2. 能正确朗读课文，掌握生字词。

3. 理清本文的说明顺序。

过渡语：同学们，通过课前预习、查字典，能读准字音、解释词语的请举手。好！下面检查预习。

三、第一次“先学后教”：检查预习，比谁能读准字音、解释词语

（一）屏幕出示

第一次先学后教：检查预习，比谁能读准字音、解释词语。

一、指名读生字，解释难理解的字词

弧形（hú）　洨河（xiáo）　匀称（chèn）　河堤（dī）

记载（zǎi）　暴涨（zhǎng）　推崇（chóng）

惟妙惟肖（xiào）

二、解词

1. 古朴：朴素而有古代的风格。

2. 交头接耳：彼此在耳朵边低声说话。

3. 巧妙绝伦：形容技艺极其精巧，没有能比得上的。

（个别字词出示图片，帮助学生理解词意。生口答，师逐一出示答案）

（二）质疑问难：还有不认识的生字或不理解的字词的同学，请大胆举手质疑！（请其他同学帮忙正音、解词）

四、第二次先学后教：比正确朗读课文，概括段落大意

过渡语：生字词会读了，词语也理解了，下面指名逐段朗读课文，比谁能准确概括段落大意。（去掉白板上的生字词，只留课题）

出示：

自学指导

比谁能正确朗读课文，声音响亮，能准确概括段落大意。

（二）边读边讨论

教师指名学生有感情地朗读课文，并提醒其他同学边听边准备概括段落大意。

1. 指名读第1—3段。（三人，一人一段）

①概括第1—3段段落大意。指名后进生答，若后进生答错或答不出来则让其他学生更正、补充。答对后，出示：（中国石拱桥的特点）请用几个字准确概括中国石拱桥的特点。（优美、坚固、历史悠久）

②第3段最后一句有什么作用？（引出下文，以赵州桥、卢沟桥为例具体说明）出示赵州桥、卢沟桥的图片。

2. 指名读4、5段。（二人，一人一段）

①指名学生读第4段。

②指名上讲台，指着白板上的赵州桥的大图片读第5段（边读边指图，以图示意），欣赏说明文语言准确，感悟赵州桥的优美。概括4、5段段落大意。指名后进生答，若后进生答错或答不出来则让其他学生更正、补充。答对后，出示：赵州桥的特点。

提问：请用几个字准确概括赵州桥的特点。（优美、坚固、历史悠久）

3. 指名读第6、7、8段。（三人，一人一段）

①指名学生上讲台指着白板上卢沟桥的大图片读第6段（边读边指

图，以图示意），欣赏说明文语言准确，感悟卢沟桥的优美。（由11个半圆形的石拱组成，每个石拱长度不一；桥面平坦，几乎与河面平行；每两个石拱之间有石砌桥墩；赵州桥和卢沟桥都形式优美，但它们各有不同，赵州桥是独拱石桥，而卢沟桥是一座联拱石桥。）

②指名读7、8段，概括6、7、8段段落大意。指名后进生答，若后进生答错或答不出来则让其他学生更正、补充。答对后，出示：卢沟桥的特点。

提问：请用几个字准确概括卢沟桥的特点。（优美、坚固、历史悠久）

4. 指名读第9段，概括第9段段落大意。（指名后进生答，若后进生答错或答不出来则让其他学生更正、补充）答对后，出示：中国石拱桥取得辉煌成就的原因。

5. 指名读第10段，概括第10段段落大意（指名后进生答，若后进生答错或答不出来则让其他学生更正、补充）答对后，出示：解放后我国桥梁事业的飞速发展。

出示长虹大桥、双曲拱桥两座桥的图片，学生指图说它们的特点。（长虹大桥：世界最长的独拱石桥。双曲拱桥：钢筋混凝土拱桥；是当时世界上仅有的。）我国桥梁事业的飞跃发展，表明了我国社会主义制度的无比优越。

过渡语：《中国石拱桥》是按什么顺序说明的呢？下面进行第三场比赛。

五、第三次“先学后教”：比学会本文的说明顺序

（一）出示：

第三次“先学后教”：比学会本文的说明顺序

自学指导

中国石拱桥的特点：优美、坚固、历史悠久

赵州桥的特点：优美、坚固、历史悠久

卢沟桥的特点：优美、坚固、历史悠久

中国石拱桥取得辉煌成就的原因

解放后我国桥梁事业的飞速发展

思考：本文抓住什么特点，按什么顺序说明？

时间：3分钟

（二）提问：

（将自学指导去掉，出示以上段落大意）

1. 本文抓住什么特点，按什么顺序说明的呢？指名学生上讲台，指着白板上的段落大意讲述。

本文抓住优美、坚固、历史悠久的特点，先扣题，从总体概括说明中国石拱桥，给人一个整体印象，以后以两个例子具体说明，给人深刻的印象，最后分析取得成就的原因，介绍解放后桥梁事业的飞速发展，这样由全面到具体，由现象到本质，由古代到现代，很有条理。

2. 小结：本文抓住特点全面说明中国石拱桥，又以两座最有代表性的桥——赵州桥和卢沟桥为例说明，令人信服。

3. 指名学生上讲台，说说：如果要求写一篇《美丽的永威校园》的说明文，你模仿本课说明的顺序，说出写作提纲。（先总写校园的美丽，然后举例，具体写几处校园美景……）

过渡语：通过课前预习和刚才的讨论，大家会读课文、理解了本文抓住特征说明事物的顺序。很好，接下来，请大家临摹生字。

六、当堂训练：临摹生字

（一）出示：

当堂训练一：临摹生字

认真观察行楷生字笔画的变化、连笔、间架。临摹生字，5分钟后比谁写得好。

（二）出示课本上“读读写写”。指名说出难写的生字该注意什么。

（三）学生临摹生字。

（四）点评：谁写的字好。

1. 出示最优秀的练习纸。对照方格里的字，是不是与方格里的字一个样，表扬。

2. 出示差的练习纸，说说哪个字与方格里的字不一样。

（五）如果有时间则听写生字。

规范下课仪式：教师填写好《课堂纪律记载簿》。

第二课时

学习目标：

1. 感悟我国古代劳动人民的勤劳和智慧，激励自己努力学习科学文化知识，将来为祖国做贡献。

2. 学习常见的说明方法，体会它们的作用，体会说明文语言的准确性、严密性。

规范上课仪式（略）。

教学过程：

一、导入、示标

同学们，今天我们继续来学习《中国石拱桥》，本课时的学习目标是（出示）：

1. 感悟我国古代劳动人民的勤劳和智慧，激励自己努力学习科学文化知识，将来为祖国做贡献。

2. 学习常见的说明方法，体会它们的作用，体会说明文语言的准确性、严密性。

过渡语：作者为了清楚地说明石拱桥的特征，都使用了哪些说明方法呢？下面进行第一次“先学后教”：把握说明方法及作用。

二、第一次“先学后教”：把握说明方法及作用

（一）出示：

自学指导

联系学过的说明文，思考本文运用了哪些说明方法，各有什么作用？3 分钟后比谁能正确回答。

（二）先学：默读课文，准备回答指导中的问题。

（三）后教：

提问：本文用了哪些说明方法，各有什么作用？学生登台发言，如有错，则其他同学更正，如不完整的则补充，必要时，教师点拨。

参考答案如下：

1. 打比方。如“石拱桥的桥洞成弧形，就像虹。”“桥洞不是普通半圆形，而是像一张弓……”用“虹”“弓”作比，突出了石拱桥形式上的特征，富有形象性。

2. 举例子。作者为了说明中国石拱桥的特点，列举了赵州桥和卢沟桥两个例子。赵州桥是独拱石桥的代表，卢沟桥是联拱石桥的代表，且两座桥都世界闻名，例子具有代表性、典型性。

3. 引用。如引唐朝张嘉贞的话“制造奇特，人不知其所以为”，说明赵州桥设计施工的精巧；引用唐朝张鷟的赞语“初月出云，长虹饮涧”，说明赵州桥形式优美，等等。这些引用增强了文章的说服力和感染力。

4. 列数字。有概数、确数之分，给人以准确鲜明的印象。如“起州桥非常维伟，全长 50. 82 米，两端宽 9. 6 米，中部略窄，宽 9 米”。

5. 摹状貌。如“这些石刻狮子，有的母子相抱，有的交头接耳，有的像倾听水声，有的像注视行人，千态万状，惟妙推肖”，描绘石刻狮子的“千态万状”，说明声沟桥在装饰上的重要特点，突出了桥的形式美。

6. 作比较。如“永定河发水时，来势很猛，以前两岸河堤常被冲毁，但是这座桥极少出事，足见它的坚固”，以卢沟桥与两岸河堤相比较，充分说明了卢沟桥十分坚固。

过渡语：我们掌握了常用的说明方法的作用，接下来品析本文的语言特点。

三、第二次“先学后教”：学习说明文准确、严密的语言

（一）出示：

自学指导

默读课文，认真思考下列问题，3 分钟后比谁能正确回答。

四、结合下列句子中加点的词语，体会说明文语言的准确、严谨。

1.《水经注》里提到的“旅人桥”，大约建成于公元 282 年，可能是有记载的最早的石拱桥了。

2. 全桥只有一个大拱，长达 374 米，在当时可算是世界上最长的石拱。

3. 永定河上的卢沟桥，修建于公元 1189 到 1192 年间。桥长

265 米，由 11 个半圆形的石拱组成，每个石拱长度不一，自 16 米到 21.6 米。桥宽约 8 米，桥面平坦，几乎与河面平行。

（二）先学：默读课文，准备回答指导中的三个问题。

（三）后教：

提问：

1. 赏析加点词“大约”“可能是有记载的”。

“大约”“可能”都表示不确定，“有记载的”指出后面判断的根据，更增强了准确性。

2. 赏析加点词“在当时”“可算是”。

“在当时”是从时间上限定，“可算是”是从程度上限定，这样才更符合实际情况。

3. 赏析加点词“自 16 米到 21.6 米”、“约”、“几乎”。

数字具体，实事求是，该用“约”限制时，绝不“故作准确”；“几乎”强调了桥面与河面并非完全平行。

（四）小结：通过刚才的学习，我们可以看出说明文的语言讲究准确、周密，这些词语表现了作者严谨的治学态度，希望同学们今后的阅读、写作说明文时，要特别注意。接下来进行当堂训练。

五、当堂训练：

模仿课文，写一段话，介绍我们的教学楼。

字数：300 字。

时间：15 分钟

提示：1. 注意突出说明对象的特征。

2. 综合运用多种说明方法。

规范下课仪式：教师填写好《课堂纪律记载簿》。

三、现代文（自读课文）教学

自读课文以学生自读为主，常一课时教完。教师要灵活运用，要引导学生运用教读课上获得的阅读知识，自主阅读自读课文。

（一）课前预习。借助资料、注释，认识生字词，能正确朗读课文，思考提示中的问题。

（二）课上自读为主，方法有两种：

第一种：课上先学，学生默读课文，准备登台回答课文前“预习提示”中的和课文后的思考题；后教，引导学生（先后进生，后优生）登台大声地回答问题，教师补充更正，进一步强化自读方法，沉淀为自主阅读的能力，同时，引导学生领悟教材，接受思想教育；当堂训练，以书面练习课文后的练习题为主。如有时间，可以引导学生同桌互评对错，老师帮助解决疑难。

第二种：课上学生像考试那样书面练习，以后学生同桌互评对错，师生一起纠错。

四、语法、修辞、逻辑教学

语法、修辞、逻辑知识短文的教学附在课文后。一般教完课文后，引导学生学习。一般程序为：

（一）第一次“先学后教”理解基础知识。

1. 先学引导学生反复阅读语法、修辞、逻辑知识的短文，认真思考。

2. 后教（1）学生讨论，举例理解概念；（2）教师点拨，拓展，指导如何运用，规范语言。

（二）第二次“先学后教”运用修改病句。

1. 先学：学生灵活运用知识，口答修改病句。

2. 后教：（1）学生讨论更正。（2）教师评点。

（三）当堂训练。运用知识给短文（或给学生作文）找出病句，探究修改。

五、复习课

中学语文复习课也要灵活运用“以德贯穿：先学后教，当堂训练”教学模式，操作方法与中学数学复习课基本相同（详见 P043），老师们要触类旁通，灵活运用，上好各种课型的复习课。

语文教师要注重引导学生走出教材，强化阅读、写作综合训练，培养学生的综合应用能力。语文期末复习不按课本一课一课地复习，要分类、一类一类地复习。例如：期末“阅读和写作”，同一体裁一起复习，进行该体裁文章阅读训练和作文训练，归纳总结写该类文章的规律，既进行阅读短文的综合训练，又进行此类作文的审题、编提纲等单项训练；例如：复习全册语法知识，进行运用语法知识修改病句的训练；例如：复习全册文言文，进行文言实词、虚词、归类以及翻译的综合训练，还要进行阅读写作的实际应用，如：鼓励学生坚持写校园新闻、人物报道、专题论坛等等。

教师要注重适当拓展：引导学生触类旁通，举一反三，甚至融会贯通。具体而言，对同一层面的知识能力、素养能力，能够横向融会贯通，形成完整的知识能力结构；对不同层面知识能力、素养能力，能够纵向融会贯通，了解必备的知识与关键的能力之间的紧密相通，具备内在逻辑练习的整体。这样，加大复习的难度，激发学生复习的求知欲，让学生能够自觉地紧张高效地复习，增强阅读、写作的能力。

六、作文教学

作文教学是语文教学的一大重要而艰巨的任务，作文教学的全过程都必须立德树人，以德贯穿。语文老师必须下真功夫，努力提高学生的写作水平，尤其要处理好多种关系，从各方面保证提高学生的写作水平。

1．**要处理好讲读课与作文课的关系。**讲读课上，让学生学习范文，获得阅读、写作基础知识，培养阅读、写作能力；作文课上，让学生运用讲读课上（模仿课文，口述某篇作文提纲，或口头说一段话，正确口答或必答课文后的综合训练题……）学到的写作知识仿写类似的文章，训练写作能力，作文课是讲读课之后的实践课，作文是讲读课后的综合作业。

根据新课标，初中以记叙文为主，高中以议论文为主。老师要明确所教年级学生的作文写作要求，制订全学期阅读和作文教学计划。根据计划，老师要严格按课本顺序，一单元一单元地有系统地进行阅读教学和作文教学，二者相互配合，不可分离，切不可打乱课本顺序，东教一课，西教一课，不利于学生学好课文，写好作文。

2．**要处理好课上阅读课文与课外广泛阅读的关系。**老师们要运用“以德贯穿：先学后教 当堂训练”教学模式，让学生课上认真阅读课文，提高学生的阅读水平。同时，每班每周有一节“阅读课”。这节“阅读课”排进课表，地点在图书馆、阅览室，责任人语文老师，老师要引导学生结合所学课文及单元写作短文，确定“专题研究”（如同体裁的文章）、主体积累、名著赏析等课型，让学生会用快速浏览、精读等方法，扩大知识面；老师还要鼓励学生课外进图书馆、阅览室吃“自助餐”，自由阅读名著、杂志、报刊，培养特长。

3．**要处理好课上提高写作水平与课外处处是作文的关系。**处理好口头作文与书面作文的关系。鼓励学生每天听新闻联播，看电视，关心国家大事，积极参加实践活动，大胆地课上踊跃发言，班会上即兴发言，促进学生增强思维敏捷、快速构思、善于口头表达的能力，为课内写好作文打下基础；同时，引导学生运用作文课上获得的写作能力，每天写日记，多写实际应用的文章；例如：学了书信，鼓励学生人人写信，寄给冬奥金牌获得者、或老师们、父母等最喜欢的人；学了课内写过作文“新闻”，就要坚持每周写一篇校园新闻，给学校广播站选播；课上写过作文演讲稿，就要课外坚持写演讲稿，参加演讲比赛、或在班会上演讲；学过写人的记叙文，就要利用课外时间大胆地自己选材，自己命题，编提纲，写人物故事、真人真事、向报社投稿或者参加各种作文竞赛。这样，学生课上写作与实践应用结合，学生的思想、写作水平必定大大提高。

4. 要处理好学生写作与教师写作的关系。名师出高徒。会写作文的老师，才能言传身教，得心应手教学生写好作文。要学生写好作文，教师必须爱读书，利用课外时间进阅览室读报纸、杂志，爱写作，能够下真功夫写出有特色的、动人的下水文，给学生良好的影响。

学校要评比老师下水文，把优秀的下水文登上校报，调动学生写作的积极性，培养学生写作的爱好和能力。同时，在教学的过程中，老师要善于向学生学习，教学相长，共同提高。

5. 要处理好备好课与上好课的关系。作文课堂高效必须有高效的作文课教案。老师既要有超前意识，提前在讲读课上让学生获得必要的写作知识，又要提前精心写好作前指导课教案，采取最佳的“先学后教”的操作方法，让学生能够运用所学知识，写出令人喜欢的文章。

（一）作文指导课

作文课上，运用“以德贯穿：先学后教，当堂训练”教学模式，一定要从实际出发，讲究实效，上好作文指导课，一般有以下几种方法：

第一种　引导学生审题、编提纲、写草稿。

这一种注重引导学生学会审题、立意、编提纲的方法。

作前指导过程

1. 出示文题和自学指导

出示写作要求。引导学生推敲、准确理解文题中各个字词的含义，让学生明确写作目的、要求；思考怎样运用学过课文的写作知识，确定中心，选对材料和怎样分段、编写提纲等。

2. 先学

学生模仿课文或灵活运用讲读课上的知识，独立编提纲，要求简洁明了，只要理清思路，不要求写详细。

定中心（议论文确定中心论点，记叙文确定中心思想，说明文确定说明特征）。

选材料（议论文要选能证明中心论点的典型的事实论据和道理论据——名言；记叙文要根据中心思想选有代表性的事情；说明文……注明详、略）。

定结构（灵活模仿课文，安排材料，写明作文提纲，即各段小标题和每段几小层的层意）。

3. 后教

学生登台，交流提纲。其他学生根据编提纲的要求，讨论、帮助修改提纲。

如写记叙文，写一件事怎样模仿课文写几件事怎样分段？怎样开头？怎样结尾？问其他同学编写的提纲还有什么不同的结构？教师补充、拓展，如何仿写课文，写出有新意、让人爱读、受到启发的好文章。

如写议论文，可问：中心论点（中心思想）是否正确？要不要修改？其他同学还有什么不同的论点？是否正确？所选材料（事实、道理论据）是否能够证明中心论点或所选事情能否表达中心？要不要改？怎么改？其他同学还有哪些不同的选材？结构安排是否恰当？如议论文怎样提出论点？怎么论证（分几小层，摆事实，讲道理）？怎样结尾（写结论，结合实际怎么办）？该怎么改？

4. 当堂训练

学生写草稿（时间：30—35 分钟），要求独立完成、誊写工整。

第二种　引导学生按照课本中的文题和提示写作。

这一种是目前中学最常用的一种，引导学生认真阅读课本单元写作知识短文后的文题和提示，独立练习写作。

（1）白板出示：从课本中单元《写作实践》中的文题和提示。

（2）先学。

引导学生认真审题，思考文题中词语的含义；认真读写作提示，明确中心（为什么写），取材（写什么）、构思（怎么写）的问题。

学生灵活运用讲读课上学到的有关写作知识，快速构思，在草稿纸上写出中心思想，编写出提纲：即分段，写出每段的小标题（一两个字），写出重点段的几层大意，3 分钟后，登台回答。

（3）后教。

①口头竞赛：学生登台讲出文章的中心思想，分几段，每段的小标题是什么？重点段分几层，每层的大意是什么？

②其他同学讨论、教师点拨：肯定或提出修改意见。

（4）当堂训练。

学生写草稿（时间：30—35 分钟），要求独立完成、誊写工整。

第三种　像考试那样独立审题、编提纲、写作。

这一种常用于期末复习时，能强化训练学生独立写作的能力和习惯。

1. 出示文题和写作要求。

2. 第一次先学后教：

先学：学生独立审题、模仿课文灵活运用学过的基础知识选材、编提纲。

后教：老师巡视，对个别学有困难的学生指导修改提纲。

3. 当堂训练。

学生写草稿（30—35 分钟），誊写正文。

不同年级不同学情，作文指导也就不一样。怎样能让学生紧张高效写好作文，就怎样指导，或者不指导，放手让学生独立编写提纲。教师千万不要重复地讲阅读课上讲过的写作知识，浪费学生写作的时间，影响学生的思维，严防学生作文千篇一律，甚至抄袭。

（二）批改作文

课上学生自改，互改提纲、草稿。但是，学生的批改不能代替老师批改，学生誊写后的正文必须老师批改或者面批，老师批改的操作要领如下：

一般步骤：第一遍浏览全文，初改，同时，在错字右上方打“×”，在别字右上方打“V”，同时在该行末打“ ┌┐ ”，供学生更正（待学生更正对了，教师就加一横，封口）；第二遍边读边细改：改病句，删去多余的话，写眉批（对写得特别好或有突出问题处加眉批，便于学生理解）；第三遍看作文，查疏漏（包括用错的标点），写出总批，总批不仅要准确地评价学生作文的写作方法是不是达到写作要求，而且更要以社会主义核心价值观、以习近平新时代中国特色社会主义思想为指导，正确地评价作文表现的思想观念是否正确，如果学生作文中思想观念不正确，不仅在总批里要突出，而且要与学生谈心，提高认识，重新选材写作。批改作文的最后一步，就是给作文打出等级。作文等级既要根据立意、选材、构思是否达到写作要求，结合有无错别字、病句和用错的标点，综合评出作文 A、B、C、D 四个等级，更要坚持政治标准第一的原则，凡是中心论点、中心思想不正确的作文都是不及格的作文，不得评为 A、B 级，甚至评为 D 级或者打零分。这样，引导学生在写好作文的过程中，努力提高自己的思想政治素质，表达健康的思想品质。

批改要领：多保留，少删改。可改可不改的不改，可删可不删的不删，可添可不添的不添，不要把批改变成教师的代作；批语要注重思想性、针对性、实效性，要求语言准确、明确、具体、一针见血地指出问题（杜绝空话、套话），让学生能够理解，复作成绩会提高 10 分以上；

教师用红水笔改，书写要工整，无病句；对冒尖生、对差生多面批，（每篇不少于 1/3 学生），教师边改边批，当面指出问题。

按时完成：必须在三天之内改完（当天晚上要改一半；第二、第三天分别改 1/4），改迟了就会低效或无效；批改日期写在总批的下面；

分类记载：教师一定要做好批改记载（可分审题立意、选材、结构、病句、错别字等几大项），为作文评讲提供资料。

作后练习：改完，就把作文本发给学生。优秀习作可在班内张贴或誊印成册传阅，供学校展览或给登上《校报》。

（三）作后评讲课

作文评讲课运用“以德贯穿：先学后教，当堂训练”教学模式，一定要从实际出发，讲究实效，选用最佳方法，让学生紧张学习，增强写作能力，评讲过程常有两种：

第一种　综合（全文）评价，一般过程如下：

1. 板书课题。评讲《×××》作文。

2. 出示目标。出示评讲的标准，即本次作文的写作要求及提示。

3. 第一次“先学后教”：赏析优秀习作。

（1）先学。依次出示精选的几篇（或一篇）中心论点、中心思想正确、写作有特色的优秀习作（或片段），让作者登台朗读，其他同学准备登台大声评析：本篇作文是否中心论点、思想观念正确、是否能够灵活运用学到的写作知识达到写作要求？

（2）后教。

①教师指名学生谈体会，学生先登台大声地评析或谈体会，比谁讲得最出色，尤其能够正确地评价文章的中心论点、中心思想。方法是：先学生读完一篇作文后，鼓励其他同学用概括的语言评析，也可一起读完几篇后，让学生一起讨论，这样便于学生比较、寻找规律、教师归纳，千万不要读一节就学生评、教师讲，搞得支离破碎，上成了阅读课。

②教师高度概括，要坚持政治思想标准第一，写作方法第二的原则，表扬作文中心思想正确、写作方法达标的学生，并且把公开优秀作文推荐校报发表，供全校同学和家长欣赏。

4. 第二次“先学后教”：帮助纠正存在问题

（1）先学。用白板出示个别学生的不达标作文。

（2）后教。

①请作文写得好的同学登台大声地指出问题，帮助纠正，教师给予关心、帮助，尤其要引导学生逐步确立中心思想、中心论点正确与否是评价作文好差的第一标准。

②教师小结，拓展；出示或口头概述其他倾向问题，鼓励大家讨论、纠正。

5. 作后练习：复作或写同类型作文

（1）作文未达标的学生，按照老师的批改，按照评讲课上受到的启发复作；作文写得好的同学写语文课本中的《写作实践》要求练的同类型作文；

（2）将复作或写的同类型作文誊上作文练习纸，以后，教师复改、复批，比谁的作文大有进步。

第二种

每次作文评讲都必须有具体的教学目标。每次作文评讲都要根据作文指导课上提出的作文教学目标以及学生作文中存在的倾向问题，作文批改记录提供资料而确定具体的作文评讲教学目标（一般一次一个重点）。

作文评讲的一般程序：

作文评讲也必须灵活运用“先学后教，当堂训练”教学法，让学生自主学习，合作学习，探究性学习，一般程序如下：出示评讲重点；先学：屏幕出示或发给复印的好、差典型材料，或指明学生读自己的典型片段；引导学生运用课文中学到的某一写作知识，分析作文，好、差在何处，如何修改？后教：讨论上述问题；教师总结：归纳灵活运用写作基础知识，要注意的问题；学生通过评讲找到规律，提高水平，认真完成作文后的作业。

注意点：作文评讲要能解决问题，使错了的字不再错，类似的病句、不当的写法不再有。学生复作，作文成绩能提高 10 分以上；让学生以评讲为主，让学生即席演讲，教师当场作恰当、有效的评点；常用对比法（指名朗读或屏幕显示优秀习作和问题作文，让学生们讨论、归纳、教师板书、小结）；作文评讲要与讲读结合（对照课文，评如何运用已学的写作知识），一般一次一个中心，解决一个倾向问题，不要面面俱到，个别问题可以个别解决；评讲后学生作业（写的作文或练习），要复阅；每两周一次大作文，都必须认真评讲。每周一篇小作文，评讲课从简。

第三种：重点（单项）评讲

（一般过程与综合评讲基本相同）

根据单元《写作》短文，确定一次评讲一个重点，每次都先白板出示好、差的典型片段，让学生评析，以后教师归纳，最后单项训练。

例如，一次评讲作文的开头（或结尾），先出示，学生“开头”（或“结尾”）的典型片段，让学生回忆学过的课文中开头的片段来比较、评析，教师归纳，以后单项训练，让学生真正能够解决作文“开头”（“结尾”）的倾向问题。

例如，一次评讲“插叙”，先出示“插叙”好、差的典型片段，让学生对照学过课文中的插叙片段来比较、评析，教师归纳，以后单项训练，让学生真正能够解决插叙的倾向问题。

例如，一次重点评析“边叙边议”，先出示边叙边议好、差的典型片段，让学生对照学过课文中“边叙边议”的片段来比较、评析，教师归纳“边叙边议”的要点，以后单项训练，让学生真正能够解决“边叙边议”的倾向问题。

例如，一次重点评析“事情的经过不具体”，先出示事情经过具体和不具体的典型片段，让学生对照学过的故事，促进生动的课文，来比较、评析，教师归纳“边叙边议”的要点，以后单项训练（扩写），让学生真正能够解决“叙事不具体”的倾向问题。

此外，可以一次重点评析“新闻”，或者一次重点评析写“讲演稿”……就这样，在有计划、有重点地进行作文指导，作文批改后，一项一项有重点地作文评讲，有针对性地解决问题，就能让学生扎扎实实地练习写作，寻找规律，提高水平，增强能力。

以上仅是作文评讲课的一般过程，教师要根据不同体裁、不同年级等不同实际，创造性地灵活选用最佳方法，上好评讲课，解决写作中的倾向问题。确保学生每写一篇都能达到写作要求，水平一篇比一篇高。不过，作文评讲课要让学生欣赏优秀习作、讨论要少而精，万万不能把评讲课上成阅读课，脱离实际，空讲写作知识。

初一年级作文指导教案（人教版）

文题：《我的烦恼》

写作目标：

1. 培养学生积极乐观的人生态度，提高自己的思想政治觉悟。
2. 重点写烦恼后的一段小故事，抒发自己的真情实感。

规范上课仪式（略）。

教学过程：

一、导入、出示目标

导入语：今天我们以《我的烦恼》为题，写一篇作文，学习目标是：

1. 培养学生积极乐观的人生态度，提高自己的思想政治觉悟。

2. 重点写烦恼后的一段小故事，抒发自己的真情实感。

请看写作要求：

二、第一次“先学后教”：编写提纲

（一）出示（课本上的练习题）：

写作要求

我们每个人都会有烦恼，烦恼后面也许有一段小故事。请同学们以《我的烦恼》为题，写一篇作文。注意抒发自己的真情实感。不少于500字。

提示：

1. 每个人可能都会有烦恼，比如：妈妈总是拿你和别人比，说你这不行那不行；很喜欢跳舞，家人却不支持；唱歌总是跑调，每次上音乐课都很尴尬……想一想，你有什么烦恼？哪些可以作为写作的素材。

2. 写“烦恼”的时候，要把事情、原因写清楚，还要写出烦恼时的具体感受，让人读了以后能体会你的处境和心情。

3. 作文写完后，可以和同学们互相交流，看看大家的烦恼是什么，并相互开导、帮助，争取消除这些烦恼。

（二）讨论，审题，3分钟。

1. 题目中的中心词是什么？（烦恼）

2. 写谁的烦恼？（我的）

3. “我”的烦恼是什么？

4. 本文重点写什么？（不是重点写烦恼，而是重点要写消除烦恼的小故事，反映什么主题。）

三、第二次“先学后教”，编提纲，12 分钟。

1. 先学：学生灵活运用讲读课上学过的有关写作知识，按照写作要求，快速构思，编好提纲，1 分钟后登台交流。

2. 登台交流提纲：

（1）说出各段提纲及详略，其他同学帮助纠正，重点落实：

①开头略写我的烦恼是什么，要学会用一两句话高度概括什么烦恼

②中间详写自己消除烦恼的小故事。（要按写记叙文的方法把过程写清楚，有描写，包括语言、动作等，有抒情）

③结尾一两句话略写有怎样的启发。

（2）教师小结，强调。开头开门见山，略写烦恼是什么。中间详写如何解决烦恼，结尾略写。以抒情、议论表达自己的启发。

四、第三次“先学后教”：打草稿，30 分钟。

1. 出示：

写作指导

按提纲速写草稿，时间：30 分钟。

2. 教师巡视，关心、帮助学生纠正草稿中的存在问题。

①如发现学生开头有一大堆空话、废话，则要他改成一句概述，或者直接叙事，避免离题万里。

发现学生结尾空话多，要求删去，避免画蛇添足。

③如发现事情的经过不具体，则指导学生大胆想象，增加动作、语言、心理、环境描写，或者插叙，或者结合抒情……

3. 修改草稿。学生写完草稿后，教师可以引导优生帮助同桌的后进生修改草稿，重点改错别字、病句，用错的标点。

四、第四次“先学后教”：誊写作文

出示：

誊写要求

（1）写字必须规范。

（2）誊完作文本的作文，要求复看一遍，纠正错别字、病句、点错的标点，添上掉了的字，修改好后，上交老师。

（3）书写潦草（达不到语文课文后的田字格的标准），就撕掉，责令重誊。

规范下课仪式：教师填写好《课堂纪律记载簿》。

七、写字教学

我国的汉字历史悠久，很美，它是中华传统文化的结晶。自古以来，中国人一直努力把字写好，出了许多书法家。但是，目前有的应聘大学生写字不规范，笔画写错，间架不当，甚至把“师专”的“专”字写错，把姓张的“张”字的笔顺写错，因为全国学习英语、使用电脑打字后，大家写汉字的机会少了，练得少了，语文老师对写字教学不够重视。为了增强爱国情怀，热爱、弘扬中华传统文化，让中国人都能学好中文，写好汉字，学校必须加强写字教学，为学生终身发展夯实基础。

学校怎样加强写字教学呢？

（一）写字教学需要名师指导

名师出高徒。字写得好的教师，才能教出字写得好的学生。字写得不好的教师，就很难教学生写好字。因此，多年来，我校招聘教师注重挑选写字达标的教师；岗前培训注重引导教师，过好写字关。我校把小学语文课本课文后的田字格里的临摹生字，集中编印成《小学临摹生字表》发给全体语文及其他学科老师，让全校每一位老师常年临摹生字，学校定期组织同年级的语文及其他学科老师一起临摹本年级生字表，评定等级，在教学区“教师写字竞赛”栏内展览，掀起全校各年级各学科老师都自觉地争先恐后写好汉字的热潮，坚持一年，大见成效，坚持二年，效果惊人。

这样，我校不论语文老师，还是其他学科老师，大家都能写好钢笔字、粉笔字、毛笔字确实是写字教学快出成果的关键。

（二）写字教学必须进课堂

写字教学是语文教学不可缺少的部分，写字教学必须进语文课堂教学，尤其小学低年级应作为教学的重点。

小学语文课本的课文后有“读读写写”的临摹生字的田字格。这些要求写的字，大多数字形简单、构字能力或构词能力强的独体字，也适当选择特别常用的合体字，大体按照由易到难、由简到繁、由独体到合体的顺序编排。

写字教学的方法也要改进。在一年级起步阶段，老师要具体指导字的基本笔画、笔顺规则、间架结构，打好写字基础，尤其要引导学生观察田字格中的标准字，重点对易错的笔画、笔顺、间架，要认真讨论，教师针对疑难要一边指导，一边示范，最后，让学生齐唱笔顺，口答基本笔画的写法，最后练习、评点。

在学生掌握基本笔画、笔顺规则的基础上，小学语文老师应灵活运用“以德贯穿：先学后教，当堂训练”教学模式，引导学生怀着爱国之情，仔细观察，找出规律，讨论难写的字、易错笔画的正确写法和易错笔顺的正确顺序，以后教师针对问题应教尽教，准确点拨，纠正错误，让学生认真临摹，达到握笔姿势、坐姿正确，并能较长时间保持，不仅把字写正确，而且尽量写得美观，最后，出示临摹好的生字，让大家欣赏；出示临摹不够好的生字，让大家纠错。写字贵在精，而不在多，要严格要求。

各学科教学关系密切。写字教学不仅要进语文教学课堂，而且也要进其他学科的课堂。其他学科老师也要课上板书规范，作好表率，学生作业书写规范，达到标准，切不可能语文课上加强写字教学，其他学科放任自流，影响学生写好汉字。

（三）各科作业的过程也是练字的过程

我校《作业制度》规定各科作业都必须书写规范，老师批改作业，不仅要给分，而且要评出书写等级。语文作业和其他作业都能书写规范，学生就能养成习惯、写字又好又快。我校多次搞作业展览，领导、来宾夸奖学生书写工整，一个样。相反，如果仅仅语文课上指导写字，而其他学科不抓写字，学生就难以把字写好。

（四）激发兴趣，培养特长

在课上强化写字教学、学生各科作业书写规范，一个样，写字质量和习惯好的基础上，教师必须言传身教，激发学生写字的兴趣，培养学生写字的特长。我校小学生不仅身边不离学校编印的《小学生临摹生字表》、“凹槽字帖”，课余或节假日，反复观察，寻找规律，苦练硬功，努力达到新教材规定的要求，而且参加课外活动兴趣小组，坚持练习写毛笔字，形成特长。学校每学期都举行临摹生字比赛、钢笔字、毛笔字等多种书法竞赛，涌现了一批喜欢写字、能写字的优秀学生，他们参加国家、省级书法竞赛，多次获奖，学校成为河南省书法实验学校。

第三节　中学英语

中学英语教学目标不是单一的而是多元化的，既有听、说、会编对话要求，又有阅读和写作能力要求，因此，中学英语新授课上运用“以德贯穿：先学后教，当堂训练”教学模式，一般采用一节课几次“先学后教”，最后“当堂训练”操作方法，全程自主、合作、探究性学习，全过程以德贯穿、立德树人，其课堂教学结构示意图如下：

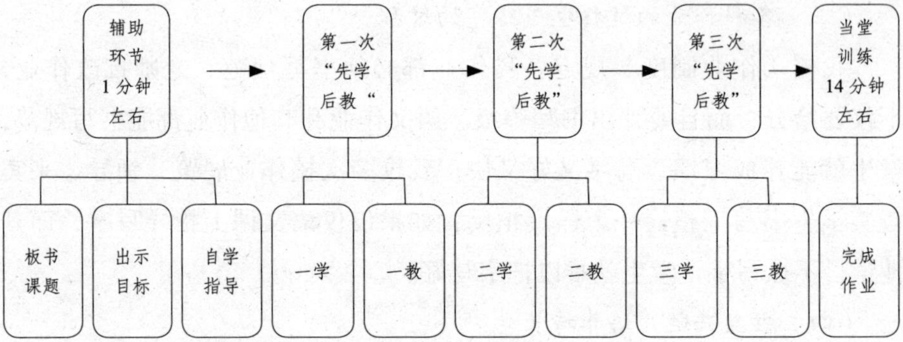

教师必须灵活运用“以德贯穿：先学后教，当堂训练”教学模式，在环节与环节之间，教师要讲一两句富有指导性、鼓动性的过渡语，承上启下，促进学生紧张学习，当堂达标，运用教学模式不得生搬硬套，千篇一律。

英语课堂教学要从学生读书、翻译开始，不过，课型不同，应用还要有所变动。现举例介绍如下：

一、对话课教学

中学英语对话课教学，一般教案中在课题下写出：

本课学习目标有两个方面：一是情感、态度、价值观方面的政治思想教育目标；二是听说、读、写能力的目标，要求总目标与新教材和新课标的要求一致，不能随意降低，把该“运用”、培养听、说、读、写能力的，却不训练，使目标降低到仅仅“知道”或者“理解”的程度；也不能随意拔高，把该“知道”“了解”的目标，却要求“运用”。因为目标有导向作用，所以目标应该定为“To master and use……”，即要求学生当堂不仅理解知识，准确记忆，而且一定要当堂完成作业，通过限时、独立训练形成能力。

课前预习：

学生根据英语教材课时安排，提前背会本课时的新单词。划出不会读的单词，与同学交流或请教老师。（初一教单词前要先学音标，必要时先教后学）

规范上课仪式（略）。

教学过程：

（一）板书课题（20 秒左右）

教师要选用最佳方法开门见山，引入新课，板书课题。常用的方式有：

1. 出示精心设计的必要的图片或动画（与本课对话有关的人、或动物、或食物、或场景，显示一定要注重效果，不得喧宾夺主，底色常为白色，不用深色使得英文看不清楚，字不得太小、不规范、不端正，不得配音乐而影响效果），配合适当的动作、语言，让学生理解句子意思。

2. 如课题句子难懂，可引导学生先翻译不懂的单词或短语，再引导学生整句翻译。

3. 如课题句子易懂，可直接让学生译讲。

4. 教师用精心备好的特别生动、有趣的三言两语引入，板书课题，或者直接板书课题；或者边板书课题，边导入新课；

（二）出示本节课的学习目标（略）

（三）第一次“先学后教”，比正确朗读、翻译对话

1. 出示自学指导（明确自学的内容、方法、时间、要求）。

可以让学生自己大声朗读并翻译对话，几分钟后，比谁能正确、流利读对话，翻译对话。

2. 先学：

初中低年级可以教师先读，注意语音和语调，尤其新单词要重复读；初二、初三和高中学生可以大声朗读或默读，对于新语法、新知识点出

现的句子要重点读，如有不懂，可以举手质疑问难，教师个别帮助。

3. 后教：指名（先后进生，后优生）翻译对话，有错即停，其他同学帮助纠错，并表扬正确纠错、声音响亮的学生。

（四）第二次“先学后教”，比正确背诵对话

1. 出示自学指导。

2. 先学。

学生大声朗读对话内容，边读边翻译，理解对话的深层含义。然后听录音跟读、优生领读，在熟读的基础上背诵。

3. 后教。

①同桌互背，给不熟的做上记号。

②指名高声背诵（后进生优先）。

③高年级如果对话篇幅长，可以看汉语背诵。

过渡语：“Very good. You have recited the key sentences, let’s make up a new dialogue, please look at Guide Three。”

（五）第三次“先学后教”，比赛编对话

1. 出示自学指导。

2. 先学。学生以小组为单位，根据教材图片或所背诵的句子编对话，教师巡视，必要时提供帮助。

3. 后教。

（1）请学生上台表演对话。要求声音响亮，条理清楚，语法正确，句子流利，其他学生端正坐姿，认真耐心地听，不允许交流，发现问题，记录问题。

（2）教师既要关注台下学生，也要认真地听台上学生的对话，发现问题，记录问题。

表演对话结束后，台下学生举手发言，指出台上学生在口头表演对话中的问题（读音，语法以及行为举止等），教师补充学生未发现的问题并做归纳总结，同时评价学生表演的等级。

操作要领：

（1）要求对话内容紧扣本节课所学内容，可联系实际生活，进行适当拓展。

（2）分角色表演要关注全体学生，让后进生也有锻炼的机会。

（3）分角色表演要给学生适当的时间准备。

（4）教师要给学生创造一定的语言环境，鼓励学生大胆地进行演练，培养学生的演说技能。

（六）第四次“先学后教”，检测、纠错

检测既是“先学”的另一种自学方式，又是调查、发现学生看书后还存在哪些疑难问题的方式。

1. 先学。学生独立完成自学检测题，教师监考。

2. 后教。

（1）学生讨论。公布答案，互改后，教师白板展示典型错题，这时，教师要面向全体学生（目光巡视每个学生，不要盯住课本，不要只看少数学生），让全班同学思考，个个准备回答，然后再指名回答；不能先指名（或指定 ×× 组同学），再提出问题，让全班学生袖手旁观；要问：“会的请举手”，然后教师先让举手的学生中最差的学生回答；不要问“Right or Wrong”，让全班齐声回答（因为齐答会使学生不动脑，谁会谁不会搞不清楚）；要让较多的同学畅所欲言，切不可在一人回答之后，不管对否，教师就迫不及待地滔滔不绝地讲，使得学生讨论流于形式。

讨论的内容。要抓住重点，突破难点，针对错误原因讨论。讨论时，教师不可信口问这问那，东拉西扯，搞“满堂问”。

讨论的顺序。差生先回答，优生补充，归纳，教师板书。这样，一类一类地按逻辑顺序讨论，由个别到一般，找到规律，上升为理论，指导实践。教师的板书要与学生的讨论密切结合，学生讨论哪一点，说对了老师板书这个要点，再讨论另一点，老师再板书另一要点。切不可等学生讨论完了，教师再边讲边板书，这样重复、费时，理论与实际脱离，影响学习效果。

（2）教师补充、更正。

①教师不该讲的，坚决不讲：对学生通过自学，就已经掌握的知识点，坚决不教；若部分学生做错了的，让优生帮助更正，能正确讲出“为什么”的，已经解决的问题，也坚决不教；切不可学生讲一句，教师重复一句，学生讲一遍，教师重复一遍；对极少数学生知识回生的个别问题，也可以不教（待课外个别辅导）。

②教师该讲则讲，而且要讲好：教师讲的内容应该是全班同学通过更正讨论，还不会的地方，即大家都说错了的或都说得不完整的；教师不能就题讲题，只找答案，应该正确地、有效地引导学生找出规律，知其所以然，上升为理论，并能运用、增强阅读、写作能力。

③教师要以身作则，做好榜样，立德树人。教师尤其要全身心投入，善于动脑，发现问题、解决问题，要能够驾驭好课堂，对学生要严格要求，确保学生坐姿端正，书写工整，解题规范。教师要用好教棒，千方百计让学生紧张地思考，解决疑难问题。

操作要领：

（1）用好课本上的习题。要求当堂完成书上习题，不能把书上习题作为课外作业。

（2）教师可适当补充形式多样的（单词的适当形式填空、句型转换、或者改编的盲填）题等，切不可选用偏题、怪题、干扰严格的基本训练，影响基本能力的培养。

（3）要精心设计。要明确目的、要求，针对学生错题有序地提问，切不可问第一题，就扯到第二题，问第二题又扯到第一题，万万不能满堂问，问这问那，东扯西扯，让学生越听越糊涂，不能培养学生分析、思维、解决问题的能力。

（4）要严格监考，不得辅导学生，要确保学生像考试那样按时、独立完成，谁也不作弊、不拖拉；教师要巡视，注重搜集学生中的错误，并及时分类：哪些属于新知方面的，要把“新知”、“主要方面的”问题梳理、归类，确定为讨论、点拨的重点，为“后教”作好准备。

（5）要严格训练，答案准确。教师引导学生认真审题，明确要求，抓住要点，规范答题，达到正确。如学生有错，让其他学生纠错，直到正确为止；如学生说得条理不清楚，则明确指出“条理不清楚”，请其他同学补充直到完整为止；如学生抓不住重点，则请其他同学帮助；直到“讲清”为止；总之，要求学生讨论错题，一定要引导多名学生讨论（先后进生，后优生），力求答案准确，让全体学生不仅能增强思维、分析能力，而且能提高语言表达能力。教师不能只用白板出示概念化的标准答案，不讨论，一略而过，走过场，影响学生理解知识、正常运用，影响学生成为优秀人才。

（七）当堂训练

操作要领：

1. 教师精心设计练习题。当堂训练的练习题要课前出好，主要是背写出对话中的重要句子，这些句子必须有代表性，主要是在于积累学生的语言材料。

2. 当堂训练必须严格。（1）教师要让学生合上课本，让学生像考试那样独立、限时完成，教师不得辅导学生，学生不得对答案，更不得作弊。（2）要注意矫正学生坐姿、握笔姿势，保证眼睛与书本距离一尺，培养他们的综合素质。（3）如少数学生做得特别快，提前完成，教师可安排他默背听力材料或做基础训练上的习题。

3. 要按时完成。当堂训练不使用作业本，当堂训练题印在自学检测练习纸的反面。当堂训练的时间 15 分钟左右。下课铃一响，学生交作业，确保作业不拖到课外、加重课外负担。

4.“当堂训练”的目的有四个：一是引导学生通过练习把知识转化为解决实际问题的能力；二是检测每个学生是否当堂达到了学习目标；三是减轻学生过重的课外负担；四是加快准确反馈信息，便于教师及时作好课外辅导，确保“日日清”。

规范下课仪式：教师填写好《课堂纪律记载簿》。

教学对话课，教师要钻研教材、教参，精心划分课时，确定每节课的学习目标、教学内容，灵活运用“以德贯穿 先学后教 当堂训练”教学模式，如内容简单，第一课时可讲到 2a 或 2b。

总之，课上每一个环节都是在让学生“先学”（发现问题），再“后教”（合作学习，解决问题），反复进行，最后当堂训练，按时独立完成作业。

二、阅读课教学

课前预习

学生根据英语教材课时安排，提前背会本课时的新单词。划出不会读的单词，与同学交流或请教老师。

规范上课仪式（略）。

教学过程：

（一）板书课题（20 秒左右）。

教师要选用最佳方法开门见山，引入新课，板书课题。常用的方式有：

1. 出示精心设计的必要的图片或动画（与本课对话有关的人、或动物、或食物、或场景，显示一定要注重效果，不得喧宾夺主，底色常为白色，不用深色使得英文看不清楚，字不得太小、不规范、不端正，不得配音乐而影响效果），配合适当的动作、语言，让学生理解句子意思。

2. 如课题句子难懂，可引导学生先翻译不懂的单词或短语，再让学生整句翻译。

3. 如课题句子易懂，可直接让学生译讲。

4. 教师用精心备好的特别生动、有趣的三言两语引入，板书课题，或者直接板书课题；或者边板书课题，边导入新课。

（二）出示本节课的学习目标。

操作要领：

1. 出示学习目标的目的：让学生明确本节课的学习目标，能够紧张、高效地学习。

2. 出示的英语学习目标有两方面：一是情感态度价值观方面的思想政治教育目标；二是培养阅读技巧，能正确理解文章大意并背会重要句子。这两个目标都必须在每节课教案开头写明。

3. 出示学习目标的要求。

（1）学习目标要与新教材和新课标的要求一致，要不偏、不降、不高、更不能错位，例如：不能随意降低，把该运用、培养读写能力的，却不训练，使目标降低到仅仅知道或者理解的程度；也不能随意拔高，把该知道了解的目标，却要求运用；因为目标有导向作用，所以目标应该定为“To master and use......”，即要求学生当堂不仅理解知识，准确记忆，而且一定要当堂完成作业，通过限时、独立训练形成能力。如果降低要求，学习目标仅仅定为“知道”、“理解”，就必然会只求听懂而不能当堂完成作业、达到培养能力的目标；也不能仅仅用“to learn”这样不明确的词语代替“记忆”“掌握”“运用”等不同层次的具体要求等等。

（2）目标要简明扼要，通俗易懂，让学生一目了然。

4. 出示学习目标的方式。

（1）板书课题后，出示一节课的学习目标，字体应工整，大小适当，确保最后一排学生能看清楚；初一年级是起始年级，上学期一般教师边读目标边翻译，并确保每个学生能理解、听得清、记得住。

（2）因为英语学习目标的多元化，所以，每节课不仅采用几次“先学后教”的方式，而且每次“先学后教”的“自学指导”都要明确提出本次“先学后教”应达到的要求，即阶段目标或叫过程目标。

（三）第一次“先学后教”，比正确翻译课文，回答问题。

1. 出示自学指导：让学生明确第一次“先学后教”的内容、方法、时间和要求。

操作要领：

（1）要从实际出发，讲究实效，注重提高学生阅读、写作能力，英语文章的第一段常点明中心，有时会在文章结尾点明；每一段的开头第一句话常是本段中心句。

（2）指导学生边读边画关键要素。例如：人物、时间、地点等。

（3）自学后要回答对课文大意理解的问题。（如课本上有问题就以课本上问题为主）。

2. 先学。

可以让学生听录音，回答问题（适合高中），注重语音、语调和停顿，或者教师不放录音，让学生大声朗读并思考问题，在课本上划出答案。

根据学情，适当调整自读的时间，确保自读的效果。

3. 后教。

（1）请多名学生（先后进生，后优生）回答问题，要求答案完整，条理清楚，语句流利，培养学生思维和讲话能力；其他学生补充、更正。

（2）难度较大通过讨论仍解决不了的问题，教师通过启发诱导进行点拨解决。引导学生学会阅读，能准确地找到文章的中心思想，并且写好类似的作文。

（四）第二次“先学后教”。学生默读课文，掌握文章中的重难点。

1. 出示自学指导。

让学生精读课文，主要找出不懂的语法或不会翻译的短语、句子。

2. 先学。

学生默读并划出文章中的自己不懂的句子或短语。教师站在讲台上密切关注学生的自学情况，确保每个学生认真专注，如果学生自学不认真，教师可走下讲台轻声示意。

3. 后教。

调查学情，如果问题较多，让学生进行小组讨论（兵教兵）。

（1）如果问题较少，就指名会的学生回答，其他同学要认真听，并判断回答的答案正确与否，一个问题可让多个不同层次的学生回答，但是不要让一个学生回答多个问题。

（2）对于学生都不会的，教师通过启发诱导或讲解的方式让学生理解。

（3）限时背诵本节课重要的词组和短语。

（4）听录音，跟读课文（如课文较长就不跟读，但要听二遍录音）。

（五）第三次“先学后教”，检测、纠错。

1. 教师分发练习纸，学生快速答题，教师认真巡视，收集练习中的错误，进行二次备课，准备后教（阅读课的检测题一般是把课文或某一主要段落变成盲填题，要检测学生对当堂知识点是否会灵活运用）。

2. 纠错（略）

（六）当堂训练。

背写重要的句子（6—8 个）。

规范下课仪式：教师填写好《课堂纪律记载簿》。

三、语法教学

规范上课仪式（略）。

教学过程

（一）板书课题

（二）出示目标

语法课第二课时的学习目标主要是以教学参考书和考纲为标准，加强学生具体语言知识的积累，以课本的词汇、短语和句子为依托，加强训练。

（三）第一次“先学后教”。学生自己看书后语法知识，边看边背定义和公式。

1. 出示自学指导。

2. 先学。

学生通过课文上句子，找出语法现象。

3. 后教。

教师以引导为主，启发学生。

4. 检测。主要检测以课本为基础的语法题目。

教师分发练习纸，学生快速答题，教师认真巡视，收集练习中的错误，进行二次备课，准备后教（要根据文章的难易程度确定题量，检测题要能检测出学生对知识点是否会灵活运用）。

5. 核对答案和纠错。采取“兵教兵”的方法。

（四）第二次“先学后教”。拔高训练，关注语法的易错点和难点。

1. 出示自学指导。

教师出好检测题，本部分的检测题是学生的易错题的集合（高中的检测题的设置要以高考题目为主）。指导学生限时训练。

2. 先学。

学生完成检测题。教师站在讲台上密切关注学生的自学情况，教师也可走下讲台，认真巡视，收集学生的错题，进行二次备课。

3. 后教。

核对答案和纠错。采取“兵教兵”的方法。

读后划出文章中的自己不懂的句子或短语并背诵知识点。

①如果问题较少，就指名会的学生回答，其他同学要认真听，并判断回答的答案正确与否，一个问题可让多个不同层次的学生回答，但是不要让一个学生回答多个问题。

②对于学生都不会的，教师通过启发诱导或讲解的方式让学生理解。

（五）当堂训练后，划出文章中的自己不懂的句子或短语并背诵知识点。

规范下课仪式：教师填写好《课堂纪律记载簿》。

四、作文教学

要坚持严格作文教学管理。作文教学是英语教学的一大重要而艰巨的任务。学校必须对作文教学全过程严格管理。每名学生要有英语作文本，一个学期至少写六至八篇作文，每月底英语教师互阅，教师要认真批改，有等级、有日期、有批语。

要坚持单元话题与作文话题相结合。要求学生能根据每单元所学内容写类似作文。例如：What's your favorite subject? 学生能模仿写自己最喜欢的运动、最喜欢的动物等等。

要坚持口头表达和书面表达相结合。对话课上、阅读课上、课外活动课上尽可能让学生大胆开口讲英语，培养、锻炼口头表达能力；英语教师、班主任及其他教师要有意识地做学生的知心朋友，主动地与学生谈心，在校园里鼓励学生用英语向教师打招呼，同时，组织学生双休日回家也要向父母用英语问候或交流，努力让学生敢于大声开口讲英语，培养善于与他人交流沟通的能力，为写好作文打下基础。

书面表达是对学生的语言组织能力、行文表达能力、语法、词汇、基础知识等综合运用能力的考察。常见的形式有：命题、半命题和无命题。中学的文体以记叙文和说明文为主。话题主要有：写人叙事类、人物介绍类、事物介绍类和发表观点类。

规范上课仪式（略）。

教学过程一般如下：

（一）板书课题

上课开始，教师板书课题 Writing。

（二）出示目标

写作课的学习目标主要是提高学生的语言综合运用能力，会写有关每个单元每个话题的作文。

（三）自学指导

让学生看写作题目，认真审题。

（四）第一次先学后教

先学：让学生根据题目要求审写作要点、文体、时态、人称等细节。

后教：(1) 口头竞赛：比谁思维敏捷，抢先回答分几段写，开头写什么，正文写什么，结尾写什么；或根据作文设计几个问题让学生回答（4 分钟左右）（2）老师简单点评，给予肯定，或提出修改意见，让学生明确正文内容，灵活运用连词等把文章写好。

例如：

Part1：综述：用概括性较强的两三句话引入主题

Part2：主要内容：

①层次性强，要有过渡词句与短语。

②确保要点无遗漏。每个要点展开至少四句话。

Part3：结尾：紧扣主题，最多两句话结束，尽量升华。

（五）第二次先学后教（学生写作文）

写作步骤一般为：

（1）先学，学生快速写草稿，时间约 10 分钟。

（2）学生写，教师巡视，关心帮助后进生。

（3）互改草稿

优生先写完教师先改优生，全部同学写作完成后，由组长负责小组内互改，不会的或不确定对错的，请教老师。教师这时候的任务主要是巡视，收集问题。

（4）展示

a. 展示 2—3 篇优秀习作，集中评议。

b. 针对互改中发现的倾向性问题，教师要选择有代表性的习作进行展示，让大家讨论错因。最后，教师小结，指出应该注意的问题。

（5）誊写

字母大小占满横线三分之二为准，清晰悦目，卷面整洁，无一字潦草。

规范下课仪式：教师填写好《课堂纪律记载簿》。

五、复习课

中学英语复习课也要灵活运用“以德贯穿：先学后教，当堂训练”教学模式，操作方法与中学数学复习课基本相同（详见 P043），老师们要触类旁通，灵活运用，上好各种课型的复习课。

英语教师要注重引导学生走出教材，强化阅读、写作综合训练，培养学生的综合应用能力。英语复习课不能一课一课地复习，要分类、一类一类地复习。例如：期末写作要与单元话题相结合，以后，进行作文审题、列提纲；例如：复习全册语法、单词、短语等等。

教师要注重适当拓展：引导学生触类旁通，举一反三，融会贯通。具体而言，对同一层面的知识能力、素养能力，能够横向融会贯通，形成完整的知识能力结构；对不同层面知识能力、素养能力，能够纵向融会贯通，了解必备的知识与关键的能力之间的紧密相通，具备内在逻辑练习的整体。这样，加大复习的难度，激发学生复习的求知欲，让学生能够自觉地积极地参加限时高强度、高难度训练，攻坚克难，紧张高效地复习，尽可能暴露并有效地解决问题，确保错了的不再错，能够遵循规律，增强听、说、读、写的能力。

Unit 7 Section B (2b)

Learning aims:

1. To express the love for life.

2. To translate 2b and master some key points.

Teaching procedures:

Step 1: Daily greetings.

T: Good morning, class.

Ss: Good morning, teacher.

T：How are you?

Ss: I'm fine, thank you.

Step2: Show "Learning aims". (1′)

T: Today we'll learn Unit 7 Section B(2b). Please look at our "Learning aims". (Then I read them slowly.)

T: Are you clear?

Ss: Yes.

T: Let's go on.

Step 3: Guide One (6′)

Please read 2b aloud, and answer the following questions within 4 minutes.

1. Where are Su Lin and Dave?

Su Lin is in Canada and Dave is in Europe.

2. How is the weather in Canada?

It's warm and sunny.

3. How is the weather in Europe?

It's cool and cloudy.

4. What is Su Lin doing right now?

She is sitting by the pool and drinking orange juice.

5. What is Dave doing?

He is writing to Jane.

(Read and translate these questions for the students if it′ s necessary.)

Step 4: Guide Two (18′)

Read 2b silently and finish the following tasks.

1. Find out the difficult points.

2. Underline the important phrases.

Let's have a match and see who'll be the most careful one!

点拨：1. have a great time doing sth.=have fun doing sth. 愉快地做某事

2. be happy to do sth. 高兴做某事

3. sit by the pool 坐在泳池旁边

4. (be) on a vacation 在度假

5. write to sb. 给某人写信

6. just right for doing…正好合适做…

Let some students make sentences.

1. 汤姆正在愉快地看电视。

Tom is having a great time watching TV.

=Tom is having fun watching TV.

2. 露西很高兴见到她的父母。

Lucy is happy to see her parents.

3. 我在三亚度假。

I am on a vacation in Sanya .

4. 这个帽子正好适合你。

The hat is just right for you.

5. 她想给哥哥写封信。

She wants to write (a letter) to her brother.

Step 5: Guide Three (5′)

Listen to the tape. Then let's do our text.

Let's have a match and see who' ll get full marks.

Step 6: Test (5′)

Dear Jane,

How's it going? I'm 1.________(have) a great time 2.________(visit) my aunt in Canada. She's working here and I'm going tosummer school. I'm studying English and I'm 3.________(learn) a lot. I'm also visiting some of my old friends. I'm so happy 4.________(see) them again. It's afternoon right now, and I'm 5.________(sit) 6.________(介词) the pool and drinking orange juice. It's warm and sunny, and it's very relaxing here. See you soon.

Su Lin

Dear Jane,

How's your summer vacation going? Are you studying 7.________(努力), or are you having fun? I'm having a great time in Europe! My family and I are 8.________(介词) a vacation in the mountains. I want to call you but my phone isn't working, so I'm 9.________(write) to you. It's hot in your country now, isn't it? The weather here is cool and cloudy, just right for 10.________(walk). See you next month.

Dave

T：Time is up! Stop here please! If you have finished, hands up please!

OK, please exchange your paper with your partner and check it according to the keys.

"√" for right and "×" for wrong.

白板出示答案

T：If you have got the full mark, hands up please! Good job! Put down! Recite the key phrases by yourself carefully .

T: If not, please hand in your papers to me.

The teacher shows the mistakes one by one .Ask the students whose answers are wrong to explain the reason. The other students can help them if they can't .Ask as many students as possible to explain the knowledge points. If necessary, teachers expand.

Please look at our Class Exercise.

Step 6: Class Exercise (10′)

Translation.

1. 我在加拿大姑姑家玩的很开心。
2. 再次见到他们我非常的高兴。
3. 我坐在游泳池旁边喝着橘汁。
4. 你暑假过的怎么样?
5. 我的家人和我正在山里度假。
6. 这儿的天气凉爽多云，正好适合散步。

Unit 3
Could you please tell me where the restrooms are?
Writing

Learning Aims:

1.To learn to ask for information politely.

2.To write a polite letter.

Teaching procedures

Step1: Daily greetings

T: Good morning, everyone.

Ss: Good morning.

T: Sit down, please.

Today we'll learn Unit3 Section B(3a-3b) and learn how to write a polite letter. Now look at our "Learning aims" .(Then I read them slowly.)

Step2:Show "Learning aims" (1′)

T: Are you clear?

Ss: Yes.

T: Let's go on.

Step 3:Show " Guide One" to the students

Guide One(15′)

Please read and translate 3a, then discuss in groups and finish it.

T: Look at the screen. Let's translate. 设想你将要在讲英语的国家的一个学校，有一个短暂学习的假期，在你去之前，你想知道什么？写一些礼貌的、委婉的有关下面话题的问题。Do you know some polite sentences and indirect questions about the following topics.

S1: Can you tell me...?

S2: Could you mind telling me...?

(The teacher writes the two sentences on the blackboard.)

T: Very good. Now I will give you some examples of Topic One.

For example:

1.Can you tell me what course I will study?

2.Would you mind telling me what course I will study?

3.I want to know/ wonder what course I will study.

4.Do you know what course I will study?

T: Let's discuss in groups and write down your answers. (5′)

T: (in 5 minutes) Time is up. Let's have a check. Ask some students to say their answers.

S1:I'd like to know when the course will start.

S2:Would you mind telling me where and what I can eat?

S3:Can you tell me something about the place I will stay?

S4:...

T: You're very clever. Let' look at Guide Two.

Guide Two

Step 4: Show "Guide Two" to the students

Please write a polite letter according to 3a.

T: Please use notes in 3a and write a polite letter. Look at the mind map.

T:The letter has three parts. First, introduce yourself. Second, the body of the letter. You can use the notes in 3a. Finally, you can use the sentences. Now, I will give you ten minutes to write the letter. Are you clear?

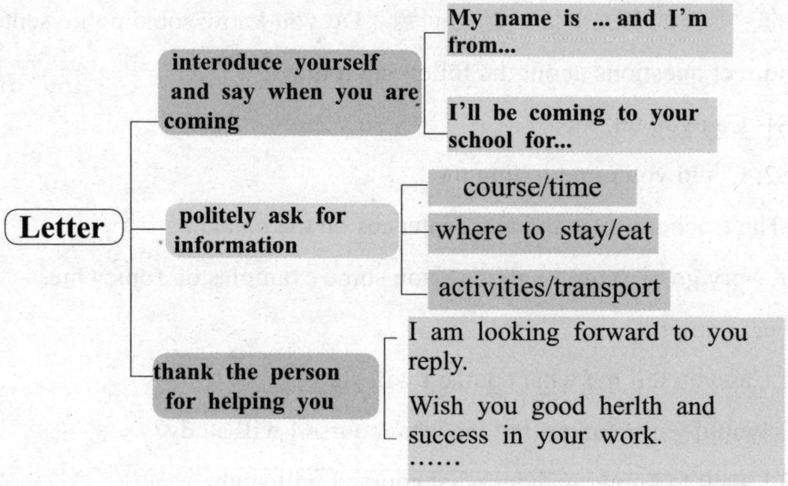

Ss: Yes.

T: Plcasc begin to write. I'll give you 10 minutes.

Guide Three (12′)

Step 5: Show "Guide Three" to the students

T: Look at the screen. Let's correct the letter together.

Show two students' letters and ask the others to correct it. Then,discuss in groups and correct the students' letters.

Step 6: Class Exercise (8′)

To rewrite the letter on your paper.

要求：

1. 书写规范，卷面整洁。

2. 不少于 100 个词。

Unit 8 How do you make a banana milk shake?

Learning aim：

Learn how to describe a process and follow instructions.

To set the scene, increase students vocabulary and introduce the target language.

Class hour：Five

第二课时 Section A (2a—2d)

Learning aims:

1.To know about cooking skills and help parents cook.

2.To practice listening and master some important key points.

Teaching procedure:

Step 1: Daily greetings. （1′）

T: Good morning, everyone.

Ss: Good morning, teacher.

T: Sit down, please.

Ss:Thank you.

Step2: Show "Learning aims" to the students. （1′）

T: Today we'll learn Unit 8 Section A(2a-2d). Please look at our "Learning aims".

T: Are you clear?

S: Yes.

T: Let’s go on.

Step3: Show “Guide One” to the students. （20′ ）

Guide One

Read 2d aloud, try to translate and find out the difficult parts, then please recite it within 5 minutes.

T: Please read and translate them by yourselves. If you have any questions, you can ask your desk-mate or ask me. Understand?

S: Yes.

T: 2 minutes. Please go.

...

T: OK. Now, any question?

Keys Points

1. another ten minutes → another+ 数词 + 名词
one more thing →数词 +more+ 名词再 / 又 / 另……

eg. 再要三个苹果 another three apples = three more apples

再要十本书 another ten books = ten more books

2. cut up 切碎

eg. 请帮我切碎这个苹果。Please help me cut up the apple.

3. add... to... 把……加到……

eg. 把一些蜂蜜加到水里。Add some honey to the water.

4. put... into ... 把……放入……

eg. 请把那本书放进盒子里。Please put the book into the box.

5. First, ... Next, ...Then, ... Finally, ...

首先，……接下来，……然后，……最后 , ……

Check

1. 再 / 又 / 另…… ①__________ ②__________

2. 切碎

3. 把……加到……

4. 把……放入……

5. 首先，……接下来，……然后，……最后，……

T:Now Look at 2d. Listen to the tape and read it silently, then please recite it within 4 minutes.(Show Chinese meaning) …

Check

1. 我想为星期六的聚会做罗宋汤。

2. 首先，买一些牛肉、三个土豆和一个洋葱。

3. 然后，把这些蔬菜切碎。

4. 接下来做什么呢？

5. 接下来，把牛肉、胡萝卜和土豆放入锅内并加入一些水。

6. 然后加入卷心菜、西红柿和洋葱再煮 10 分钟。

7. 还有一件事。最后，不要忘了加些盐。

1.Check with each other.

2.After that, the teacher will check some students. Then ask other students to correct them if they have any mistakes.

Step 4: Show “Guide Two” to the students. （6′ ）

Guide Two

Listen to the tape and finish 2a and 2b.

Have a match! Who can do it best?

(Read the guide to students slowly.)

点拨：提问数量的“多少”

How many+ 可数名词复数

How much+ 不可数名词

T: Are you clear?

S: Yes.

T: Listen to the tape. ...

Then check the answers.

Test （6′ ）

how first final next another want into tomato for up

Anna 1.______to make Russian soup for our party on Saturday. Sam tells her 2.______ to make it. Here are the steps. 3.______, buy some beef ,one cabbage, four carrots, three potatoes, five tomatoes and one onion . Then , cut 4.______ the vegetables. What's 5.______? Next, put the beef carrots and potatoes 6.______ a pot and add some water. After that, cook them 7.______ 30 minutes. Then Add the cabbage, 8.______and onion. And cook for 9.______10 minutes. That's it? No. One more thing. 10.______, don't forget to add some salt.

T：Time is up. Stop here ,please! If you have finished, please hands up!

OK,exchange your paper with your partner and check it according to the keys. "√" for right and "×" for wrong.

白板出示答案

T：If your answers are all right, please hands up! Good job! Put down! If not, please hand in your papers to me.

The teacher shows the mistakes one by one .Ask the students whose answers are wrong to explain the reason. The other students can help them if they can't explain.Ask as many students as possible to explain the knowledge points, if necessary, teachers expand.

Class Exercise （12′ ）

1. 我想为星期六的聚会做罗宋汤。
2. 你能告诉我怎么做吗？
3. 接下来，把牛肉、胡萝卜和土豆放入锅内并加入一些水。
4. 然后加入卷心菜、西红柿和洋葱再煮 10 分钟。
5. 最后，不要忘了加些盐。

Unit 10 Money
Lesson 1 A Material World
(Reading)

Learning aims:

1. To understand the text and get specific information from it;

2. To develop a proper attitude towards money.

Teaching Procedure:

1.Lead-in pictures&words successful businessmenmillionaires/ billionaires

Guide 1(5 minutes) Listen to the text and match the main idea with each paragraph.

____Para.1 A. The reason why he changed his life.

____Para.2 B. Different attitudes to being a millionaire.

____Para.3 C. Enjoying the change.

____Para.4 D. Some people want to be a millionaire.

____Para.5 E. Donating his money.

____Para.6 F. Charles' present living conditions.

Guide Two (5 minutes) Read the text quickly and silentlyand then decide if the statements below are **true (T)**, **false(F)** or there is **no information(NI)**

____1. Charles Gray was a rich businessman.

____2. He hasn't got a stove in his dormitory.

____3. He has got a vegetable garden.

____4. Charles gave his money away to poor people.

____5. People thought he was drunk when he gave away small bank notes in the street.

____6. He was happier when he was rich.

Guide 3 (6 minutes)

Read the text aloud(3minutes)and then fill in the chart (3 minutes) with the information in the text.

Charles Gray: an 1. ________	
16 years ago	He was a college 2. ________. He had a 3. ________ six-bedroom house and $ 2 million.
Today	He lives in a small 4. ________ with 5. ________ furniture. He has a 6. ________ where he grows some vegetables and a few fruit trees. He gets clothes and other things from 7. ________ shops.
His attitude to the change	He 8. ________ it. He was pleased to give up the lifestyle of a rich man.
The reason for the change	He was 9. ________ of being a person who had everything in a world where many people had nothing.
His feelings	He is much 10. ________ now. He wouldn't 11. ________ being rich for anything— no way.

A summary of Charles Gray's story

In the pasta millionairea huge house$ 2 million was tired of

At presentan ex-millionairea small dormitory room second-hand furnitureappreciatemuch happier

Guide Four(4 minutes) Read the story on your paper. While reading, think about the two questions:

1. Was the family rich? After spotting the poor man in front of the supermarket, what did the mother and her kids do?

____

2. Is the experience meaningful for the family? Why?

____

My kids and I were heading (head v. 朝着……方向前进)into the supermarket over the weekend. On the way, we spotted a man holding a piece of paper that said, "Lost my job. Family to Feed."

At this store, a sight like this is not normal. My 10-year-old noticed him and make a comment(n. 评论) on how bad it must be to have to stand outside in the cold wind.

In the store, I asked each of my kids to pick something they thought our "friend" there would appreciate. They got apples, a sandwich and a bottle of juice. Then my 17-year-old suggested giving him a gift card. I thought about it. We were low on cash ourselves, but... well, sometimes giving from our need instead of our abundance (n. 充裕) is just what we need to do! All the kids declared(declare v. 宣布；声明) something they could do away with(take out 去掉)for the week.

When we handed him the bag of food, he lit up (变得喜悦) and thanked us with watery eyes. When I handed him the gift card, saying he could use it for whatever his family might need, he burst into tears.

This has been a wonderful experience for our family. For days the kids have been looking for others we can help! Things would have played out so differently if I had simply said, "No, we really don't have money to give more." Stepping out not only helped a brother in need, it also gave my kids the sweet taste of helping others. It'll go a long way with them.

Giving from their need instead of their abundance is just what they need to do.

Money is less important than the happiness from helping others in need.

Zhang Guimei

She devotes her salary to the education of the girls who can't afford to continue high school.

Ye Jiaying

"I've never cared about personal wealth." "In my darkest moments, it was poetry that enabled me to gain perspective (见识)."

Money can make the mare go. 有钱能使鬼推磨。

Money is the root of all evil. 金钱乃万恶之源。

Discussion:

Do you think money makes you happy? Are there more important things in life? If you have a lot of money, what will you do with your money?

Have a discussion in groups within 5 minutes.

5 minutes later, we will have a match and see which group can do the best.

Conclusion:

A small act of kindness can make a difference.

Money matters a lot.

It isn' t everything.

There are more important things in life than money.

Whether we have a lot of money or not, we can use what we have to help others.

Assignment (5 minutes) Write down your opinion on the paper for about 50 words.

第四节　中学政治历史地理

中学政治、历史、地理教学与数学新授课基本结构一样，都是一堂课搞一次性的“先学后教”，最后“当堂训练”，但也有不同：1. 数学课“先学”包括“学生看书”“书面检测”两个小环节，而政史地“先学”仅有“看书思考”一个小环节，没有“看书”思考后的“书面检测”；2. 数学课上“后教”分互评书面检测题的对错和讨论，而政史地课上“后教”只有逐题提问、讨论对答案，老师点拨；3. 数学课上搞两次“书面检测”，政史地课上只有一次“书面检测”，就是“当堂训练”。这样，比数学课少了看书、思考后的“书面检测”，就有利于学生集中精力看书、思考，联系学过的旧知，理解新知，接着讨论、教师点拨，加深理解，提升认识，增强实际运用能力，当堂达到学习目标。政史地课的课堂结构示意图如下：

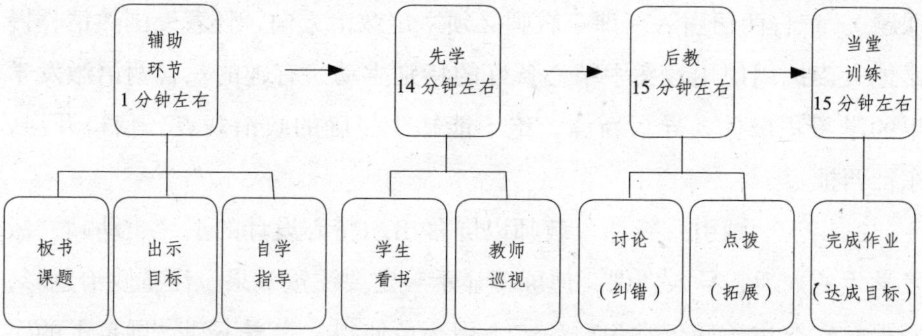

下面，介绍政治、历史、地理课的一般操作要领。

课前预习预习的方式：仅仅是看看课本，看思考题，联系同类旧知识，初步看懂新知。如历史课上学习《李自成农民起义》或《太平天国农民起义》，联系过去学过的《陈胜吴广农民起义》等，思考最后失败的教训。预习的时间：不长，不能花一节课时间，做什么《学案》的试卷而加重课外负担。

规范上课仪式（略）。

教学过程

（一）板书课题（20秒左右）

课题一般用白板出示，也可写在黑板中上方，书写要工整，笔画、笔顺正确，字体大小适当，要确保最后一排学生也能看清，教师要认真开好头。

操作要领：

要精选最佳方式，引入新课，板书课题，常用的方式有：

1. 由旧知导入新课。例如，教师讲：同学们，上一节课我们学习了以四大发明为中心的古代中国科技，那么，古代中国的文学，又有哪些成就呢？四个字可以概括：灿烂辉煌，这就是我们今天学的内容（板书课题）。三言两语引入新课。教师必须坚定政治方向，怀着爱国热情，慢慢地大声地用使用教案中精心备好的特别生动、有趣的三言两语激发学生的学习积极性，导入新课，绝不能缺少正确的政治观点，信口开河，东扯西扯。

2. 出示动画引入新课。教师以屏幕出示精心设计的图片、动画，激发学生的兴趣，导入新课，但屏幕显示一定要注重效果，注重政治色彩，不得喧宾夺主（底色常为白色，不用深色使得文字看不清，屏幕上的字不得太小、不规范、不端正，不得配音乐）而影响效果。

3. 由重要性导入新课。例如，教师讲：本节课，我们一起来学习《我们的社会主义祖国》，这一知识对我们增强爱国之情，对学习国情、战略和党的基本路线十分重要，我们一定要学好它，打好基础。

4. 由指导将来导入新课。例如，教师讲：同学们，你们将来要想大有作为，现在就要让"青春飞扬"，怎样才能做到呢？今天，我们就一起来学习《青春飞扬》(板书)。

(二)揭示目标(10秒左右)

一般用白板出示学习目标，字体应工整，大小适当，确保最后一排同学能看清楚，不必朗读或齐读出示的学习目标。

操作要领：

1. 出示学习目标的目的。让学生明确本节课的学习目标，能够紧张、高效地学习。

2. 出示学习目标的内容。政、史、地学习目标有两方面：一是情感、态度、价值观方面的思想教育目标；二是知识、能力的目标。这两个目标都必须在每节课教案开头写明。

3. 出示学习目标的要求。

学习目标要具体、准确、简明扼要，对知识的理解、记忆、运用要有明确的要求，既不降低，也不拔高，更不能搞偏，因为目标有导向作用，它关系到课堂教学各个环节质量的高低。

4. 出示学习目标的时间(10秒钟左右)。时间要恰当，既不能过短，急于切换，让学生没看清楚；又不能过长，节奏太慢，浪费时间。

(三)自学指导(30秒左右)

白板出示。让学生明确自学的内容、方法、要求、时间。

操作要领：

1. “自学指导”好比学生课上学习的导航仪。教师要精心设计“自学指导”，确保“自学指导”富有实效，没有任何错误(包括字、标点、表述不准)。

2. 自学的内容：必须用好新教材，学生课上自学，主要看书、思考，找答案。

3. 自学的要求：

(1)自学要求，要分类提出：

①学生边看书，边看图，边思考，边在课本上画出找到的思考题答

案，边解释答案中的关键词语，理解概念，弄懂“为什么”，并且背诵答案，准备默写。

②认真思考课本上找不到答案的“思考题”，能联系实际，举例说明。

学科不同，要求的重点不同：

①思政课是思想教育的主阵地，要注重引导学生看书，能解释课文中的关键词语，理解概念，要引导学生能联系实际，举例说明为什么，解释政治概念、社会现象，正确分析、回答实际问题，提高认识，落实行动。政治课上一定要学生学了政治理论，就能运用政治理论，来判定、回答实际问题，确保观念正确，答题完整，语言准确。

②历史课要重视渗透德育，引导学生联系当下时事，古为今用，思考、正确回答思考题，能够从历史中受到启发。要防止：a. 不能理解关键词语、不清楚历史事件，不弄懂政治概念，只图背诵历史知识。b. 不重视联系实际，指导应用，不能学史力行。

③地理课要注重引导学生边看书，边看地图，能够上讲台，指着地图，回答问题，能够灵活应用地理知识，解决实际问题。

4. 自学的时间。时间要恰当，要根据实际而定，既不能时间过长（使得学生拖拖拉拉，难以养成雷厉风行的习惯），也不能过短（使学生自学走过场）。

5. 出示自学指导以后，教师常鼓励学生“下面开始自学竞赛”，使学生愉快地自学，但语言要简洁。

（四）先学

1. 学生看书

学生按照自学指导专心看课本，准确记忆、理解的基础知识；认真思考，弄懂“为什么”，准备正确回答思考题。这样，学生紧张地看书代替老师灌输、传授知识。

操作要领：

（1）教师应关注全体学生。学生看书时，教师坚持言传和身教相统一，站在讲台上，聚精会神地不停地关注每名学生，关注细节，重视育人，必要时走下讲台，帮助学生矫正看书姿势，端正坐姿，教师应对按照自学指导仔细看书的同学表示满意的神情，对看书不够专心的学生，个别提示，说上一两句悄悄话，营造专心看书、思考的学习氛围。教师要一心想着学生：学生有哪些疑难，该怎么最有效地引导、帮助解决……教师不能心不在焉、东张西望，不能说闲话，不能做闲事，不能在黑板上随便写字，更不能走出教室，影响学生学习。

（2）学生看书时，教师要及时表扬那些看得又快又认真的同学，激励其他学生向他们学习，激发大家的学习兴趣。

（3）要把握好看书的时间。一般情况下，尽量让学生在限定的时间内看完书，不延长，以此培养学生紧张学习的好习惯。但一定要根据学情，实事求是，如内容过多，大部分学生还没看完，时间可适当延长些；如学生全部看完了，可提前结束。

（4）过渡语：几到几题找到答案，能够背诵、默写的举手。下面，比谁能够默写出几到几题的答案。

2. 后教

（1）学生默写练习课本上找到答案的思考题，并对照课本，比谁全对，以后讨论课本上找不到现成答案的灵活题。

操作要领：

①要求对能从课本上找到答案的题，不必讨论，只要求引导学生解释答案中的难理解的关键词句，重在弄懂“为什么”。

②对从课本中找不到答案的“自学指导”中的关于综合训练的问题，要引导学生运用新知，联系旧知，认真审题，明确要求，抓住要点，规范答题，达到正确、完整，有条理、无病句。

③讨论要以学生为主。一般要先指名后进生回答，如学生回答有错，不管是什么错（观念错、还是其他……），教师都要明确指出“不对”，引起全体同学的重视，让其他学生纠错，直到正确为止；如学生说得不

完整，则明确指出“不完整”，请其他同学补充直到完整为止；如学生回答无条理，则明确指出回答“无序”，引导其他同学修改，直到“有序”为止；如果学生回答有病句，则引导大家帮他修改病句……如学生抓不住重点，不简洁，则引导学生帮助……总之，要求学生讨论：思想观点、实际应用等综合题，一定要引导多名学生讨论，力求答案准确，让全体学生不仅增强思维、分析能力，而且能提高思想政治素养。

④教师该讲则讲，而且要讲好。如大家都不会，教师补充、更正、拓展。例如：政治教师几乎每节政治课都要理论联系实际，举例解释政治概念，联系本地、本班实际，提高觉悟，落实行动。又如，地理课都要联系实际，指图，说出交通路线、某城市的位置以及本地的气候等等；又如，历史课要注重古为今用，帮助学生更好地理解习近平新时代中国特色社会主义思想，增强对民族文化和社会主义事业的自豪感，增强民族自豪感，增强自信，努力为中华民族伟大复兴多做贡献。

总之，教师必须灵活选用最佳方式，有的放矢地解决问题，既不能该讲不讲，或者仅仅出示答案，一略而过，或者就题讲题，结果，错了的再错，也不能教师从头至尾一步一步地讲，更不能让一名学生上讲台从头讲到尾，这还是搞“满堂灌”。

3. 拓展

①“纠错”一结束，教师用逐一出示联系实际的易错题、灵活题，不得选用偏题、怪题，让学生走出教材，积极参加口答形式多样的（判断题、选择题、改错题）的灵活题，或者自编自答实际问题，强化训练，增强记忆、思维能力；如时间不够，则取消口答竞赛。

②口答竞赛结束，教师要引导学生联系刚才看书后的检测练习和口答竞赛时出现的错误，作出课堂小结：总结运用新知识解题最易错的细节，教师只作极少的强调，但不必重复。这样由后教环节过渡到当堂训练环节。

（五）当堂训练

“当堂训练”就是接着“后教”环节，教师引导学生当堂完成作业。

“当堂训练”的目的有四个：一是引导学生通过练习把知识转化为解决实际问题的能力；二是检测每个学生是否当堂达到了学习目标，做到“堂堂清”；三是减轻学生过重的课外负担；四是加快准确反馈信息，便于教师及时作好课外辅导，确保“日日清”。

操作要领：

1. 当堂训练的时间不少于15分钟。

2. 当堂训练的练习题要有代表性、政治性、灵活性、针对性，绝对不能仅仅是填空、默写、检查记忆知识的练习题，绝不能有政治性的错误题；题型应该多样灵活多样（判断题、选择题、改错题等）；题量应该适当，不宜过多、过少；难易应该适度，不宜过难、过易，要确保学生下课前能够完成作业，减轻课外负担。

3. 当堂训练必须严格。（1）要让学生像考试那样独立、限时完成，教师不得辅导学生，学生不得对答案，更不得作弊。（2）要注意矫正学生坐姿、握笔姿势，保证眼睛与书本距离一尺，培养他们的综合素质。（3）如少数学生做得特别快，提前完成，教师可安排他预习新课或做资料上的试题。

4. 下课铃声一响，学生交当堂训练作业。

规范下课仪式：教师填写好《课堂纪律记载簿》。

中学政治、历史、地理教学复习课

中学政、史、地复习课也要灵活运用“以德贯穿：先学后教，当堂训练”教学模式，操作方法与中学数学复习课基本相同（详见P043），老师们要触类旁通，灵活运用，上好各种课型的复习课。

中学政、史、地教师要尽可能暴露并有效地解决问题，确保错了的不再错适当拓展：引导学生触类旁通，举一反三，特别注重应用，例如：政治课教师要引导学生关心时事政治等热点问题，讨论形成正确的思想政治观点，地理、历史教师也要引导学生运用所学知识解决实际问题。具体而言，对同一层面的知识能力、素养能力，能够横向融会贯通，形成完整的知识能力结构；对不同层面的知识能力、素养能力，能够纵向融会贯通，了解必备的知识与关键的能力之间的紧密相通，具备内在逻辑练习的整体。这样，加大复习的难度，激发学生复习的求知欲，让学生能够自觉地积极地参加限时高强度、高难度训练，攻坚克难，不仅学好文化知识，而且能够促进提高综合素质。

初一年级历史教案（人教版上册）

第15课　两汉的科技和文化

学习目标：

1. 思想政治教育目标：学习两汉时间的科技和文化，增强民族自豪感，热爱中华传统文化，激发为民族复兴多做贡献的思想情感。

2. 理解、记忆历史知识的目标：知道造纸术的发明和改进，理解造纸术对世界文化的深远影响；掌握两汉时期张仲景、华佗、司马迁的主要成就；知道道教兴起和佛教传入我国的史实。

规范上课仪式（略）。

教学过程：

一、板书课题。

同学们，前面我们学习了两汉时期的政治和经济，今天我们来一起

学习第 15 课两汉的科技和文化（板书课题）

二、出示目标。

学习目标

1. 思想政治教育目标：学习两汉时间的科技和文化，增强民族自豪感，热爱中华传统文化，激发为民族复兴多做贡献的思想情感。

2. 理解、记忆历史知识的目标：知道造纸术的发明和改进，理解造纸术对世界文化的深远影响；掌握两汉时期张仲景、华佗、司马迁的主要成就；知道道教兴起和佛教传入我国的史实。

三、自学指导。

怎样达标呢？请看自学指导（出示“自学指导”投影）。

自学指导

请认真默读课本 72 页到 78 页的内容，结合看图，要求如下：

1. 边看书，边思考，边在课本上画出找到的①—④题的答案，边解释答案中的关键词语，理解概念，弄懂“为什么”。

①造纸术：纸发明于什么时期？谁改进了造纸术？使用的原材料有哪些？有何优点？(出示图片)

②医学：张仲景尊称是什么？代表作是什么？华佗的成就有哪些？(出示图片)

③史学：我国第一部纪传体通史是什么？作者是谁？这部作品记叙的是什么时期的历史？

④宗教：佛教什么时候传入我国？我国最早的佛教寺院是什么？道教什么时候产生？(出示图片)

2. 思考课本上找不到答案的“思考题”，能联系实际，举例说明。

⑤“问题思考”：司马迁曾遭到关押，又受到酷刑，而他在命运的灾难面前却坚忍不拔地写出历史巨著。他的这种精神对我们中学生有什么现实意义？

过渡语：下面开始自学竞赛。7 分钟之后，比谁能正确回答思考题，注意如有不认识的字，不理解的词语，轻小声问同学，或举手问老师。

四、先学。

（一）学生看书

1. 学生按照自学指导专心看课本，准确记忆、理解的基础知识；认真思考，弄懂“为什么”，准备正确回答思考题。

2. 教师站在讲台上，关注每名学生，必要时走下讲台，帮助学生矫正看书姿势，端正坐姿，对看书不够专心的学生，个别提示，教师及时表扬看得又快又认真的学生。教师要把握好看书时间，如果学生全部看完，可提前结束，如果大部分学生没有看完，时间可适当延长。

过渡语：下面，进入“后教”环节，要检测同学们的自学效果，合作学习，解决疑难。

（二）后教

1. 学生讨论

过渡语：第①—④题找到答案并理解关键词句的同学请举手！

（1）指名学生回答①—④答案，并解释题中难理解的词句。针对问题，老师点拨。

纪传体：是以人物传记的方式记录各类人物。

通史：是连贯记录多个时代或多个朝代历史的史书。

（2）指名学生回答自学指导中的思考题。

（3）要先指名后进生回答，回答有错，教师明确指出“不对”，如果不完整，则明确指出“不完整”，如无条理，则明确指出回答“无条理”，之后再指名优生回答。如都不完整，教师补充。

答案要点：

①忍辱负重②吃苦耐劳③坚忍不拔④大公无私（言之有理即可）

（三）拓展。

1. 两汉时期，社会经济的繁荣为科技文化的发展创造了条件，人们才能在科技文化上取得许多突出成就，这些对中华文明的发展产生了深远的影响。

2. 教师拓展，古为今用，增强对我国民族文化的自豪感，激发学生继承、弘扬中华文化，为建设中国特色社会主义强国多做贡献。

六、当堂训练（15 分钟）

（一）分发当堂训练作业

要求：1. 要像考试那样独立、限时完成，做题过程中不得对答案，更不得作弊。

2. 做题过程中坐姿端正、握笔姿势正确，保持眼睛与书本距离一尺。

3. 提前完成的学生做资料上的习题。

（二）下课铃声响，学生交当堂训练作业。

规范下课仪式：教师填写好《课堂纪律记载簿》。

初二年级地理教案（科普版上册）

第三节　水资源

学习目标：

1. 思想政治方面目标：了解我国水资源的现状，培养学生保护水资源、节约水资源的良好习惯。

2. 地理知识和能力的目标：熟记我国水资源的时间分布特点、形成原因以及解决我国水资源时间分布不均的主要途径。

规范上课仪式（略）。本部分图略。

教学过程：

一、导入新课，板书课题

（播放视频——水是生命之源）为什么水是生命之源？面对紧张的水资源，我们应该怎样保护和合理利用呢？今天就带着问题一起学习第三节：水资源。（板书课题）

二、出示目标

本节课的学习目标是什么呢？请看大屏幕！（出示“学习目标”投影）。

学习目标

1. 树立珍惜、合理使用资源观，增强水资源保护意识。

2. 通过学习我国重要的水利工程等内容，养成关注实事的好习惯，并为祖国水利工程的建设成就而自豪。

3. 了解水资源是有限的，明确我国水资源的现状。知道我国水资源时间分布特点、形成原因以及解决水资源时间分布不均的主要途径。

三、自学指导

怎样达标呢？请看自学指导（出示“自学指导”投影）。

自学指导

请认真默读课本第 62 到 64 页的内容，结合看图，要求如下：

（1）边看书，边思考课文中画出①、②、③题的答案，边解释答案中的关键词语，理解概念，弄懂“为什么”。

①读图 3-3-1（教材 P62），说一说水对人们生产和生活有什么重要意义？

②我们通常所说的水资源指的是什么？

③什么是解决水资源时间分配不均的有效途径？

（2）认真思考课本上思考题，能联系实际，举例说明。

④地球的表面约 71% 被水覆盖，有人却说水资源是有限的，请结合图 3-3-2（教材 P63）谈一谈你的看法。

⑤读图 3-3-3（教材 P64），思考：我国降水量季节分配有什么

特点？上述特点对我国水资源的时间分配会有什么影响？如何解决这个问题呢？

⑥你在生活中有哪些浪费水的现象？今后该怎么办？

7分钟之后，比谁能正确回答思考题，做对检测题，注意如有不认识的字，不理解的词语，请小声问同学，或举手问老师。

四、先学

看书：学生看书自学，教师巡视，密切关注每一位学生，并纠正学生的不良习惯。学生如有疑问，请小声问同学或举手问老师。

五、后教

过渡语：找到①、②、③题答案能准确记忆的请举手！

“表扬找到答案的同学”

（一）讨论：第④、⑤、⑥题。

④地球的表面约71%被水覆盖，有人却说水资源是有限的，谈一谈你的看法。

答案：地球上的水96.5%是海洋水，湖泊咸水和地下咸水占1%，淡水占2.5%。目前能被人类大量利用的水资源是江河湖泊水和浅层地下水，仅占全球淡水资源的0.3%，占全球水资源的0.0075%，所以我们说水资源是有限的。（学生上台指图说出）

过渡语：水资源很有限，但是在我国时间的分配也有很大差异，请同学观察北京、上海、广州的降水量柱状图，边看图边思考并回答问题。

⑤思考：我国降水量季节分配有什么特点？上述特点对我国水资源的时间分配会有什么影响？如何解决这个问题呢？

答案：我国水资源分布不均匀；夏秋多，冬春少。（学生上台结合图说出）夏季降水多，河水暴涨，大量宝贵的水资源直接流入大海，甚至容易造成洪涝灾害；冬春季降水少，河流水位下降，有些河流甚至干涸见底，淡水的供应严重不足；兴修水利工程是调节水资源时间分配不均的有效方法。

⑥你在生活中有哪些浪费水的现象？今后该怎么办？

答案：以后洗脸水要洗脚，洗完脚后冲厕所等（学生自己上台举例子说出）

（二）拓展

1. 下面对我国水资源和水能资源的叙述正确的是（D）

A. 我国水资源丰富的地区，水能资源也就丰富

B. 解决我国水资源地区分配不均的主要途径是修建水库

C. 我国水能资源，现在大部分已被开发利用

D. 我国水能资源最丰富的河流是长江

解析：水资源丰富的地区，如果是平原（落差小），水能资源也不丰富。解决我国水资源时间分布不均的主要途径是修建水库，我国水能资源目前开发利用的很少。只有6%。我国水能资源最丰富的河流是长江。

2. 关于水资源表诉正确的是（D）

①地球上的淡水资源主要在两极、高山、冰川；②人类用水取自江河、湖泊、浅层地下水；③我国水资源总量丰富，但人均占有量不到世界的1/4；④海水占97%；⑤我国水资源利用率高

A. ①③⑤　　B. ①②③⑤　　C. ②③⑤　　D. ①②③④

解析：我国水资源利用率不高。

教师引导学生联系实际，了解我们身边的水利工程以及作用。

①水库的重要作用是调控水量，在洪水期蓄水，减轻下游洪水威胁；在枯水期放水，增加下游水量。同时，水库还具有发电、灌溉及城市供水等作用。

②例如我们焦作地区的八一水库、白墙水库、青天河等，还有就近的小浪底。

六、当堂背诵（5分钟）

学生大声自背、互背本节课所学知识。达到“堂清”。

七、当堂训练（15分钟）

规范下课仪式：教师填写好《课堂纪律记载簿》。

第五节 中学物理化学生物

一、新授课

中学物理、化学、生物新授课运用“以德贯穿：先学后教，当堂训练”教学模式，主要有两类：

一类是：一节课一次“先学后教”，最后“当堂训练”，因为教学目标单一。这一类常适用于教概念与例题应用教学、习题课教学课，其操作方法与中学数学教学基本一样（见 P033 至 P043）。老师们既要模仿中学数学课“以德贯穿：先学后教，当堂训练”教学模式的操作方法，又要大胆创新，灵活运用，上好高效课。

二类是：一节课搞几次“先学后教”，最后“当堂训练”，因为教学目标多元化，既有概念，又有实验，有的有几个实验，还有应用知识的例题，其操作方法与中学语文教学基本相同（见 P063 至 P070）。这一类常用于概念规律与实验验证探究课：第一次“先学后教”，先看概念，后讨论，最后“当堂训练”；第二次“先学后教”，做实验，讨论实验结果，理解概念；最后“当堂训练”。也常用于实验课（演示实验或学生分组实验），老师们要模仿中学语文教学的操作程序，灵活运用，努力上好高效课。下面以实验课上一节课搞几次“先学后教”，最后“当堂训练”的操作程序说明如下：

第一次“先学后教”：做 ×× 实验。（1）先学。①准备实验器材。学生边看老师在讲台上准备，边看课本，跟着老师一步步准备好实验器材，老师检查，确保各组准备均能达到标准。②师生同步做实验，确保步步达标。教师慢慢地边说边演示做实验的第一步，确保每个学生看得清楚，做好实验第一步，如有错误，大家讨论纠正；同样，师生同步做好第二步，第三步……直至做完实验，填好数据，人人达标。③各组 2

人交换（原来做的做助手，原来助手动手做），按刚才的顺序，跟老师同步再做第二遍，或者教师不做，学生独立做第二遍，比谁做得正确，迅速。（2）后教。①指名学生说出实验结论；②指名学生解释关键词语；③教师总结、点拨。

第二次“先学后教”：做另一个实验，方法同上。

第三次“先学后教”：巩固练习。1. 先学。学生看书，加深理解，并能准确记忆。2. 后教。（1）指名学生联系生活中、生产中的现象，解释实验结论。（2）课堂书面练习（如无时间则取消），要精选练习题，错了当堂引导多名学生讨论，如学生都不会，教师一定要讲透，并能拓展，引导学生触类旁通，举一反三。

最后，当堂训练。课本上规定的练习，适当补充灵活题。

如果一节课有多个实验，可以一个实验搞一次先学后教，得一次结论；如果课本中只做一个复杂的实验，也可按实验过程分几次“先学后教”，怎样效果最好，就采用怎样的课堂教学结构。

老师们要坚持行知结合，精心策划，科学安排，做好实验，尤其要坚持师生同步做实验，做好一步，再同步做下一步……这样，一步步有序地做好实验，最后学生说出实验结果，这样做好实验，能够高效、省时，让学生真正能够理解理化生知识，并且培养热爱科学、严谨的科学态度，增强动手能力。

二、复习课

中学理、化、生复习课也要灵活运用“以德贯穿：先学后教，当堂训练”教学模式，操作方法与中学数学复习课基本相同（详见 P043），老师们要触类旁通，灵活运用，上好各种课型的复习课。

中学理、化、生教师要尽可能暴露并有效地解决问题，确保错了的不再错，适当拓展：引导学生触类旁通，举一反三；特别要注重培养学生动手能力，在平时坚持课堂上做好实验，课外学生进自主实验室做实验的基础上，要引导学生在复习期间把不熟练的或不会做的实验补做好，以后组织全体学生参加做实验竞赛，还可以进行其他实践活动，例如：绘制教室、宿舍照明线路图，写某家电使用说明书，做某教具的说明书，生物教师组织学生进行校园绿化、培植花木等。

初二年级物理教案（人教版）

第二节　生活中的透镜

【学习目标】

1. 了解透镜在日常生活中的应用。

2. 理解并识记照相机、投影仪、放大镜的成像原理。

规范上课仪式（略）。

【教学过程】

一、板书课题

导入语：同学们，大家戴的近视镜、老年人戴的老花镜都是透镜，还有照相机、摄影仪、放大镜的镜头上也有透镜，可见透镜在生活中的应用广泛，那么透镜成像有什么特点呢？今天我们一起学习——生活中的透镜（板书课题）。

二、出示目标

（一）过渡语：本节课的学习目标是什么呢？请看屏幕。

（二）出示学习目标。

学习目标

1. 了解透镜在日常生活中的应用。

2. 理解并识记照相机、投影仪、放大镜的成像原理。

三、师生实验

过渡语：我们经常使用照相机，它的成像有什么特点呢？下面通过实验得出结论。

（一）第一次先学后教：照相机的结构和成像特点

过渡语：请同学们认真做简易照相机的成像实验，观察、归纳成像特点。

（1）出示自学指导

第一次先学后教

自学指导

做简易照相机的成像实验，边实验、边观察、边思考：

1. 简易照相机的镜头是凸透镜还是凹透镜？

2. 总结简易照相机的成像特点。

做完实验后，比谁回答问题准确。

（2）实验步骤：（教师口述，师生同步做实验）

①两人一组观察简易照相机的结构，用手垫着卫生纸触摸镜头，指名说出：照相机镜头是________镜。

②教师一边演示简易照相机，一边引导学生，两人一组正确拿起简易照相机，镜头对准教师，观察教师在照相机光屏上成的像，提问：像是________（选填“放大”“等大”“缩小”）、像是________（选填“实像”“虚像”），像是________（选填“倒立”“正立”），像与物体在凸透镜的________（选填“同侧”“两侧”）。

③让学生用自制照相机观看远处同学，总结成像规律，再次提问上述内容。

④结论：照相机成倒立、缩小、实像。

⑤拓展：手机成像：让学生上台用手机拍照，说明成像特点，分析手机成像为什么是正立的？学生看书，在书上寻找，再请学生回答。学生学会用手机拍照，就要多实践。

（二）第二次先学后教：投影仪的结构和成像特点

过渡语：下面同学们认真做投影仪的成像实验，观察、归纳成像特点。

（1）出示自学指导

第二次先学后教

自学指导

做投影仪的成像实验，边实验、边观察、边思考：

1. 投影仪的镜头是凸透镜还是凹透镜？

2. 总结投影仪的成像特点。

做完实验后，比谁回答问题准确。

过渡语：我们知道了照相机的成像特点，那么投影仪的镜头也是透镜，它成的像有什么特点呢？下面通过实验得出结论。

（2）实验步骤：（教师口述，师生同步做实验）

①分六组观察六台投影仪的结构：学生用手垫着卫生纸触摸镜头，指名说出：镜头是________镜，镜头上面的镜是________镜。

②六组学生同时把写有“大家好”三个字的投影片（物体），放在展示台上，打开投影仪，观察所成的像与投影片上的“大家好”有什么不同（“大”字原来在左边却呈现在了像的右边，“好”字原来在右边却呈现在了像的左边，“家”字的宝盖头在上边却呈现在了像的下边），说出：投影仪上的凸透镜成像时，物体离投影仪镜头比较________，像是________（选填“放大”“等大”“缩小”）、________（选填“倒立”“正立”）、________（选填“实像”“虚像”），像与物体在凸透镜的________（选填“同侧”“两侧”）。

③把一个写有 F 字样的投影片放在展示台上，让学生观察物与像的

关系，学生总结成像规律，再次提出上述问题。

④结论：投影仪成倒立、放大、实像。

（三）第三次先学后教：放大镜的结构和成像特点

过渡语：请同学们认真做放大镜的成像实验，观察、归纳成像特点。

（1）出示自学指导

第三次先学后教

自学指导

做放大镜的成像实验，边实验、边观察、边思考：

1. 放大镜的镜头是凸透镜还是凹透镜？

2. 总结放大镜的成像特点。

做完实验后，比谁回答问题准确。

过渡语：现在我们知道了投影仪的成像特点，那么放大镜有怎样的成像特点呢？下面通过实验得出结论。

（2）实验步骤：（教师口述，师生同步做实验）

①两人一组观察放大镜的结构，学生用手垫着卫生纸触摸镜头，指名说出：放大镜的主要结构是一个______镜。

②让学生观察课本上的小字、图片，学生总结成像特征。

③让学生猜想放大镜所成像是实像还是虚像，出示动画，讲解成虚像的原因。然后做下边的实验：把放大镜靠近烛焰，使放大镜与烛焰的距离保持在3-5厘米，观察烛焰的像，说出：像是______（选填“放大”“等大”“缩小”）的、______（选填“倒立”“正立”），像与物体在凸透镜的______（选填“同侧”“两侧”），像是______（选填“实像”“虚像”）。

④结论：放大镜成正立、放大、虚像。

⑤拓展；引导学生用装水的杯子观看书上的字，装水的杯子相当于一个放大镜。

（四）教师引导学生总结

1. 要点：实像是实际光线会聚成的，可用光屏接收，如凸透镜成的像；虚像不是实际光线会聚成的，不可用光屏接收，如凸透镜成虚像及平面镜成的像。

为了帮助学生进一步理解实像和虚像的区别教师可通过动画作图的方法解决。

2. 出示课堂小结，让同学们用两分钟背记。

四、当堂训练

（一）学生看书，归纳所学知识

（二）口头练习：自背、互背、教师抽查，达到堂清。

过渡语：同学们，能运用新知识做对作业吗？请认真完成本节课的当堂训练。

（三）发放当堂训练纸，学生练习。

（四）如果响起下课铃声，则收齐当堂训练纸，下课；如果时间多余，则公布答案，互评对错。纠错后，如果还有时间，可继续看书背记本节知识点。

规范下课仪式：教师填写好《课堂纪律记载簿》。

初三年级化学教案（人教版）

燃烧和灭火

学习目标

1. 理解燃烧的条件和灭火的原理。

2. 了解灭火器的使用方法、适用范围和一些易燃物、易爆物的安全常识。

3. 运用燃烧的知识和灭火的原理解决日常生活中简单的防火、防爆问题。

规范上课仪式（略）。

教学过程

一、板书课题

（导入）燃烧是人类最早利用的化学反应之一，人类利用燃烧反应的历史，可以追溯到远古时代（多媒体显示教材 128 页插图）。燃烧与人类的生活以及社会的发展有着密切的联系，本节课我们就来学习第七单元课题 1 燃烧和灭火（板书课题）。

二、出示目标

（一）过渡语：本节课的学习目标是什么呢？请看屏幕。

（二）出示学习目标

学习目标

1. 理解燃烧的条件和灭火的原理。

2. 了解灭火器的使用方法、适用范围和一些易燃物、易爆物的安全常识。

3. 运用燃烧的知识和灭火的原理解决日常生活中简单的防火、防爆问题。

三、师生实验

过渡语：怎样才能达标呢？我们要通过几次实验探究来获得知识，学会应用。

（一）第一次“先学后教”：探究燃烧的条件

过渡语：请同学们认真观察实验，描述实验现象并分析归纳燃烧的条件。

第一次“先学后教”

自学指导

演示实验 7—1，边观察边思考以下问题：

1. 实验步骤：（教师边口述边演示）

（1）向烧杯中加入热水，用镊子取一小块白磷放在热水中，观察水中的白磷燃烧了吗？为什么？

（2）取少量红磷放到试管中塞上带导管的橡胶塞，另取少量白磷（用吸水纸吸去表面的水分）放到试管中塞上带导管的橡胶塞，观察有什么现象？为什么？

（3）向水中的白磷通入氧气，观察有什么现象？为什么？

做完实验后，比谁回答问题准确。

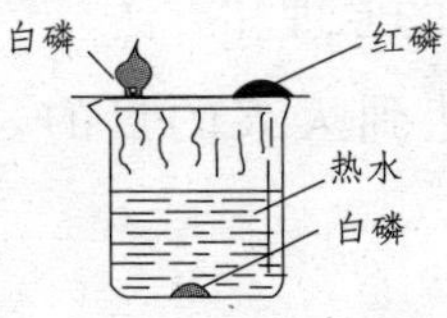

图 1

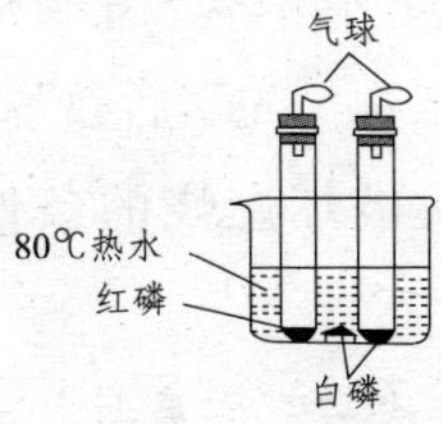

图 2

说明：教材中提示教师演示该实验（如图 1）需在通风橱或抽风设备下进行，因为白磷燃烧生成的五氧化二磷有毒，对该实验做如下改进：在密闭容器中进行（如图 2）

2. 提问：指名回答，如有错，指名更正；如无错，则问：认为正确的同学请举手！

（1）为什么试管中的白磷燃烧而红磷却不燃烧呢？说明燃烧需要什么条件？

试管中的白磷达到了着火点，红磷未达到着火点。说明燃烧需要可燃物温度达到着火点。

（2）为什么试管中的白磷燃烧而水中的白磷却不燃烧呢？说明

燃烧需要什么条件？试管中的白磷与氧气接触，水中白磷没有与氧气接触。说明燃烧需要氧气。

（3）热水中的白磷不能燃烧的原因是什么？你有办法使它燃烧起来吗？

热水中的白磷没有与氧气接触。通入氧气。

3. 结论：(引导学生归纳，教师补充)

归纳燃烧的条件：①可燃物②氧气（或空气）③温度达到着火点

三个条件必须同时满足，燃烧才能发生。

4. 拓展：

你能根据燃烧的条件来解释“钻木取火”“火上浇油”所蕴含的化学原理吗？

解释：钻木取火是使温度达到着火点；火上浇油是增加可燃物。

（二）第二次“先学后教”：探究灭火的原理和方法

过渡语：破坏燃烧的条件就可以达到灭火的目的。那么如何灭火呢？

第二次“先学后教”

自学指导

分组实验，边实验边思考以下问题：

1. 你熄灭蜡烛的方法破坏了燃烧的什么条件？

2. 归纳灭火的原理。

2 分钟后比谁回答问题准确。

分组实验：点燃一根蜡烛，请你用不同的方法将其熄灭？

实验器材：沙土、剪刀、烧杯、湿布、水、胶头滴管等。也可以不用上述物质。

1. 实验步骤：

（1）1 分钟同桌讨论熄灭蜡烛的方案。

（2）点燃蜡烛，根据小组方案熄灭蜡烛，并思考回答：你熄灭蜡烛的方法是什么？破坏了燃烧的什么条件？

2. 口头练习：你熄灭蜡烛的方法破坏了燃烧的什么条件？

剪去蜡烛的烛芯（清除可燃物） 用沙土盖灭（隔绝氧气）

在蜡烛上方倒扣一只烧杯（隔绝氧气） 用湿布盖灭（隔绝氧气）

用水浇灭（使温度降到着火点以下） 用嘴吹灭（使温度降到着火点以下）

3. 结论：(引导学生归纳，教师补充)

灭火的原理

（1）清除可燃物（2）隔绝氧气（3）使温度降到着火点以下

过渡语：你能举出一些生活中灭火的例子吗？并分析其灭火的原理。

①炒菜时油锅中油不慎着火，可用锅盖盖灭或放入青菜。(隔绝氧气)

②实验时熄灭酒精灯用灯帽盖灭。(隔绝氧气)

③扑灭森林大火时，设置隔离带。(清除可燃物)

④纸箱着火时用水浇灭。(使温度降低到着火点以下)

4. 拓展：

你能根据灭火的原理解释“釜底抽薪”“杯水车薪”中蕴含的化学原理吗？

解释：釜底抽薪是清除可燃物；杯水车薪是一杯水不能使温度降低到着火点以下，不能达到灭火的目的。

（三）第三次“先学后教”：遇火灾时如何自救？

过渡语：猜一猜，下面点燃的蜡烛哪一只先熄灭？

演示实验：点燃高、低不等的蜡烛，将大烧杯倒扣在燃着的蜡烛上方。

现象：高的蜡烛先熄灭，低的蜡烛后熄灭。(因为蜡烛燃烧生成热的二氧化碳气体密度小于空气，飘在烧杯上方，高的蜡烛先接触到二氧化碳，就会熄灭。)

过渡语：由此推测：如遭遇火灾，你将如何逃生？

第三次“先学后教”

自学指导

请看课本 p132—133 的内容，边看书边思考下列问题：

1. 如果发现火险或遭遇火灾，应采取什么自救措施？

2. 结合实验 7—11，预测发生的现象，分析为什么加油站、煤矿的矿井内都标有“严禁烟火”的字样。

2 分钟后，比谁能根据实验结果，回答上述问题。

提问：指名回答，如有错，指名更正；如无错，则问：认为正确的同学请举手！

第一个问题

若火势不大时，可根据起火原因选择合适的方法和灭火器材灭火；遇到火势较大或有蔓延的趋势和可能，应立即拨打 119 火警电话，并采取自救措施，如用湿毛巾捂住口鼻，简易防护，匍匐前进，迅速撤离。

第二个问题

这些地方的空气中混有可燃性的气体和粉尘，遇到明火，会发生爆炸。

过渡语：学完本节课，你有哪些收获？

（四）教师引导学生总结

1. 燃烧是可燃物与氧气发生的一种发光、放热的剧烈的氧化反应。燃烧需要同时满足三个条件：可燃物、氧气（空气）、达到燃烧所需要的最低温度（着火点）。

2. 灭火的原理：清除可燃物、隔绝氧气、使温度降到着火点以下。

3. 如果发生火险，一定不要惊慌。如果火势较大，应立即拨打 119 火警电话，并采取必要的自救措施，如用湿毛巾捂住口鼻，蹲下靠近地面或沿墙壁跑离着火区域等。

四、当堂训练

（一）学生看书，归纳所学知识。

（二）口头练习：自背、互背、教师抽查，完成堂清。

过渡语：同学们，能运用新知识做对作业吗？请认真完成本节课的当堂训练。

（三）发放当堂训练纸，学生练习（略）。

（四）如果响起下课铃声，则收齐当堂训练纸，下课；如果时间多余，则公布答案，互评对错。纠错后，如果还有时间，可继续看书背记本节知识点。

规范下课仪式：教师填写好《课堂纪律记载簿》。

1.6 电势差与电场强度的关系（1 课时）

学习目标：

1. 掌握匀强电场中电势差与电场强度的关系式，知道其适用范围。
2. 知道电场强度另一个单位“伏特每米”的由来。

规范上课仪式（略）。

教学过程：

一、板书课题

同学们，今天我们来学习电势差与电场强度的关系（板书课题）

二、出示目标（略）

三、自学指导

（一）师：为了达到上述目标，请大家对照“自学指导”认真自学。

（二）投影出示自学指导：

认真默读课本 P22—23 内容，要求：

理解 $U_{AB}=E_d$ 的推导，并能说出它的适用范围和 d 的意义。

7 分钟后检测，比谁能用本节知识做对检测题。

四、先学

（一）学生看书、思考

教师巡视，保证每位同学都集中精力自学。

（二）检测

1. 发检测练习纸

检测一

课本 P23“思考与讨论一”

要求：1. 仿照前面推导方法；2. 独立完成；3. 时间 3 分钟

检测二

1. 判断题

（1）公式 $U_{AB}=E_d$ 中的 d 为电场中两点间的距离。（　）

（2）电场强度 E 与电势差 U_{AB} 成正比，与两点沿电场方向的距离 d 成反比。（　）

（3）沿电场线方向电势降低，故电势降低的方向就是电场强度的方向。（　）

（4）公式 $U_{AB}=E_d$ 中的 d 也可是 A、B 两点所在等势面间的垂直距离。（　）

（5）在匀强电场中，任意两点间距离越大，电势差就越大。（　）

2. 平行的带电金属板 A、B 间是匀强电场，如图所示，两板间距离是 5 cm，两板间的电压是 5V。求：

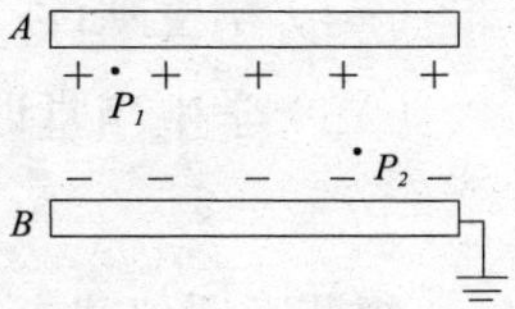

(1) 两板间的电场强度是多大？

(2) 电场中有 P_1 和 P_2 两点，P_1 点离 A 板 0.5cm，P_2 点离 B 板也是 0.5 cm，P_1 和 P_2 两点间的电势差为多大？

要求：1. 独立完成，2. 时间 6 分钟

2. 学生限时紧张独立完成书面检测题，教师巡视，收齐学生做题当中的错误。

五、后教

（一）纠错

1. 同桌互换练习纸。

2. 出示答案，同桌对照公布的答案，同步逐题判定对错。

3. 批改完成后，同桌交换练习纸。

4. 统计、公布全对人数，学生鼓掌或用一两句话不点名地表扬全体全对的同学。

5. 统计、公布未全对的人数，未获全对的同学把练习纸送上讲台。

6. 出示错题，讨论纠错。着重讨论错在哪里？为什么错？

（二）归纳总结：三个电场强度公式的比较

公式	适用范围	说明
$E=F/q$	任何电场	定义式，q 为试探电荷的电量
$E=kQ/r^2$	真空中点电荷的电场	Q 为场源电荷的电量，E 表示跟点电荷相距 r 处的某点的场强
$E=U/d$	匀强电场	U 为沿电场方向上相距为 d 的两点间的电势差

六、当堂训练：

（一）学生默读、互背本节课所学知识，达到“堂清”。

（二）学生当堂训练　P24　1、2 题。

规范下课仪式：教师填写好《课堂纪律记载簿》。

高一年级化学教案必修二（人教版下册）

第一章　物质结构　元素周期律

第一节　元素周期表（第 3 课时）

学习目标：

1. 理解质量数、核素、同位素的含义；

2. 掌握质量数、质子数、中子数三者之间的关系式。

规范上课仪式（略）。

教学过程：

一、板书课题

元素的性质与原子核外电子有密切的关系。那么，元素的性质与原子核有关系吗？今天我们就来共同学习——元素周期表（板书课题）。

二、出示目标

1. 理解质量数、核素、同位素的含义；

2. 掌握质量数、质子数、中子数三者之间的关系。

三、自学指导

出示自学指导

请同学们认真看课本P9—10上方的内容，并完成以下思考题，8分钟后进行检测，比一比看谁自学效果好！

1 什么叫质量数？

2 质量数、质子数、中子数三者有什么关系？

3 什么叫核素？

4 什么叫同位素？

5 $^{A}_{Z}\chi$的意义是什么？

四、先学

（一）学生看书、思考

教师巡视，保证每位同学都集中精力学习。

（二）检测

大家都能在规定的时间完成自学，很好！下面我们来检测大家自学的效果。

第一步，发检测练习纸。

1. 中子数比质子数多1的原子A，其阳离子A^{n+}核外有x个电子，则A的质量数为（　）

A. $2(x+n)$　　B. $2(x-n)+1$

C. $2(x+n)+1$　　D. $n+2$

2. 若有某种新元素，它的原子核内有161个中子，质量数为272。该元素的原子序数与原子核内中子数的关系是（　）

A. 大于　　B. 小于

C. 等于　　D. 不能确定

3. ^{230}Th和^{232}Th是钍的两种同位素，^{232}Th可以转化成^{233}U。下列有关Th的说法正确的是（　）

A.Th 元素的质量数是 232

B.Th 元素的相对原子质量是 231

C. ^{232}Th 转化成 ^{233}U 是化学变化

D. ^{230}Th 和 ^{232}Th 的化学性质相同

4. 下面有关 ^{14}C 的叙述正确的是（　）

A. ^{14}C 与 ^{14}N 含有相同的中子数

B. ^{14}C 与 C_{60} 互为同位素

C. ^{14}C 与 C_{60} 中普通碳原子的化学性质不同

D. ^{14}C 与 ^{12}C 互为同位素

5. ^{16}O 和 ^{18}O 是氧元素的两种核素，N_A 表示阿伏加德罗常数的值，下列说法正确的是（　）

A. ^{16}O 与 ^{18}O 互为同素异形体

B. ^{16}O 与 ^{18}O 核外电子排布方式不同

C. ^{16}O 和 ^{18}O 互为同位素

D. 1.12 L $^{16}O_2$ 和 1.12 L $^{18}O_2$ 均含有 $0.1N_A$ 个氧原子

第二步，合上课本，学生限时、紧张、独立完成检测题，教师巡视，并收集学生做题当中的错误，供点评时用。

五、后教

（一）纠错

1. 同桌交换练习纸；

2. 出示答案；

3. 同桌对照答案，相互同步逐题判定对错；

4. 批改完成之后，同桌交换练习纸；

5. 统计、公布全对人数，学生鼓掌或用一两句话不点名地表扬全体全对的同学；

6. 统计、公布未全对的人数，教师收齐未全对学生练习纸。

（二）讨论

出示错题，学生讨论。这道题错在哪里？为什么错？

先让做错的同学说说自己为什么会错，是不理解还是记不得，是粗心还是不熟练。如果学生说得对的（通过讨论已经解决了的错误或疑难问题），教师只给肯定，不必重复讲；如果所有学生都说不对的或说不全的，教师就一定要讲好，让学生真正懂得“为什么”，彻底地纠错。

（三）归纳总结

（1）质量数（A）= 质子数（Z）+ 中子数（N）。

（2）具有一定数目质子和一定数目中子的一种原子叫作核素。

（3）质子数相同而中子数不同的同种元素的不同原子叫作同位数。

六、当堂训练：

（一）学生默读、互背本节课所学知识，达到“堂清”。

（二）学生当堂训练。

P11 1—5 题。

规范下课仪式：教师填写好《课堂纪律记载簿》。

第六节　中学体育音乐美术

中学体育音乐美术教学运用“以德贯穿：先学后教，当堂训练”教学模式，一般采用一节课几次“先学后教”，最后“当堂训练”，全程以德贯穿，其课堂教学结构示意图与语文学科基本相同，让学生先自主学习，后合作学习，全过程以德贯穿。

不管哪一种形式的体音美课，都要把思想政治工作贯穿教学全过程，规范上下课仪式，体音美老师做好楷模，言传身教（尤其体育老师不带手机、水杯上操场，要穿运动服、运动鞋，体育课上纪律严格，行动军事化)。小学、初中和高中各学段学生基础不一样，要求不一样，上课就必须从实际出发，灵活运用“以德贯穿：先学后教，当堂训练”教学模式，不能死搬硬套，使得教学不符合实际而过难或过易、影响质量、影响学生的健康发展。

太极拳1—3式

学习目标

1. 能熟练完成38式太极拳1—3式。
2. 培养学生崇尚武德、吃苦耐劳的太极精神。

课前准备

课前，体育教师整理好场地（雨后天晴要扫去积水）和体育器材，做好一切准备；学生在指定位置集合后，体育委员带队有秩序地进体育场，到指定位置上按口令列队，要像受阅官兵那样，队伍整齐，姿势正确一个样，不讲一句话，真正达到静、快、齐。

教学过程

（一）按时上课，规范上课仪式。

上课铃声一停，学生面朝老师列队，老师要像解放军教官（老师不带水机、手杯，要穿运动服、运动鞋）一举一动做楷模，大声地亲切地招呼：“同学们好。”学生回答：“老师好！”

（二）教师开头语：同学们，这一节课我们学习的内容是队列队形和太极拳 1—3 式，提出要求，端正学生训练的态度，营造锻炼的紧张氛围。

（三）第一次先学后教：列队训练。

1. 先学。学生听老师口令，“向左（右）看齐！”“立正！”“向右看齐”“跑步走”…… 要求：一切行动听指挥，队伍一条线、动作一个样、不讲一句话。

2. 后教。老师巡视，矫正不达标的动作。

（四）第二次先学后教：临摹太极拳 1—3 式。

1. 口述学习目标，提出训练要求、确保安全等。

2. 先学。

（1）大屏幕出示录像，同时教师示范动作：起式、金刚捣碓、白鹤亮翅，学生观察。

（2）大屏幕出示，老师示范，学生边看屏幕和老师的示范，边做动作，反复进行，比谁首先学会，老师巡视。

3. 后教。

（1）让会做的同学模仿屏幕表演做，其他同学仔细观察，帮助纠正。

（2）分组相互模仿屏幕的标准动作练习做，相互帮助纠正。

（3）教师总结操作要领：起式：身体自然站立，两足距离比肩略宽，足尖微外撇，两臂自然下垂；眼向前平视。金刚捣碓：①左脚向左前方贴地轻轻铲出，要“如临深渊，如履薄冰”，轻而不浮（以下开步皆如此）；②右拳落于左掌心内与震脚要协调一致，气下沉。白鹤亮翅：①此式为典型的大开大合动作。上肢的开合要配合两腿的虚实转换，手合足开，手开足收。右肘两次抬起不得有架肘之意。转体时要以身领手，使动作圆满顺随。②在即将形成定势时，右肩易出现顶劲现象。这主要是重心没有完全控制到右腿的缘故。

（4）面对屏幕反复做，一组一组表演做，其他同学帮助纠正，掌握要领。

（5）教师总结，表扬先进，指出部分同学的不足之处。

（五）第三次“先学后教”：独立做太极拳 1—3 式。

1. 先学。关闭屏幕，老师不做示范动作，比哪些同学能独立做对。

2. 后教。

（1）让会的同学独立做太极拳 1—3 式，大家观摩，评点，老师总结。

（2）大家帮助不会做的同学矫正不正确的动作。

（六）当堂训练

全体学生精神抖擞，反复练习，确保人人达标。

课堂小结

集合整队，教师对照要求，认真总结，表扬先进。

总结语：同学们，本节课我们学习了 38 式太极拳 1—3 式，表扬熟练完成的学生，个别学生的动作不熟练，利用课余时间加强练习，力争太极拳测试人人全对。

规范下课仪式：下课铃响前 5 分钟，教师填写好《课堂纪律记载簿》，宣布下课，学生有序地回教室，教师不得随意拖课，影响下一节课的教学。

初一年级音乐教案

歌曲《歌唱祖国》

（一）课前准备

学生提前进音乐教室，教师作好课前准备。

（二）教学过程

规范上课仪式（略）。

1. 导入新课，板书课题：

《歌唱祖国》这首歌曲诞生于 1950 年 5 月，表现了中华人民共和国朝气蓬勃、蒸蒸日上的崭新面貌，记录了刚刚解放的中国人民雄伟奋进的步伐。本节课学唱《歌唱祖国》（板书《歌唱祖国》）。

2. 出示目标：

（1）培养学生热爱祖国的情感，激发学生的爱国热情。

（2）掌握弱起节奏、附点八分音符、反复记号等乐理知识。

（3）能准确演唱《歌唱祖国》第一段、第四段。

3. 发声练习。

2/4　5 4 | 3　2 | 1 – ‖
　　　u

4. 第一次“先学后教”。

（1）先学。

全体学生认真聆听歌曲《歌唱祖国》，思考：

①歌曲的音乐情绪和速度是怎样的？

②歌曲中出现新的反复记号，说出它的用法？

记　法：

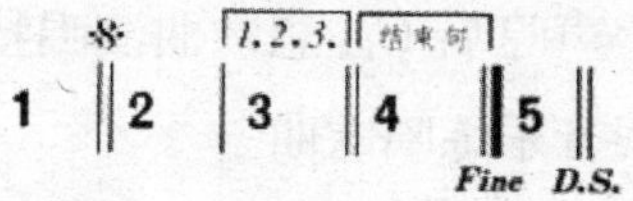

（2）后教。

指名学生回答问题：

①歌曲的音乐情绪和速度是怎样的？

学生讨论完，教师出示答案要点：音乐情绪：乐观、激昂、热情奔放的进行曲风格。

速度：中速

②歌曲中出现新的反复记号，说出它的用法？

学生讨论完，教师出示答案要点：D.S. 表示从记号开始反复，如果出现有“fine”，则从该记号处重复至“fine”字样处。

5. 第二次“先学后教”，听歌曲录音，练习重点节奏和曲谱。

（1）自学指导：结合拍子示意图，两分钟以后看谁能准确流畅地打出节奏、唱出曲谱。

2/4 2 66 | 5 5 3 | 2 6 | 5 0i | i. ii 5 | 6 . i | 6.54 6 |
是 我们 亲 爱 的 家 乡。英 雄的 人 民 站起 来

5 0 | i.ii i | 5 56 | 5 43 2 | 1 5. 5 ‖
了！ 我们 团结 友 爱 坚强 如 钢。

（2）先学。

教师引导学生自由练习节奏和曲谱（两分钟）。

（3）后教。

指名学生打着节奏唱出曲谱，教师及时针对问题练习，矫正。

6. 第三次“先学后教”，听音乐模唱歌曲第一段。

（1）自学指导，全体学生认真听歌曲，学唱《歌唱祖国》第一段。

（2）先学。

第一遍：看歌词静静地听音乐（手指歌词，认真听）。

第二遍：小声哼唱（注意歌曲演唱特点）。

第三遍：跟音乐练唱歌曲。

（3）后教。学生跟着音乐模唱，帮助矫正。

7. 第四次“先学后教”，听音乐模唱歌曲第四段。

（1）全体学生认真看书 P12 页，找出第一段和第四段的演唱的不同之处。

（2）后教。

指名学生回答问题：

学生讨论完以后，教师总结：第四段只唱第一部分，并且只有最后一句不一样。

学唱最后一句

（1）教师板书最后一句乐谱：

2/4 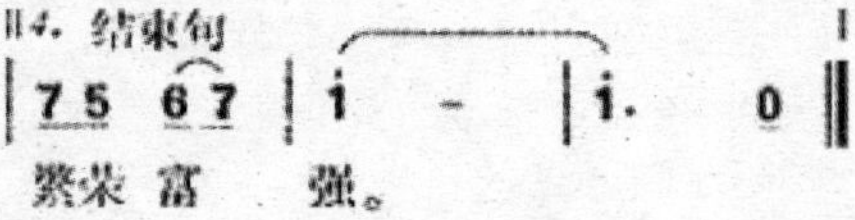

（2）教师引导学生跟琴唱出乐谱，之后填词。

（3）教师伴奏，学生演唱歌曲第四段。

7. 第五次“先学后教”，跟着琴唱《歌唱祖国》第一段、第四段。

（1）先学。全体学生跟着琴唱。

（2）后教。指名学生跟着琴唱，及时矫正。

教师解决难题：

①附点八分音符。教师引导学生先打准附点八分音符节奏，再填词。

弱起。第一部分都用到了弱起，强音是在下个小节的第一个音上，教师引导学生将歌曲的强弱规律唱出来，把握好第一部分歌曲的风格特点。

②高音处理。口腔打开，笑肌抬起，气息下沉。

③处理歌曲感情。

要求：用乐观、激昂、热情奔放的情绪演唱歌曲；咬字、吐字清晰；唱出对祖国的热爱。

8. 当堂训练。

（1）教师伴奏，文艺委员指挥，全体齐唱歌曲。

（2）教师指名四人一组上讲台展示，比哪一组旋律准确、歌曲感情处理得当。

过渡语：同学们，今天我们用歌声表达了对祖国的热爱，那么，在以后的生活中，我们要用实际行动，来为祖国做出自己的贡献。

规范下课仪式：教师填写好《课堂纪律记载簿》。

走进戏剧——京剧的音乐

学习目标：

1. 了解京剧的发展史。
2. 了解京剧的表演形式，并清楚行当的划分。
3. 学唱《唱脸谱》。

规范上课仪式（略）。

教学过程：

一、板书课题

我国的戏剧非常丰富，不同的剧种有几百种之多。京剧就是其中具有代表性的剧种之一，它历史悠久，具有鲜明的民族特色，是中华民族的国粹。那么，京剧是什么呢？今天让我们一起来学习第二单元《走进戏剧——京剧的音乐》。（板书：走进戏剧——京剧的音乐）

二、出示目标

1. 了解京剧的发展史。
2. 了解京剧的表演形式，并清楚行当的划分。

3. 学唱《唱脸谱》。

三、第一次“先学后教”

（一）先学。

全体学生仔细阅读课本 P50—P52、P75—P77，思考：

1. 京剧是如何形成的？

2. 京剧音乐由哪几个部分组成？

3. 京剧的行当是什么？

4. 归纳如何划分行当的类型。

（二）后教。

1. 京剧是如何形成的？（指名学生回答，其他同学补充）

教师出示答案：在 1790 年，为给乾隆皇帝祝寿，一位官员邀请了安徽、湖北地区深受群众喜爱的徽戏班子进京演出，在北京一炮打响，轰动了戏剧舞台。后来，把徽调、汉调衍化为京调，由此形成了现在的京剧。

2. 京剧音乐由哪几个部分组成？（指名学生回答，其他同学补充）

教师出示答案：京剧音乐包括唱腔、念白、曲牌、打击乐四个部分。

3. 京剧的行当是什么？（指名学生回答，其他同学补充）

教师出示答案：行当，是根据戏曲中不同的人物性别、年龄、身份、性格而划分的人物类型，一般分为生、旦、净、丑四大类。

4. 归纳如何划分行当的类型（指名学生回答，其他同学补充）

教师出示答案要点：

生：指剧中男主角。分为老生（包括红生）、小生、武生。

旦：指剧中女主角。分为青衣、花旦、老旦、武旦。

净：俗称“花脸”。分为大花脸和二花脸两种。

丑：滑稽、有杂耍性表演的人物。

四、第二次“先学后教”

（一）先学。

全体学生认真聆听京歌《唱脸谱》，思考：

1. 歌曲的演唱情绪是什么？

2. 反复记号的正确演唱顺序是什么？

（二）后教。

音乐停，指名学生回答问题：

1. 歌曲的演唱情绪是什么？

学生讨论完，教师出示答案：歌曲的演唱情绪是昂扬、积极、充满好奇的。

2. 反复记号的正确演唱顺序？

学生讨论完，教师出示答案要点：

演唱顺序是：

演唱顺序：A→B→C→A→B→D

五、第三次“先学后教”

（一）先学。

复听歌曲，学生看谱，自由练唱完整的歌曲，准备 6 分钟后比谁能准确唱会京歌《唱脸谱》。教师目光巡视，确保人人专注自学。（学生听 3、4 遍后，教师调查学生学唱情况，如果多数学生举手会唱，可提前结束，如果多数学生还不会，可再听几遍。）

（二）后教。

1. 学生集体跟伴奏齐唱完整的京歌，如学生唱得对的，教师不重复教唱；如唱得不对的，则学生跟伴奏反复练习，唱准旋律。

2. 教师解决难点：

①找准节奏：教师引导学生先打节奏，再带入歌词。

②咬字发音：京歌的咬字发音应是饱满的。

3. 处理歌曲感情：自豪的、铿锵有力的。

六、当堂训练

（一）小组内自由练唱。

（二）教师指名四人一组上台展示，比哪一组旋律准确、歌曲感情处理得当。

（三）点评：对于小组的表演要给予肯定并提出切实可行的指导意见。

教师小结：同学们，通过本节课的学习，我们了解了京剧的基本知识，学会了演唱《唱脸谱》，感受到了京剧艺术的魅力，请同学们将传统文化传承下去。

规范下课仪式：教师填写好《课堂纪律记载簿》。

初二年级美术教案

第三单元　笔墨丹青

学习目标

1. 了解中国花鸟画“借物寓意”的造型理念。

2. 会用中国画写意的方法表现生活中荷花的情趣，在体验写意画的笔墨情趣的同时抒发自己的爱国之情。

教具：毛笔、宣纸、墨汁、国画颜料、调色盘、PPT 课件

规范上课仪式（略）。

教学过程

一、板书课题

同学们，我们来欣赏一幅著名画家齐白石的作品《祖国万岁》（出示

图片），看作品并思考回答问题：画面画的是一株生机勃勃的万年青，题款却是“祖国万岁”，这其中有什么联系吗？画面中齐白石运用了中国写意花鸟画常用的手法“借物寓意”来表达对祖国的热爱之情。本节课，我们共同学习《借物寓意》。（板书：借物寓意）

二、出示目标

①了解中国花鸟画“借物寓意”的造型理念。

②会用中国画写意的方法表现生活中荷花的情趣，在体验写意画的笔墨情趣的同时抒发自己的爱国之情。

过渡语：同学们，为了实现这个学习目标，请看自学指导（出示）。

三、第一次“先学后教”，观察图片回答问题

（一）自学指导。

请同学们结合图片认真看课本24—27页，3分钟后，比谁能正确回答下列问题：

①欣赏吴让之《蔬果图》，怎样用蔬果的形象和笔墨表现情感与寓意？

②欣赏郑思肖《兰花图》，诗句中“古馨香”是指兰花还是郑思肖的故乡？

如有疑问，可以小声问同桌或举手问老师。

（二）先学。

（三）后教。

①讨论思考题1：指名学生回答，其他同学补充。

教师点拨：借用汉字的谐音，柿子寓意“事事”，白菜寓意“清白”，题款“士大夫不可一日无此味”。通过果蔬形象表达士大夫应具有“不为五斗米折腰”“安贫乐道”的清廉品质与精神。作品中运用勾勒和没骨技法，设色轻松淡雅，行笔灵巧，体现了一种清新雅致的君子情怀。

②讨论思考题2：指名学生回答，其他同学补充。

教师点拨：借兰花来比喻他的祖国，表达了他对南宋的思念之情。

教师拓展：这种以诗配画的表现手法，借物抒情，托物言志，是中国画家常用的手法，也是中国花鸟画的灵魂和精神所在。

过渡语：同学们，中国花鸟画除了“借物寓意”外，还追求笔墨情趣。接下来，我们来共同学习画荷花，感受笔墨情趣。

四、第二次“先学后教”，观察范画

1. 视频展示荷花的画法。

2. 先学：学生观察并思考，如何用笔、用墨。

3. 后教：学生讨论，教师点拨。

五、第三次“先学后教”，临摹范画

1. 先学：教师示范，学生分步临摹。

具体步骤：

（1）先用大笔，在清水中湿润后蘸中墨，画出荷叶的前展部分。

（2）按荷叶的结构，用依次向心聚拢的笔法，由外向内运笔，完成整张荷叶的造型。然后，另行画出一片侧面的荷叶。

（3）补画叶梗、花梗及花朵、花蕾。

（4）点上花蕊及配画少许水草及浮萍。

2. 后教。

（1）检测学生绘画情况。

学生绘画过程中，用笔、用墨正确的，教师不再示范；用笔、用墨存在问题的，教师示范，学生反复练习。

（2）教师解决难点。

①荷花与荷叶的整体布局（主次分明、疏密得当）。

②荷花荷叶技法掌握（中锋、侧锋相结合）。

③墨色浓淡干湿变化（用水的控制）。

六、“当堂训练”，展示作品

1. 临摹课本 26 页写意荷花。

2. 学生互评，教师点评。

（1）展示画得最好的作品，请同学们指出作品好在哪里？

（2）展示画得不好的作品，请同学们指出画的不足之处。

3. 课堂小结

通过同学们的体验可以看出，大家对中国花鸟画“借物寓意”的绘画理念已经有了理解和掌握，而在造型上，中国画重视神似而不拘泥于形似，以便更好的抒情、言志。希望同学们以后能用笔墨来表达自己的情感以及爱国之情。

规范下课仪式：教师填写好《课堂纪律记载簿》。

第二部分　在小学普遍应用

小孩喜欢自己学走路，跌倒了，别人把他扶起来，他还是自己走；又跌倒了，再扶起来；再跌倒了，再扶起来……就这样，小孩尽管还不会说话，但用“先学后教”的方法，就学会走路；没有一个小孩是用“先教后学”（即学理论，学会了走路的方法后下地走路）成功的。小学生好奇、好胜、好动。小学数学教学运用“以德贯穿：先学后教，当堂训练”教学模式，效果特别好，学生最喜欢上这样的课，老师也尝到了这样上课的甜头。不过，由于小学6年，跨度大，高年级要多“放手学”，让学生自主学，小学低年级、尤其一年级老师要“扶着学”，让学生开始学习自学。

第一节　小学数学

一、新授课

小学数学运用“以德贯穿：先学后教，当堂训练”教学模式，形成“看一看、做一做（即先学）、议一议（即后教）、练一练（即当堂训练）”的“四个一”教学模式，全程学生自主、合作、探究性学习，全程教师以德贯穿，立德树人。小学“四个一”教学模式示意图如下：

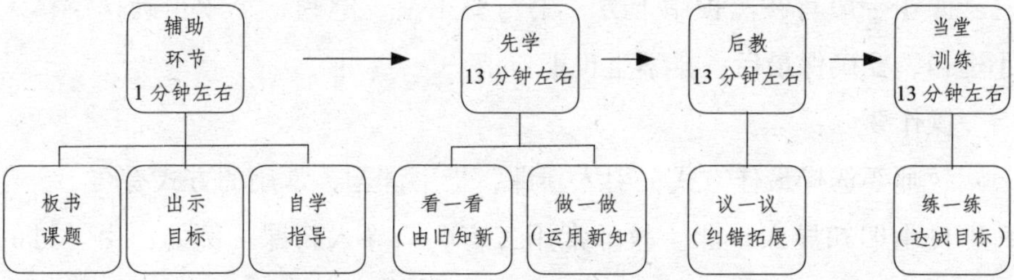

不过，应用时要注意各个年级之间的联系、衔接，注意数学学科与其他学科教学的相互促进、渗透，尤其要注意小学一年级与幼儿园的学前教育衔接，引导学生在数学课上认识数学课本上的字和解题的格式，增强阅读数学教材的能力。刚入学的一年级，识字少，开始学，教师要带领学生一起看书，从哪里看起，怎样依次看，看例题、看插图，边看边在括号里填数字，可以把“四个一”教学模式改为两次“四个一”，即“看一看”“做一做”“练一练”，以后再“看一看”“做一做”“练一练”，甚至搞三次“四个一”，这样，让一年级同学能够小步走，学一点，教一点，练一点，再学一点，教一点，练一点，效果才会明显。但是，有一点不变，即不管搞几次“四个一”，都要从实际出发，讲究实效，先让学生学，发现问题后，让学生讨论、教师补充。

课前预习　小学低年级数学一般不布置预习。小学中、高年级数学适当布置学生课前预习，预习的方式：仅仅是看看课本（例题与云图中的思考题……），联系同类旧知识，如要学《分数的混合运算》就回忆《整数的混合运算》，初步看懂新知；预习的时间：只能几分钟，不能课前花一节课时间，做《学案》的试卷而加重课外负担。

规范上课仪式（略）。

教学过程

（一）板书课题（半分钟）

课题一般写在黑板中上方，书写要工整，笔画、笔顺正确，字体大小适当，要确保最后一排学生也能看清。

操作要领：

教师要选择最佳方式，引入新课，板书课题，常用的方式有：

1. 由旧知导入新课。教师常用三言两语导入新课。例如：由学过的“商不变的性质”和“分数的基本性质”，引入新课《比的基本性质》。这种方法便于学生联系旧知，理解新知，学习效果好，教师要常用。

2. 出示动画引入新课。教师屏幕出示精心设计的动画、图片（限在几秒钟内）配合适当的动作、语言，激发学生的兴趣，导入新课，屏幕显示一定要注重效果，不得喧宾夺主（底色常为白色，不用深色，深色使得文字看不清；字不得太小、不规范、不端正；不得配音乐）而影响效果。

3. 由实践导入新课。例如，学习《平行四边形的认识》一节，引导学生观察模型和教室里的平行四边形图形，引入新课。

4. 由重要性导入新课。例如学习《5 的乘法口诀》时，由学会乘法口诀可以快速解决生活中很多实际问题引入新课。

5. 边板书课题，边导入新课。一年级教师一般边讲边板书课题，学生跟着说笔画，课题写在黑板中上方，字不宜小，不能潦草，笔画笔顺不能错。

（二）出示目标（几秒钟）

出示“学习目标”的目的是让学生明确本节课的学习目标，能够紧张、高效地学习。

操作要领：

1. 出示目标的内容。数学课的学习目标是国家统一新编教材规定该理解、记忆的知识和应达到的能力，至于情感、态度、价值观等方面的学习目标，一般不作为出示的内容，不过，教师必须始终做好楷模（尤其立、行、说、写等姿势要始终正确），以德贯穿，努力培养学生良好的行为习惯。

2. 出示目标的要求。

（1）目标要具体、准确。要对知识的理解、记忆、运用有明确的要求，既不降低，也不拔高，更不能搞偏，因为目标有导向作用，它关系到课堂教学各个环节的教学效率。例如：学习《圆的面积》时，目标应该定为“理解并运用”，就应该要求学生当堂不仅理解知识，准确记忆，而且一定要当堂完成作业，通过限时、独立训练形成能力。如果降低要求，学习目标仅仅定为“知道”、“理解”、“记忆”，就必然会只求听懂而不能当堂完成作业、达到培养能力的目标；也不能仅仅用“学习”这样不明确的词语代替“理解”、“记忆”、“掌握”、“运用”等不同层次的具体要求。

（2）目标要简明扼要，通俗易懂，让学生一目了然。

出示目标的方式。中、高年级一般用白板出示，字体应工整，大小适当，确保最后一排学生能看清楚，低年级尤其是一年级，教师必须用儿童语言口述目标，要让每一位学生都能听懂，教师声音要洪亮，确保学生听得清，记得住。

3. 出示目标的时间要恰当，既不能过短，急于切换，让学生没看清楚，又不能过长，节奏太慢，浪费时间。

（三）自学指导

出示自学指导：

（1）小学低年级，尤其一年级，学生识字量少，刚开始自学，教师应该带着学生一起看书，口述从哪儿看起，以后怎么依次看，边看例题，边看图、思考题，边念括号内的数……

（2）小学中、高年级常用白板出示，让学生达到四个明确：自学内容、自学方法、自学时间、自学要求（即自学后如何检测）。

这样，根据学生的年级高低、自学能力的强弱给予“自学指导”，便于学生紧张、有序地高效学习。

操作要领：

（1）明确自学的重点。学生看书的重点在理解（弄懂为什么），教师要注重引导学生联系旧知，理解新知（温故知新）。

（2）明确自学的内容。一般教材中有不少是旧知识，因此，自学的内容要突出重点，如教小数的混合运算时，重点看“运算顺序”及旁边的思考题，并且联系整数的混合运算，理解小数的混合运算顺序。

（3）明确自学的方法。自学的方法主要是让学生独立思考、看书，记忆，不宜让学生边看边讨论，也不宜老师随便插话，免得相互干扰，要确保学生专心学习。

（4）明确自学的要求。要分类提出要求：①重点看新知部分（课本哪儿至哪儿），回忆本单元或小学学过的有关旧知，理解新知；②看例题，理清解题的思路、步骤、格式，学会模仿例题，触类旁通，灵活运用正确方法，规范答题。

（5）明确自学的时间。要根据实际而定，既不能时间过长（使得学生拖拖拉拉，难以养成雷厉风行的习惯），也不能过短（使学生自学走过场）。小学低年级看书的时间应适当短些，因为低年级教材内容少，小学生注意力持久性不强，要告诉学生自学几分钟后要怎么检测。这样促进学生紧张自学，力争获得“做一做”的好成绩。

（四）先学

“先学”包括“看一看”、“做一做”两个环节，即“看书”和“练习”两个环节。

1. 看一看（重点在“理解”，弄懂“为什么”）

（1）小学中、高年级学生按照“自学指导”边专心看课本（概念、例题），边在例题旁括号内填上正确答案，弄懂“为什么”、熟记新知识，力争“看一看”后能模仿例题，做对检测题。

（2）小学低年级，尤其一年级教师不仅要读一道思考题，让学生在课本上这道题后的括号内填上答案，而且要让学生自学形式多样，如切果成形，剪纸成图，做游戏，动脑、动手、找规律；如教《十以内加法》，让学生数一数两捆小棒的根数，再合并起来数一数一共多少根，怎么列式、写出口诀；可以自己动手、也可同桌一人动手，给另一人看；也可前后桌小组合作……这样，形式多样，让学生愉快地动手、动脑、高效学习代替老师灌输、传授知识。

操作要领：

教师应关注全体学生。学生看书时，教师坚持言传和身教相统一，站在讲台上，聚精会神地不停地关注每名学生，关注细节，重视育人，必要时走下讲台，帮助学生矫正看书姿势，端正坐姿，教师应对按照自学指导仔细看书的同学表示满意的神情，对看书不够专心的学生，个别提示，说上一两句悄悄话，营造专心看书、思考的学习氛围。教师要一心想着学生：学生有哪些疑难，该怎么最有效地引导、帮助解决……教师不能心不在焉、东张西望，不能说闲话，不能做闲事，不能在黑板上随便写字，更不能走出教室，影响学生学习。

2. 做一做

“看一看”后，如教材难度特大，学生难以理解，教师就按照“自学指导”中的思考题“提问”，快速解决疑难，但不能教学生背概念或者教学生说例题的解题过程。如果学生说对了，教师可以点头肯定，或简洁地说“对”，不必重复讲；如学生说的不对或说不完整的，则引导大家讨论，如说对了，教师可不讲，或三言两语地表示肯定；如果学生都不能理解的，老师一定要讲好，而且要适当的拓展。例如：在学生按课本讨论、懂得怎样保留一位小数的基础上，教师引导大家讨论：如果保留两位小数，则看哪一位上的数四舍五入？保留三位小数呢？……找规律，即都是看下一位，都是4以下舍去，5（包括5）以上进，在前一位加1……让大家能够理解新知，举一反三，灵活运用。

“看一看”后，根据学情简单“提问”，然后“做一做”。教师要用三言两语告诉学生：下面，开始“做一做”，要比谁能灵活运用刚才学的新知识，模仿例题，解题又对又快。

操作要领：

（1）课前出好、印好书面检测题。课前，教师要选好书面练习题。练习题以课本上的“做一做”题为主，如果题量不够，教师可以根据重点、难点，自编、或选用资料上形式不同（选择题、判断题、改错题）的灵活题，但不能使用偏题、怪题，以免影响基本训练，影响基本能力的培养；小学低年级书面检测题一定要形式多样，但不复杂。

（2）确保按时、独立完成（8分钟左右）。

①小学2—6年级：“做一做”前，学生先合上课本，教师后发书面练习纸，让学生练习；学生练习时，教师不辅导学生，要确保全体学生坐、写姿势正确，像考试那样按时（一般在8分钟内）、独立完成，书写工整，不作弊、不拖拉；时间到，立即停止练习。这样，培养学生紧张学习、一丝不苟等良好习惯。

②小学一年级，尤其一年级上学期，学生不认识习题上的字，则教师读一题，让学生边看图，边在这题后括号内填上得数，或者根据口诀写算式……

（五）后教

1. 议一议

“议一议”环节即“后教”，一般包括纠错和拓展两个环节。

纠错

“纠错”就是在解决书面练习中暴露出来的错误和疑难问题。“议一议”不是教师讲，而是“兵教兵”，学生与学生合作学习，会的学生教不会的学生，最后教师与学生合作。这一环节是最难的环节，也是最容易被忽视、走过场的环节。课上，教师对学生练习中暴露出的问题，及时调整“作战方案”（第二次备课，对教案作必要的增、减），同时尽可能让多数学生参与讨论，共同解决，教师要舍得花时间下真功夫、耐心彻底地帮助解决问题，并引导学生触类旁通、灵活运用、举一反三，切不可不重视、一略而过、走过场，甚至怕麻烦、袖手旁观，使得疑难问题不能当堂解决，拖到课外，甚至长期不得解决。

2—6 年级讨论纠错的方法：

（1）交换练习纸。书面练习一结束，同桌交换练习纸。

（2）公布答案。一次公布全部答案或逐项出示答案（答案必须正确；如一题多解，应出示几种答案［格式与例题一样］，并突出最简便的一种；必要时有原题、图形，答案必须规范、无丝毫差错），无评分标准，目的是让学生集中精力只找出错题，不评分，不为分数多少而分散精力、浪费时间。

（3）评定对错。对照出示的答案，同桌相互同步逐题判定，不打分数，以免学生追求分数，分散精力，打出对（√）、错（×）符号，要比谁实事求是，认真评定，不出差错。

（4）表扬全对同学。教师问“全对的同学请举手”，教师统计、公布全对的人数，并且不点名地表扬他们。但不公布分数，不批评做错的学生。

（5）讨论纠错

①针对练习全对人数的多少，选用最佳的方式：第一种，如全班只有几名学生未全对，则收齐未全对的书面练习纸，要把有同一错题的练习纸放在一起。以后，出示几名学生的同一错题，让学生仔细看、找出哪里错，想象为什么错，认真准备后，帮助纠错，要求学生运用刚学的新知识，直接说出哪一步错，为什么、怎么纠错;；第二种，如全班多数学生未全对（尤其单元复习综合练习时），则不收未全对的学生练习纸，教师不出示答案，只按练习题的顺序讨论，如人人做对的题，就不讨论，如有人做错的题，就提问、讨论，哪一步错，就提问、讨论哪一步。

②针对试题的难易，选用最佳的方式：

第一种，若错题不复杂（如：小学计算题），只要一步就能得到答案的（一步直接纠错），则让做错的学生在位上说出“哪里错”“为什么错”，自己查找错误的原因；如做错的同学说得不对，则让其他同学在位上帮助更正；如更正对了，则讨论另一道错题……

第二种，若错题复杂，要多步做对，答案才对的（分步纠错），让学生仔细看、找准错误、想好为什么，以后让会纠错的同学举手，从中让学有困难的学生上台讲例如：应用题指名做对的同学上台指图或画图讲，分步纠错。如哪一步对，就不讨论；如哪一步错？就讨论这一步怎么错？为什么错？应该怎么更正？

③教师用什么方法讲好，就选用最佳方式讲。经过讨论，学生懂了的，教师就不讲；经过讨论，学生还有不会的，尤其是新知方面的，教师千万不能对学生不会的不讲，或者一略而过，或者就题讲题。教师不仅要讲好，让大家都既能理解知识，懂得“为什么”，由个别到一般，找出规律，上升理论，例如：对计算不准，要引导学生在这方面寻找计算准确的法宝（是不是细心？是不是不讲科学，乱省步骤？是不是计算不熟练……），而且必须适当拓展，让学生举一反三，触类旁通。

一年级纠错的方法：

一年级纠错的一般方法：教师读一题，指名学生说出自己填的答案，如说对了，老师问：对的同学举手……就这样，一题一题地了解情况，一题一题地讨论，回答简易习题，如学生答对，教师鼓励表扬，如学生答错，大家帮助纠正，得学生自学的能力逐步增强了，纠错的方法可以和二年级一样。

2. 教师精讲

（1）教师精讲的内容。经过讨论，学生都不会的，教师既要精讲，让学生真正能理解新知识，懂得“为什么”，并且会灵活运用新知识，做对习题，不出现类似的错误，又要适当拓展，培养学生的思维能力。

3. 拓展

（1）口答竞赛（拓展题、易错题，但不是偏题、怪题）

①抢答白板出示的拓展题：例如，小数 3.54672，保留到整数位约等于多少？保留一位小数多少？保留三位小数呢？保留四位小数呢？

②抢答白板出示的速算题。例如：小学一年级 20 以内加减法，比谁直接运用口诀，答得又对又快。

③白板出示易错题，例如：教学分数的约分后，口答：分子分母都被约去后，得数是 0 还是 1，为什么？

④抢答白板出示的用简便方法解的习题。

这样形式多样的口答竞赛，就能强化训练，增强记忆、思维、速算能力。如时间不够，则取消口答竞赛。

（2）如有时间，不能浪费，教师可以引导学生“坐火车”，一个接着一个开展自编、自答类似的习题。

这样通过多种形式的口答竞赛，就能强化训练，增强记忆、思维、速算能力，有利于培养优秀人才（如时间不够，则取消口答竞赛）。老师们在备课时要精选所学知识点学生最容易错的简单题，作为当堂训练前的口答竞赛题。

口答竞赛后，老师可引导大家小结，确保当堂训练不出现类似的错误，或者看书，记忆、自背、互背知识点，真正达到“堂堂清”，千万不能纠错后浪费时间，影响课堂更加高效。

当堂训练前，教师可引导大家小结：当堂训练时，要避免哪题错误。

（六）练一练（即当堂训练，完成作业达到目标）

“练一练”的目的有四个：一是引导学生通过练习把知识转化为解决实际问题的能力；二是检测每个学生是否当堂达到学习目标；三是确保减轻学生过重的课外负担；四是加快准确反馈信息，便于教师及时作好课外辅导，确保“日日清”。

操作要领：

1.“练一练”不再使用作业本，全部改用当堂训练练习纸。

2.“练一练”的时间不少于10分钟。

3.“练一练”的练习题要课前选好。“练一练”的练习题一般要比看书后的“做一做”的练习题难一点，但主要还是完成课本上的练习和习题，必要时要自编或从资料上精选改错题、判断题、选择题等有代表性的练习题，不宜过多、过少，要确保学生下课前能够完成作业。

4.“练一练”必须严格。（1）教师要先让学生合上课本，后发当堂训练练习纸，让学生像考试那样独立、限时完成，教师不得辅导学生，学生不得对答案，更不得作弊。下课铃一响，立即交卷，谁也不得例外。（2）要注意矫正学生坐姿、握笔姿势，保证眼睛与书本距离一尺，培养他们的综合素质。（3）如少数学生做得特别快，提前完成，教师可安排他预习新课或做资料上的试题。

5.下课铃声一响，学生交当堂训练作业。

规范下课仪式：教师填写好《课堂纪律记载簿》。

以上小学数学教学模式的操作程序为“一学一教”，最后“当堂训练”，这样省时、高效。小学低年级学生年龄小，自学能力不够，也可在“看书”后增加“提问”“纠错”，纠正理解方法的错误。变成“一学二教”，最后“当堂训练”。教师必须灵活运用，千万不能生搬硬套，千篇一律。在环节与环节之间，教师要讲一两句富有指导性、鼓动性的过渡语，承上启下，促进学生联系旧知，理解运用新知，高效学习，当堂达标。

二、复习课

小学数学复习课虽然与中学数学复习课基本一样（详见 P043），但是小学生尤其是小学低年级学生，年龄小，自学能力不及中学，老师们既要遵循规律，模仿中学数学复习课的课型，举一反三，让学生课上紧张高效地自学，又要大胆创新，开展适合小学学情的背诵口诀竞赛、速算比赛等兴趣活动，让学生快乐地复习知识，增强能力。

小学五年级数学教案（人教版）

课题：分数与除法

学习目标

1. 理解分数与除法的关系，会用分数表示除法的商。

2. 理解、掌握求一个数是另一个数的几分之几的问题的解题方法。

3. 在探究过程中体会分数与除法的内在联系，培养观察、分析、推理、归纳等能力。

教学过程

规范上课仪式（略）。

一、板书课题

过渡语：同学们，之前我们学习了除法，上节课我们又认识了分数，那分数与除法之间有什么联系呢？这节课咱们回忆旧知，一起学习“分数与除法”。（师板书课题）

二、出示目标

本节课我们的目标是什么呢？请看屏幕：

1. 理解分数与除法的关系，会用分数表示除法的商。

2. 理解、掌握求一个数是另一个数的几分之几的问题的解题方法。

3. 在探究过程中体会分数与除法的内在联系，培养观察、分析、推理、归纳等能力。

目标明确的请举手！有信心达标吗？怎样自学呢？请看：

三、自学指导

（一）白板出示

自学指导：

认真看课本第 49 页—50 页“做一做”上面的内容。联系整数除法的意义。

1. 看例 1 和例 2，思考：$1\div3=\frac{(\ )}{(\ )}$ 个？$3\div4=\frac{(\ )}{(\ )}$ 个？你发现分数与除法有什么关系？为什么 $b\neq0$？

2. 看例 3，重点看“分析与解答”的内容，思考：求鹅的只数是鸭的几分之几是什么意思？题中两个问题有什么关系？你还能提出其他数学问题并解答吗？

（5 分钟后，比谁能做对与例题类似的题！）

（二）师：自学竞赛开始，比谁看书认真，自学效果好！

四、先学（先学包括“看一看”“做一做”两个环节）

（一）看一看

学生按照“自学指导”边专心看课本（概念、例题），边在例题旁括号内填上正确答案，弄懂“为什么”、熟记新知识，力争“看一看”后能正确回答问题，做对检测题，教师巡视。

（二）做一做

过渡语：同学们，能正确理解分数与除法的关系，会用分数表示除法的商。并会求一个数是另一个数的几分之几的问题的解题方法的请举手，如无疑问，下面，开始“做一做”，比谁能灵活运用刚才学的新知识，模仿例题，解题又对又快。

书面练习：

1. 在下面的括号里填上适当的数。

$7\div13=\frac{(\ )}{(\ )}$　　$\frac{5}{8}=(\ )\div(\ )$　　$(\ )\div7=\frac{4}{7}$

2. 动物园里有大象 9 头，金丝猴 4 只。金丝猴的数量是大象的几分之几？

3. 老师买了5米的红绸带，表演节目需要6个女生，平均每人分几米？

4. 五（1）班共有17幅书法作品参加学校的书法比赛，其中4幅作品从全校255幅参赛作品中脱颖而出获奖。

（1）五（1）班获奖作品占全班参赛作品的几分之几？

（2）五（1）班参赛作品占全校参赛作品的几分之几？

做题要求：

1. 认真审题，细心计算，书写工整。

2. 6分钟独立完成。

五、后教

（一）议一议

1. 交换练习纸。书面检测一结束，同桌交换练习纸。

2. 公布答案。一次公布全部答案或逐项出示答案（答案必须正确；如一题多解，应出示几种答案，并突出最简便的一种；必要时既有原题、图形，答案必须规范、无丝毫差错），无评分标准，目的让学生集中精力只找出错题，不评分，不为分数多少而分散精力、浪费时间。

3. 评定对错。对照公布的答案，同桌相互同步逐题判定，打出对（√）、错（×）符号，要比谁实事求是，认真评定，不出差错。

4. 表扬全对同学。教师问“全对的同学请举手”，教师统计、公布全对的人数，并且不点名地表扬他们。

5. 讨论纠错。

（1）针对练习全对人数的多少，选用最佳的方式：第一种，如全班只有几名学生未全对，则收齐未全对的书面练习纸，要把有同一错题的练习纸放在一起。以后，出示几名学生的同一错题，让学生直接讨论、纠错；第二种，如全班多数学生未全对（尤其单元复习综合练习时），则不收未全对的学生练习纸，教师不出示答案，只按练习题的顺序讨论，如人人做对的题，就不讨论，如有人做错的题，就提问、讨论，哪一步错，就提问、讨论哪一步。

（2）针对试题的难易，选用最佳的方式：

第一种，若错题不复杂（如：小学计算题），只要一步就能得到答案的（一步直接纠错），则让做错的学生在位上说出“哪里错”“为什么错”，自己查找错误的原因；如做错的同学说得不对，则让其他同学在位上帮助更正；如更正对了，则讨论另一道错题……

第二种，若错题复杂，要多步做对，答案才对的（分步纠错），例如：应用题指名做对的同学上台指图或画图讲，分步纠错。如哪一步对，就不讨论；如哪一步错？就讨论这一步怎么错？为什么错？应该怎么更正？

（3）教师用什么方法讲好，就选用最佳方式讲。经过讨论，学生懂了的，教师就不讲；经过讨论，学生还有不会的，教师就不仅要讲好，让大家都既能理解知识，懂得“为什么”，防止出现类似错误。而且必须适当拓展，例如：对计算不准，要引导学生在这方面寻找计算准确的法宝（是不是细心？是不是讲科学，乱省步骤？是不是计算不熟练……）。这样，针对问题，从根本上纠错、解决问题，触类旁通，举一反三，培养学生思维、分析的能力。

估错：第 2 题除数和被除数写反；不理解分数与除法的关系。

教师点拨。结合这些题，想一想：以后再做分数与除法这类题时应注意什么？

生回答：被除数 ÷ 除数 $=\dfrac{\text{被除数}}{\text{除数}}$（除数不为 0），例如：$3\div 7=\dfrac{3}{7}$。

师：认为他提醒的好并且举例正确的请举手。那接下来老师希望做提醒的同学都能举例说明。谁再来试一试。

师：这些都是分数与除法的关系，谁还有其他想要分享的吗？

生：求一个数是另一个数的几分之几和求一个数是另一个数的几倍，用除法计算。例如：五一班共 39 人，其中男生有 23 人，男生人数占全班人数的$\frac{23}{39}$。

师：认为他们几个提醒到位的掌声送给他们。相信通过这几个同学的提醒，我们会把分数与除法的知识掌握得更牢固。

出示小结：1. 除法与分数有什么关系是：被除数 ÷ 除数 = $\frac{被除数}{除数}$（除数不为 0）。

如果用 a 表示被除数，用 b 表示除数，则：$a \div b = \frac{a}{b}$ $(b \neq 0)$

2. 求一个数是另一个数的几分之几和求一个数是另一个数的几倍，用除法计算。

过渡：这就是今天我们所学的分数与除法的知识点，大家一定要注意除数不能为 0。

过渡：刚才检测题没有做全对，老师这里还有几个口答题，你们敢接受挑战吗？

（二）拓展延伸

口答：

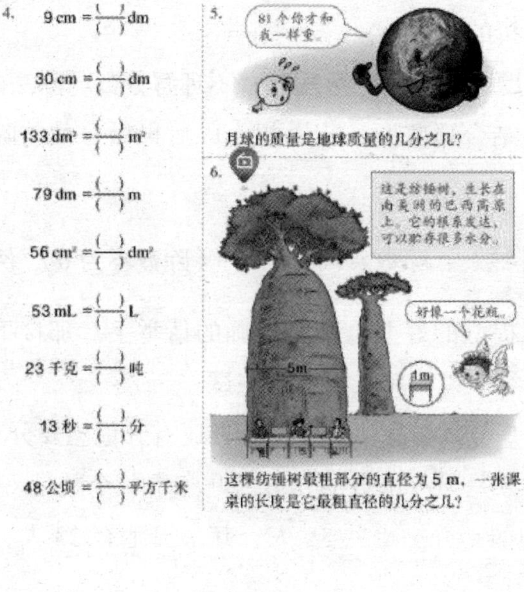
4. $9\text{ cm}=\frac{(\ \ )}{(\ \ )}\text{dm}$

$30\text{ cm}=\frac{(\ \ )}{(\ \ )}\text{dm}$

$133\text{ dm}^2=\frac{(\ \ )}{(\ \ )}\text{m}^2$

$79\text{ dm}=\frac{(\ \ )}{(\ \ )}\text{m}$

$56\text{ cm}^2=\frac{(\ \ )}{(\ \ )}\text{dm}^2$

$53\text{ mL}=\frac{(\ \ )}{(\ \ )}\text{L}$

23 千克 $=\frac{(\ \ )}{(\ \ )}$ 吨

13 秒 $=\frac{(\ \ )}{(\ \ )}$ 分

48 公顷 $=\frac{(\ \ )}{(\ \ )}$ 平方千米

5.

月球的质量是地球质量的几分之几？

6.

这棵纺锤树最粗部分的直径为 5 m，一张课桌的长度是它最粗直径的几分之几？

六、当堂训练（练一练）

下面我们就用今天所学的知识来比赛做作业，比谁做得又对又快!

过渡：下面，大家就运用新知识来做作业吧，有信心做全对、字写端正的同学请举手!

1. 这些葡萄干平均装在2个袋子里，每袋重多少千克？平均装在3个袋子中呢？

2. 一个3平方米的花坛，种4种花，每种花平均占地多少平方米？种5种呢？（用分数表示）

3. 用分数表示下面各式的商。

24÷25=　　　16÷49=　　　2÷9=　　　11÷12=

4. 小明用15分钟走了1km的路，平均每分钟走几分之几千米？

规范下课仪式：教师填写好《课堂纪律记载簿》。

小学五年级数学教案（人教版）

课题：正方体的表面积

学习目标：

1. 理解、掌握正方体表面积的计算方法，并会灵活地解决实际问题。

2. 在探究过程中培养比较、概括和推理等能力，发展空间观念。

规范上课仪式（略）。

教学过程：

一、板书课题

同学们，现在，大家一起学习“正方体的表面积”（师板书课题）。我们回忆学过的长方体的表面积的计算方法，就能理解新知，学好正方体的表面积计算。

二、出示目标

本节课我们的目标是什么呢？请看屏幕：

1. 理解、掌握正方体表面积的计算方法，并会灵活地解决实际问题。

2. 在探究过程中培养比较、概括和推理等能力，发展空间观念。

目标明确的请举手！有信心达标吗？怎样自学呢？请看：

三、自学指导

（一）白板出示

自学指导：

认真看课本第 24 页的例 2，看图、看文字，并联系长方体表面积的计算方法将例题补充完整。

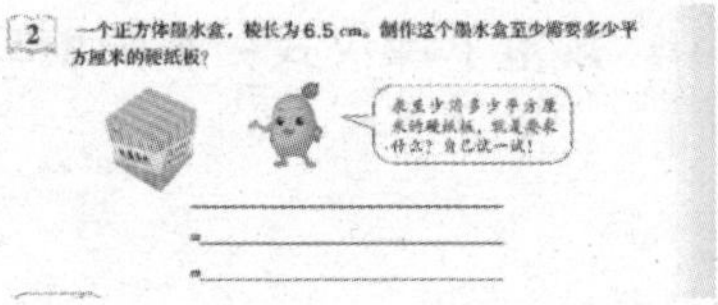

思考：

1. 求至少用多少平方厘米的硬纸板，就是要求什么？自己试一试！

2. 怎样计算正方体的表面积？

（4 分钟后，比谁能做对与例题类似的题！）

（二）师：自学竞赛开始，比谁看书认真，自学效果好！

四、先学（先学包括“看一看”“做一做”两个环节）

（一）看一看

学生按照“自学指导”边专心看课本（概念、例题），边在例题旁括号内填上正确答案，弄懂“为什么”、熟记新知识，力争“看一看”后能正确回答问题，做对检测题，教师巡视。

（二）做一做

过渡语：同学们，能正确理解、掌握正方体表面积的计算方法，并会灵活地解决实际问题的请举手，如无疑问，下面，开始“做一做”，比谁能灵活运用刚才学的新知识，模仿例题，解题又对又快。

书面练习

1. 中队委员把一个棱长 46cm 的正方体纸箱的各面都贴上红纸，将它作为给希望小学捐款的“爱心箱”。他们至少需要多少平方厘米的红纸？

2. 一个面的面积是 30 平方米的正方体，它的表面积是多少平方米？

3. 给一个棱长是 15cm 的正方体盒子的四周贴上商标纸（上、下面不贴），贴商标纸的面积是多少平方厘米？

4. 一个玻璃鱼缸的形状是正方体，棱长 3dm。制作这个鱼缸时至少需要玻璃多少平方分米？（鱼缸的上面没有盖）

做题要求：

1. 认真审题，细心计算，书写工整。

2. 6 分钟独立完成。

教师巡视，注意学生中做错的题。

五、后教

（一）议一议

1. 交换练习纸。书面检测一结束，同桌交换练习纸。

2. 公布答案。

3. 评定对错。对照公布的答案，同桌相互同步逐题判定，打出对（√）、错（×）符号，比谁全对。

4. 表扬全对同学。教师问“全对的同学请举手”，教师统计、公布全对的人数，并且不点名地表扬他们。

5. 讨论纠错。

（1）如全班只有几名学生未全对，则收齐未全对的自学检测练习纸，分类后，白板一类一类地出示错题（同时出示同一题的几种错）。

a. 让做错的学生说出哪一步错、为什么错；

b. 如说得不对，则让做对的同学上讲台指出哪一步错、为什么错；

c. 如大家都说不对，教师必须下功夫讲透、拓展，触类旁通，确保这类错误不再有，决不能教师该讲不讲，或者一略而过，而不能真正解决学生的疑难问题。

（2）如全班多数学生未全对（尤其单元复习综合练习时），则不收未全对的学生练习纸，改为：

a. 同桌讨论：哪道题的哪一步错，为什么错；

b. 教师逐项口头练习：哪一项（或哪一题）错了还不懂的请举手（如学生都不举手，这一项（这一题）就不讨论）；

c. 让做对的同学上讲台，对有人还不懂的那道题，讲出哪一步错、为什么错；

d. 如果对学生通过讨论已经解决了的错误，教师只给肯定，不必重复讲；

e. 如果所有学生都说不对的或说不全的，教师就一定要讲，而且一定要讲透，一定要让每一位学生，尤其是后进生都能真正解决疑难问题，既能理解，真正懂得"为什么"，又能灵活运用。

估错：第 2 题求表面积时，列式为：$30\times30\times6$ 了，学生误将 30 当成了棱长。

教师点拨。小结：结合这些题，想一想：在求正方体的表面积时应注意什么问题？

强调：在实际生活中，求正方体的表面积，并不是都是求 6 个面的总面积，在解决问题时应根据实际情况来解决问题。

（二）拓展延伸

口答：只列式不计算。

1. 一个正方体的饼干盒，棱长 8cm，如果围着它贴一圈商标纸（上下面不贴），这张商标纸的面积至少要多少平方厘米？

2. 一个正方体蓄水池，棱长 2.5m，它的占地面积是多少平方米？

3. 用一根长 12 分米的铁丝焊成一个最大的正方体框架，在它的外表糊上彩纸，至少需要多少平方分米的彩纸？

4. 把一个长方体木块分成两个棱长为 4 厘米的正方体，这两个正方体的总面积与这个长方体的表面积相等吗？为什么？

六、当堂训练（练一练）

下面我们就用今天所学的知识来比赛做作业，比谁能得 100 分！

作业：

1. 一个正方体礼品盒，棱长 1.2dm。如果包装这个礼品盒的用纸是其表面积的 1.5 倍，至少要用多少平方分米的包装纸？

2. 用 72 分米长的铁丝做一个正方体的框架，然后在外面贴上一层纸，至少需要多少平方分米的纸？

规范下课仪式：教师填写好《课堂纪律记载簿》。

一年级数学教案（人教版）

课题：8、7、6 加几

学习目标：

1. 理解掌握 8、7、6 加几的计算方法，并能正确地进行计算。

2. 积极主动地参与数学活动，激发学生的学习兴趣，养成认真计算的良好习惯。

规范上课仪式（略）。

教学过程：

一、板书课题

同学们，今天我们一起来学习“8、7、6 加几”，请大家伸出小手和老师一起书写课题。（教师板书课题）

二、出示目标

这节课我们要学会的新本领是什么呢？请认真听：

1. 理解掌握 8、7、6 加几的计算方法，并能正确地进行计算。

2. 积极主动地参与数学活动，激发学生的学习兴趣，养成认真计算的良好习惯。

目标明确的请举手！有信心达标吗？怎样自学呢？请看：

三、自学指导

（一）白板出示

自学指导：

认真看课本第 92 页例 3 ，边看图、看文字边填空，重点思考 8+9 的计算方法：

1. 先看左边小男孩说的计算方法，把 9 分成（　）和（　），先算（　）+（　）=（　），再算（　）+（　）=（　）。

2. 再看右边小男孩的计算方法，把 8 分成（　）和（　），先算（　）+（　）=（　），再算（　）+（　）=（　）。

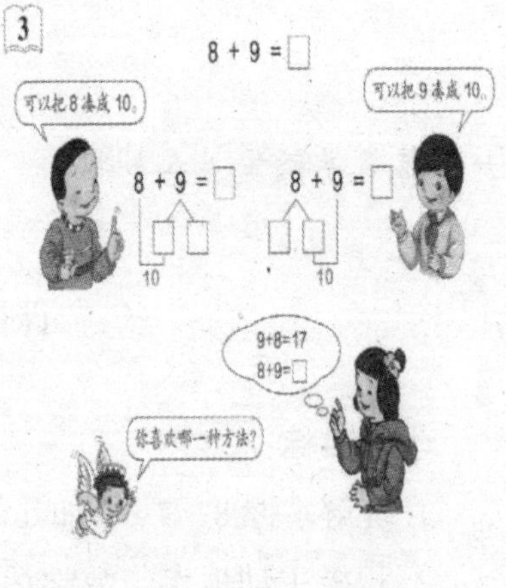

3. 最后看小女孩的计算方法，因为 9+8=17，所以 8+9= □。

4. 你喜欢哪一种方法？把得数填在方框里。

（3 分钟后，比谁能正确回答思考题并做对例题下面的做一做！）

（二）师：自学竞赛开始，比谁看书认真，自学效果好！

四、先学（先学包括“看一看”“做一做”两个环节）

（一）看一看

教师引导学生按照“自学指导”边专心看课本（概念、例题），边指导在例题旁括号内填上正确答案，弄懂“为什么”、熟记新知识，力争“看一看”后能正确回答问题，做对检测题，教师巡视。

（二）做一做

1. 口头练习

（1）先看左边小男孩说的计算方法，把 9 分成（ ）和（ ），先算（ ）+（ ）=（ ），再算（ ）+（ ）=（ ）。

生回答：把 9 分成（2）和（7），先算（8）+（2）=（10），再算（10）+（7）=（17）。

扩展：结合 8+9 的计算，想一想：8+7=（ ），把 7 分成（ ）和（ ），先算（ ）+（ ）=（ ），再算（ ）+（ ）=（ ）。

生回答：8+7=（15），把 7 分成（2）和（5），先算（8）+（2）=（10），再算（10）+（5）=（15）。

再看右边小男孩的计算方法，把 8 分成（ ）和（ ），先算（ ）+（ ）=（ ），再算（ ）+（ ）=（ ）。

生回答：把 8 分成（1）和（7），先算（9）+（1）=（10），再算（10）+（7）=（17）。

最后看小女孩的计算方法，因为 9+8=17，所以 8+9= □。

生回答：因为 9+8=17，所以 8+9=17。

（4）教师引导学生小结计算方法：

（1）拆小数，凑大数。拆分两个加数中较小的数，将较大的数凑成十。

（2）拆大数，凑小数。拆分两个加数中较大的数，将较小的数凑成十。

（3）利用“交换加数的位置，和不变”的方法来计算最简单。

2. 书面练习

过渡：刚才大家口答得不错，下面比谁能运用今天的知识做对书面练习题。

1. 用你喜欢的方法计算。

6+9=　　　7+8=

2. 7+6=　　　8+6=　　　9+7=6+7=

6+8=　　　7+9=

3. 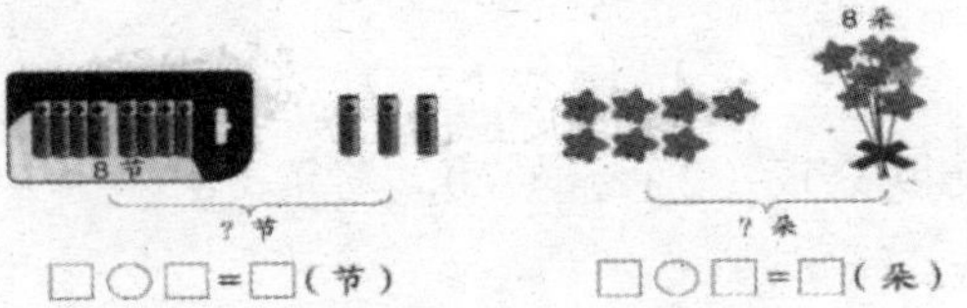

4. 

五、后教

（一）议一议

1. 交换练习纸。书面检测一结束，同桌交换练习纸。

2. 公布答案。

3. 评定对错。对照公布的答案，同桌相互同步逐题判定，打出对（√）、错（×）符号，比谁全对。

4. 表扬全对同学。教师问“全对的同学请举手”，教师统计、公布全对的人数，并且不点名地表扬他们。

5. 讨论纠错。

（1）如全班只有几名学生未全对，则收齐未全对的自学检测练习纸，分类后，白板一类一类地出示错题（同时出示同一题的几种错）。

a. 让做错的学生说出哪一步错、为什么错；

b. 如说得不对，则让做对的同学上讲台指出哪一步错、为什么错；

c. 如大家都说不对，教师必须下功夫讲透、拓展，触类旁通，确保这类错误不再有，决不能教师该讲不讲，或者一略而过，而不能真正解决学生的疑难问题。

（2）如全班多数学生未全对（尤其单元复习综合练习时），则不收未全对的学生练习纸，改为：

a. 同桌讨论：哪道题的哪一步错，为什么错；

b. 教师逐项提问：哪一项（或哪一题）错了还不懂的请举手（如学生都不举手，这一项（这一题）就不讨论）；

c. 让做对的同学上讲台，对有人还不懂的那道题，讲出哪一步错、为什么错；

d. 如果对学生通过讨论已经解决了的错误，教师只给肯定，不必重复讲；

e. 如果所有学生都说不对的或说不全的，教师就一定要讲，而且一定要讲透，一定要让每一位学生，尤其是后进生都能真正解决疑难问题，既能理解，真正懂得“为什么”，又能灵活运用。

估错：第 2 题：7+9=16，生把计算成 7+9=11。

结合做错的题适时小结：

（1）拆小数，凑大数。拆分两个加数中较小的数，将较大的数凑成十。

（2）拆大数，凑小数。拆分两个加数中较大的数，将较小的数凑成十。

（3）利用“交换加数的位置，和不变”的方法来计算最简单。

（二）拓展延伸

口答

1. 摘苹果。

7+6=　8+8=　7+8=　8+9=　6+5=　6+7=　7+9=

8+4=　8+5=

2. 钓鱼。

8+5=　7+4=　6+8=　6+7=　8+4=

3. 解决问题。

小朋友们已经植了 7 棵树，还要植 5 棵树，他们一共要植多少棵树？

（　）+（　）=（　）（　）

六、当堂训练（练一练）

下面我们就用今天所学的知识来比赛做作业，比谁能得 100 分！

作业：课本第 93 页第 3、4、5 题。

规范下课仪式：教师填写好《课堂纪律记载簿》。

第二节　小学语文

小学语文教学目标不是单一的而是多元化的，既有识字教学，会读课文，会理解课文的写作方法、中心思想，又有阅读和写作能力等要求，因此，小学语文新授课运用“以德贯穿：先学后教，当堂训练”教学模式，常采用一节课几次“先学后教”、最后“当堂训练”，全程以德贯穿、立德树人的操作方法，形成“几个比”（比识字，比读书，比说话，比作文等）的教学模式，每一次“比”都是一次“先学后教”，这样把学生学习的活动，变成了以德贯穿、立德树人的竞赛活动，每一次学生竞赛后，老师都组织评点，这与中学语文一节课搞几次“先学后教”一样，其示意图如下：

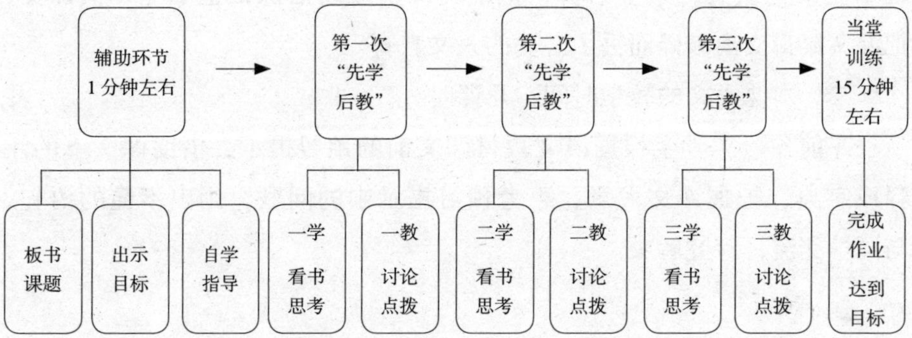

但是，教材不同，课型不同，应用时有所改动，要注意各个年级之间的联系、衔接，注意语文学科与其他学科教学的相互促进、渗透，尤其要注意小学一年级与幼儿园的学前教育衔接，引导学生在语文课上学会拼音，从头培养学生阅读、自学能力。刚入学的一年级，老师要扶着学生自学，教师可口述教学目标、自学指导，让一年级同学能够小步走，学一点，教一点，练一点，再学一点，教一点，练一点，效果才会明显。千变万变，基本原则不变，即不管怎样，都要从实际出发，讲究实效，让学生先学，发现问题后，让学生讨论、教师补充。

一、教读课教学

小学现代文教读课教学常用几次“先学后教”的操作方法，不过，体裁不同，课文长短不一，必须稍作变动。

一般教案中在课题下写出：

一、本课语文的学习目标。有两个方面：一是情感、态度、价值观方面的政治思想教育目标；二是读写知识、读写能力的目标，要求总目标与新教材和新课标的要求一致，不能随意降低，把该“运用”、培养读、写能力的，却不训练，使目标降低到仅仅“知道”或者“理解”的程度；也不能随意拔高，把该“知道”“了解”的目标，却要求“运用”；既不能架空课文，架空语言，把语文课上成政治课，也不能死抠课文，把课文搞得支离破碎而丢了必要的人文教育。

二、本课语文的教学时间：几课时。

课前预习。学生根据语文教材课文前的预习提示，借助课文下的注释或字典，把握课文大意，思考预习提示中的问题，画出不懂的语句，与同学交流，探究解决。

教读课文教学的教学过程如下：

规范上课仪式（略）。

（一）板书课题：

要开门见山，多种多样，常用的方式有：

1. 由旧知识引入新课。例如：由学过的同体裁的课文，导入学习结构类似的新课文，让学生由旧知新，触类旁通，有效地自学，理解新课。

2. 三言两语引入新课。教师用精心备好的通俗的有趣的三言两语（如简介作者或写作背景……），以激情或制造悬念等激发学生的学习积极性，导入新课（但是，不可东拉西扯，离题远，语速快）新课。

3. 边板书边引入新课。课题写在黑板中上方，字不宜小，不能潦草，笔画、笔顺不能错，必要时，要解释课题中的生字，说出课题的大体意思；高年级教师板书课题，学生不必唱笔画。

4. 教师出示图片或动画引入新课。教师白板出示精心设计的图片或动画（与课文有关的人或物或景等）配合适当的动作、语言，激发学生的兴趣，导入新课，屏幕显示一定要注重效果，不得喧宾夺主（底色常为白色，不用深色使得文字看不清，字要规范、端正，不得太小；不得配音乐）而影响效果。

5. 如课题难懂，可引导学生解释题中的词义，提出思考题，激发学生读课文的兴趣；如课题易懂，可不解题，或让学生说出大体意思，如无必要，就不介绍作者和写作背景，待学生理解课文内容、结合讨论文章中心和写作方法时，讨论解题。

（二）出示学习目标（本节课）：

1. 出示本节课的教学目标（高年级白板出示，一年级以教师口述为主）：

2. 学习目标的内容：一是情感、态度、价值观方面的思想教育目标；二是读写知识、读写能力的目标。这两个目标都必须在每节课教案开头写明。

3. 学习目标的要求。要与新教材和新课标的要求一致，不偏、不降、不高，更不能错位。该“会运用”的，就要能当堂运用，不能人为地降低到“知道”的程度上；也不拔高，该“知道”、“了解”的，不能要求“运用”。

（三）第一次“先学后教”：检查预习，比认识生字词

过渡语：同学们，按照课文前的预习提示，认真预习，能认识生字、会读课文的举手，鼓励质疑问难，提出不认识、不理解的字词，请大家帮助。

1. 出示自学指导

检查预习，引导学生边听录音，边给难读的生字注音。录音放完，比谁能读生字。如中高年级所学课文难度不大，可不播放录音，让学生默读后，准备朗读。

2. 先学。

低年级学生听录音，给生字注音，中、高年级学生默读课文，准备朗读。

3. 后教。

（1）指名（先后进生，后优生）读生字，如有错，大家纠正。

（2）齐读生字。

（四）第二次“先学后教”比正确朗读课文，归纳段意

1. 出示自学指导，要求低年级正确朗读课文，能读懂课文，解释词义。要求四年级以上学生，一边朗读课文，一边分段，说出段意。

2. 先学

低年级听录音，给生字注音。中高年级学生默读课文，准备指名轮流朗读，归纳段意。

3. 后教

操作要领：

（1）低年级：

①指名（先后进生，后优生）轮流朗读课文，让多数同学都有机会读，一人读一点（不要一人读一大段，使多数学生闲着），如认为读得对，则举手表示；如读错，则指名纠正。

②指名解释本段中的关键词。（回到句子里、练习上下文解释成语或难以理解的词语）

③教师用白板出示图片或视频，帮助理解。

④比赛结束后，教师总结表扬读得好的同学，并且告诉大家，下面比谁能把字写好。

（2）中、高年级：

①学生轮流读一段课文后，教师引导其他学生归纳段意，这样，读一段，归纳一段大意，教师出示段意。

②教师引导学生讨论段与段的联系。如有错，其他同学帮助纠正。

③最后，老师点拨、拓展。

（五）第三次“先学后教”：比正确写字

1. 自学指导：白板出示课文后的生字，引导学生注意间架，尤其注意哪一笔写在横中线、竖中线的位置。

2. 先学：

学生临摹。

3. 后教：

（1）白板先出示学生写得好的，请大家指出还有哪一笔和田字格里的标准字不一样。

（2）白板出示写得差的，请大家指出哪里和田字格的不一样，请大家判断、改错。

（六）第四次“先学后教”：比理解中心思想和写作特色

1. 自学指导：

出示课文后面（除课文结构外的）的思考题（包括中心思想、写作特色等），要求学生回忆学过的课文，能正确回答。几分钟后，比谁回答得好。

2. 先学：学生默读课文，思考问题，准备回答。

3. 后教：指名登台，大声地正确地有条理地创造性地回答问题。

操作要领：

（1）要从实际出发，讲究实效。低年级只讨论受到什么教育，你喜欢哪些句子，哪些片段，练习背诵；高年级重点讨论中心思想和写作特色。

（2）要严格训练，答案准确。教师引导学生认真审题，明确要求，抓住要点，规范答题，达到正确、完整，有条理、无病句。

（3）如学生回答有错，不管是什么错（观念错、写法错、还是其他……），教师都要明确指出“对”或“不对”，如“不对”，则让其他学生改错，直到正确为止；如学生说得不完整，则明确指出“不完整”，请其他同学补充直到完整为止；如学生抓不住中心，不简洁，则请其他同学帮助；如学生回答无条理，则明确指出回答“无序”，让学生重说，直到“有序”为止；如果学生回答有病句，则引导大家帮他修改病句……总之，一定要引导多名学生讨论、改错，力求答案准确，让全体学生不仅能提高阅读、写作能力，增强思维、分析能力，而且能提高政治思想素养。

（4）教师绝不能随便评定，或者含含糊糊说“大家的意见合起来就更对”，也不能只白板出示概念化的标准答案，不讨论，一略而过，走过场，影响学生理解知识、正常运用，影响学生成为优秀人才。

（5）学生都说的不对或说的不完整的问题，教师一定要讲，而且要讲好，做必要的拓展，举例说明，不仅要指导灵活运用写作知识，而且要联系实际，培养学生的社会主义核心价值观。

（七）第五次“先学后教”：灵活运用写作知识

1. 出示自学指导。要求引导学生明确要求、方法等。

2. 先学。学生准备练习（2 分钟）。思考：先讲什么、后讲什么、怎么讲得有趣味。

3. 后教。

（1）指名（先后进生，后优生）想好了举手的同学，抢先上台讲，大家听，讲完后大家鼓掌，老师表扬讲得好的，指出不足，力争多名学生发言，让大家受到鼓舞、受到启发。

（2）教师小结。

4. 操作要领：

小学一、二、三年级重点练习复述：课文或讲故事等综合练习。要求：按课文的顺序或改变顺序，按课文的人称或改变人称，扩写还是缩写；要大胆想象，创造性地用自己的语言讲。请大家快速准备，谁想好了谁先讲，要比谁讲得最生动、有趣。

小学四、五、六年级讨论写作方法，，并联系作文，指导运用。

（八）当堂训练 默写生字或完成课文后的练习

1. 练习要求：

（1）合上课本，独立完成。

（2）字体规范，卷面整洁。

2. 学生练习，教师巡视，确保每名学生像考试那样紧张、高效地训练。

3. 下课铃声一响，学生交当堂训练作业。

规范下课仪式：教师填写好《课堂纪律记载簿》。

教师要钻研教材、教参，从实际出发，精心划分课时，确定每节课的学习目标、教学内容和教学过程。如课文短，则一课时教完，采用几次“先学后教，当堂训练”的形式；如篇幅较长，则第一课时可以搞两次“先学后教”：第一次“先学后教”，读课文，认识生字，第二次“先学后教”，有感情地读课文，高年级分段（低年级不分段），最后“当堂训练”。第二课时搞两次“先学后教”（高年级第一次“先学后教”，讨论中心思想，第二次“先学后教”，灵活运用写作知识；小学低年级提问，学习本文受到什么启发，欣赏、背诵句段），最后“当堂训练”。如果课文长、难度大，可以安排第三节课时，阅读和写作的综合训练。总之，不管用几课时教完，每一个环节都是让学生“先学”（发现问题），再“后教”（“兵教兵”，合作学习，解决问题），反复进行，最后当堂训练，完成作业。

在阅读教学中，教师应高度重视课文后的练习题，要把课文后的练习题作为学生课堂上自学的载体，让学生围绕课文后的习题，读书、思考、找答案或进行书面练习。要根据每节课的教学目标，有计划地把课文后面的练习题安排在课堂教学中，顺序一般为先练课文后面的小问题，后练文章中心思想写作特色的大问题（一般不按课文后面习题的顺序，因为课文后常常第一题是综合大题），也可让学生逐段读课文，讨论教师提出该理解的词句、修辞等问题。

二、自读课教学

小学“自读”课文的教学，要以学生自学为主。教师要从实际出发，讲究实效，遵循规律，让学生大胆地运用“以德贯穿 先学后教 当堂训练”教学模式，以学生自学为主，一般如下：

课前预习。

小学中高年级学生课前阅读课文，查字典，认识生字词。

规范上课仪式（略）。

1. 板书课题；

2. 出示学习目标；

3. 自学指导：学生认真读课文，看白板上出示的画面，思考课文后面的探索和训练题（例如，文章写了一件什么事，先写什么、后写什么、你最喜欢课文的哪一部分、为什么、文章用了哪些写作方法和修辞手法等），准备回答；

4.“先学”：学生边读书，边思考，找出答案；

5.“后教”：比回答问题，学生一题一题地讨论，教师点拨，注重培养学生社会主义核心价值观、个人品德、社会品德、报效祖国、服务人民的大德；

6. 当堂训练：比背诵精彩的段落或模仿课文，或写一段话，或写提纲。

规范下课仪式：教师填写好《课堂纪律记载簿》。

三、复习课

小学语文复习课也要灵活运用“以德贯穿：先学后教，当堂训练”

教学模式，操作方法与中学数学复习课基本相同（详见 P043），老师们要触类旁通，灵活运用，上好各种课型的复习课。

老师们尤其要做到：语文复习的重点是走出教材，强化阅读、写作综合训练，培养学生的综合应用能力。要求语文期末复习的顺序，不按课本一课一课地复习，要分类、一类一类地复习。例如：小学默写全册书生字词，或者给生字词注音；背诵全册书古诗词；中高年级期末“阅读和写作”，同一体裁一起复习，进行该体裁文章阅读训练和作文训练，归纳总结写该类文章的规律，既进行阅读短文的综合训练，又进行此类作文的审题、编提纲等单项训练，小学低年级练习模仿课文说一段话的讲演。

教师要注重适当拓展：引导学生触类旁通，举一反三，融会贯通，让学生能够自觉地积极地紧张高效地复习，参加各种能力训练，增强阅读、写作的能力。

四、作文教学

作文教学是语文教学的一大重要而艰巨的任务，作文教学的全过程都必须以德贯穿，立德树人。语文老师必须下真功夫，努力提高学生的写作水平，尤其要处理好多种关系，从各方面保证提高学生的写作水平。

1. 要处理好讲读课与作文课的关系。讲读课上，让学生学习范文，获得阅读、写作基础知识，学会改变人称、改变顺序复述课文或者讲故事或者扩写、缩写或者回答综合题，有序地讲一段话等，培养阅读、写作能力；作文课上，让学生运用讲读课上（模仿课文，口述某篇作文提纲，或口头说一段话，正确口答或必答课文后的综合训练题……）学到的基础知识和能力，仿写类似的文章，练习写作，作文课是讲读课之后的实践课，作文是讲读课后的综合作业。

根据新课标，小学以写不复杂的记叙文为主。老师要明确所教年级学生的作文写作要求，制订全学期阅读和作文教学计划。根据计划，老师要严格按课本顺序，一单元一单元地有系统地进行阅读教学和作文教学，二者相互配合，不可分离，切不可打乱课本顺序，东教一课，西教一课，不利于学生学好课文，写好作文。

2. 要处理好课上阅读课文与课外广泛阅读的关系。老师们要运用“以德贯穿：先学后教，当堂训练”教学模式，让学生不仅课上认真阅读课文，提高学生的阅读水平，而且每班每周有一节“阅读课”。这节“阅读课”排进课表，地点在图书馆、阅览室，责任人语文老师，老师要引导学生结合所学课文及单元写作短文，确定“专题研究”（如同体裁的文章）、主体积累、名著赏析等课型，让学生会用快速浏览、精读等方法，扩大知识面，同时，鼓励学生利用课外时间，进图书馆、阅览室吃“自助餐”，自由阅读名著、杂志、报刊，培养特长。

3. 要处理好课上提高写作水平与课外处处练习作文的关系。

处理好口头作文与书面作文的关系。鼓励学生每天听新闻联播，看电视，关心国家大事，积极参加实践活动，大胆地课上踊跃发言，班会上即兴发言，促进学生增强思维敏捷、快速构思、善于口头表达的能力，为课内写好作文打下基础；同时，引导学生运用作文课上获得的写作能力，每天写日记，多写实际应用的文章；例如：学了书信，鼓励学生人人写信，寄给冬奥金牌获得者、或老师们、父母等最喜欢的人；学过记叙文，就要利用课外时间大胆地写人物故事、真人真事、向报社投稿或者参加各种作文竞赛。这样，学生课上写作与实践应用结合，学生的思想、写作水平必定大大提高。

4. 要处理好学生写作与教师写作的关系。

名师出高徒。会写作文的老师，才能言传身教，得心应手教学生写好作文。要学生写好作文，教师首先必须爱读书，利用课外时间进阅览室读报纸、杂志，应热爱写作，同时，爱写作，能够下真功夫写出有特色的、动人的下水文，给学生良好的影响。

学校要评比老师下水文，把优秀的下水文登上校报，调动学生写作的积极性，培养学生写作的爱好和能力。同时，在教学的过程中，老师要善于向学生学习，教学相长，共同提高。

5. 要处理好备好课与上好课的关系。

作文课堂高效必须有高效的作文指导课教案。老师既要有超前意识，提前在讲读课上让学生获得必要的写作知识，又要提前精心写好作前指导课教案，采取最佳的“先学后教”的操作方法，让学生能够运用所学知识，写出令人喜欢的文章。

6. 备好作文指导课。同年级的语文老师在结合本单元讲读教学，根据作文教学计划，根据教师写下水文的实际（尤其是倾向性问题，即写作的难点），认真研究解决的办法，备好作文指导课。

小学四至六年级作文指导课教案一般包括两部分：（1）作文学习目标：①思想政治教育方面：即在写作过程中接受渗透教育，培养正确的政治思想感情；②写作要求方面：即运用本单元的什么写作知识，应该达到什么要求。写作要求是作文指导（包括学生审题、立意、选材、构思及教师点拨）、教师批改作文以及评讲作文的重点、难点。（2）作文指导课的一般过程（要根据实际需要精心设计确定）：①出示作文指导课的学习目标；②怎样引导学生认真审题，编写提纲；③怎样引导学生认真写好草稿；④怎样引导学生誊写。

三年级作文指导教案：在小学一二年级学生能学会连贯地说一段话，学会写话（即在日记本上写几句连贯的话）的基础上，作文课上，教师不要一开始就抽象地讲“作文”概念，讲什么写作方法，讲这样讲那样，学生听不懂，甚至害怕起来，连一句话也不会写，作文的第一句都由老师说了才会写，结果全班作文一个样，都是老师说了，大家记下来的。

因此，每次三年级作文指导教案，都必须下功夫备好怎样引导学生先口头作文，人人都会讲故事，以后把自己会讲的故事记下来，誊到本子上，让老师看得明白，让爸爸妈妈看得高兴。这样，学生不知不觉地就在作文，表达自己的思想感情，尝到作文的甜头，喜欢作文了。

（一）作文指导课

第一种　小学低年级写话和三年级作文指导课

课前，学生人人准备讲故事或者参加讲故事。

作文指导课过程

1. 第一次“先学后教”，写故事。

（1）出示自学指导：把在故事会上讲过的故事写在纸上，比谁能让人看得清清楚楚，有趣味，比谁的故事最有意义。

（2）先学。

学生动笔写故事。

（3）后教。

①学生上讲台朗读自己写的故事，比谁的故事有意义；

②大家夸奖或者指出不足。

教师点拨：

①表扬写的话有意义，能让别人听得懂、喜欢；

②操作要领：教师语言要通俗易懂，能解决问题，切不可讲学生听不懂的什么“段落分明、层次清楚、中心突出”等抽象的语文知识，讲了等于“对牛弹琴”。

③学生修改草稿。教师逐一检查，帮助修改。

2. 第二次“先学后教”，学生誊作文，老师个别帮助。

第二种　小学三年级作文指导课

课前准备：

1.“语文园地”里的“口语交际”；发生在自己身边的事；观察“人”“物”“景”“图”；创设情景（学生表演或播放情景小剧）等。

2. 看表演。要求大家边看，边听，边想，看完后把表演的小故事完整地讲给大家听，还要讲出你的看法和想法，然后呢，还要把它写下来。

3. 说话（演讲）比赛：指名登台说话，比谁说的话有意义，能让别人听明白。其他学生观察、思考，准备讲话结束之后，讨论谁讲得好。

写话指导过程：

1. 写前指导：要求把说的话写下来，不会写的字可以问同学，问老师，也可以用拼音代替，会用简单的标点符号等。

2. 先学：学生写话。

3. 后教：学生朗读自己写的话，比谁写的话有意义，能让人喜欢听，听得懂。

4. 当堂训练。

总之，作文课前，一定要开展活动，先让学生说话，也就是先口头作文，以后书面作文，这样过渡自然，学生不知不觉地喜欢作文，作文上路。

（二）四至六年级作文指导课

作文课上，运用“以德贯穿：先学后教，当堂训练”教学模式，一般有以下几种方法：

第一种作文指导课，根据课文中的习作提示，编提纲，写作文。

一、板书文题。

二、第一次先学后教，审题、编提纲。

1. 出示作文指导：指导学生认真看“语文园地”中的“习作”提示，明确习作的内容和要求，学生自选材料、自编提纲。

2. 先学。学生认真审题，思考作文题中各个字的意思，明确写什么人，什么事，表现什么好思想。以后分段、自编提纲。

3. 后教。

①学生登台交流提纲：全文表现什么好思想，分几段。教师引导学生讨论。

②教师点拨、引导，纠正选材、构思方面的倾向问题。

三、第二次先学后教，按提纲写草稿。

1. 先学。

学生按提纲速写草稿，书写越快越好，只要自己认识就行。

教师必须巡视，关心学生，快速打好草稿。

2. 后教。

指名学生读草稿，引导大家讨论。

教师小结，帮助解决突出问题：如发现学生开头有一大堆空话、废话，则要他改成一句概述，或者直接叙事，避免离题万里；如发现学生结尾空话多，要求删去，避免画蛇添足；如发现事情的经过不具体，则指导学生大胆想象，增加动作、语言、心理、环境描写，或者插叙，或者结合抒情……这样，既能减少教师批改作文的难度，又能让学生尽快找到规律，写好作文，达到事半功倍的效果。

四、第三次先学后教，誊写作文（安排另一节课）。

第二种　教师引导学生审题、编提纲、写作文。

作前指导过程：

1. 出示文题和自学指导。

出示写作要求。引导学生推敲、准确理解文题中各个字词的含义，让学生明确写作目的、要求；思考怎样运用学过课文的写作知识，确定中心（表现什么好思想），选对材料和怎样分段、编写提纲等。

2. 先学。

学生模仿课文或灵活运用讲读课上的知识，独立编提纲。

3. 后教

讨论修改提纲。

写一件事按过程分三段，开头一段、经过一段、结尾一段；如果写两件事，就分两段，一件事一段。

教师补充、拓展：既仿写课文，又要写出新意、让人爱读、受到启发的好作文。

4. 当堂训练

学生写草稿（时间：30—35 分钟），要求独立完成、誊写工整。

第三种　学生独立审题、选材、编提纲、写作文（像考试那样独立写作）。

这一种常用期末复习阶段的作文练习，让学生独立审题、写作，限时完成，养成独立写作的能力和习惯。

1. 出示文题和写作要求。

2. 第一次先学后教：

先学：学生独立审题、模仿课文灵活运用学过的基础知识选材、编提纲，教师关注学有困难的学生，个别帮助。

3. 第二次先学后教。

学生快速写草稿（30 分钟内），教师关注学有困难的学生，个别帮助。

4. 当堂训练。

修改草稿，当堂誊写正文。

以上仅是小学作文指导课的一般操作方法，老师们要创造性地灵活运用，要以学生动脑，快速写作为主，千万不要老师讲得多，重复地讲讲读课上讲过的写作知识，浪费学生写作的时间，束缚学生的思维，影响培养学生写作能力和习惯。

（三）批改作文

三年级教师作文批改

三年级语文老师要当面批改，改病句，勾出错别字，让学生以后更正。教师在学生作文后写上“面批”二字，写明批改日期，不要求写眉批、总批。

四、五、六年级教师作文批改

一般步骤：第一遍浏览全文，初改，同时，在错字右上方打“×”，在别字右上方打“V”，同时在该行末打“ ┌┐ ”，供学生更正（待学生更正对了，教师就加一横，封口）；第二遍边读边细改：改病句，删去多余的话，写眉批（对写得特别好或有突出问题处加眉批，便于学生理解）；第三遍看作文，查疏漏（包括用错的标点），写出总批，并且根据立意（表现的好思想）、选材、构思是否达到写作要求，结合有无错别字、病句和用错的标点，综合评出作文 A、B、C、D 四个等级。

批改要领：多保留，少删改。可改可不改的不改，可删可不删的不删，可添可不添的不添，不要把批改变成教师的代作；批语要注重思想性、针对性、实效性，要求语言准确、明确、具体、一针见血地指出问题（包括思想认识和写作方面，要杜绝空话、套话），让学生能够理解，复作有明显提高；教师用红水笔改，书写要工整，无病句；对冒尖生、对学有困难的学生多面批，（每篇不少于 1/3 学生），教师边改边批，当面指出问题。

按时完成：必须在三天之内改完（当天晚上要改一半；第二、第三天分别改 1/4），改迟了就会低效或无效；批改日期写在总批的下面；

分类记载：教师一定要做好批改记载（可分审题立意、选材、结构、病句、错别字等几大项），为作文评讲提供资料。

作后练习

改完，就把作文本发给学生。优秀习作可在班内张帖或誊印成册传阅，供学校展览或登上《校报》。

（四）作后评讲课

小学低年级写话、三年级作文评讲课

1. 导入，提出评议内容及要求。

2. 投影展示（或指学生读）具有典型性（好、差）的学生习作。

3. 评议，引导学生从句子通顺、意思清楚、内容完整、具体，写字正确、字体工整以及标点符号等方面一一进行评议。

4. 教师总结，归纳方法，更要表扬写的事有意义，能歌颂好思想的同学。

5. 学生修改习作或进行相关片断练习。

四至六年级作文评讲课

用“以德贯穿：先学后教，当堂训练”上好作后评讲课，方法多样，哪种最好，就用哪种。常有以下两种：

第一种：综合（全文）评价，一般过程如下：

1. 导入、点名评讲议题。

2. 出示目标。出示评讲的标准，即本次作文评讲的要求及提示。

3. 第一次“先学后教”：赏析优秀习作。

（1）先学。

展示典型（特别好的习作片段或全文），让作者登台朗读，其他同学准备登台大声发言：作文好不好，为什么？（模仿课文、灵活运用写作方法，作文达到写作要求来判定）

（2）后教。

①教师指名学生登台大声地评议，比谁讲得最出色。方法是：先学生读完一篇作文后，鼓励其他同学用概括的语言评析，也可一起读完几篇后，让学生一起讨论，这样便于学生比较、寻找规律。

②教师归纳，千万不要读一节就学生评，教师讲，搞得支离破碎，上成了阅读课；

③教师高度概括，表扬作文中心思想正确、能够达到写作要求的学生。并且公开把优秀作文推荐校报发表，供全校同学和家长欣赏。

4. 第二次“先学后教”：其他学生谈体会。

（1）先学。白板出示个别学生的不达标作文，全体学生准备评议。

（2）后教。

①请作文写得好的同学登台指出问题，帮助纠正，教师给予关心、帮助。

②教师小结，拓展；出示或口头概述其他倾向问题，鼓励大家讨论、

纠正。

5. 作后练习：复作或写同类型作文。

（1）作文未达标的学生，按照老师的批改，按照评讲课上受到的启发修改作文或复作；作文写得好的同学写语文课本中的《写作实践》规定练的同类型作文；

（2）将复作或写的同类型作文誊上作文练习纸，以后，教师复改、复批，比谁的作文大有进步。

第二种：重点（单项）评价（一般过程与综合评讲基本相同）

根据单元《习作》短文，确定一次评讲一个重点，每次都先出示好、差的典型片段，让学生评析，以后教师归纳，最后单项训练。

例如，一次评讲作文的开头（或结尾），先出示，学生“开头”（或“结尾”）的典型片段，让学生模仿类似课文的开头或结尾来比较、评析，教师归纳，以后单项训练，让学生真正能够解决作文“开头”（“结尾”）的倾向问题。

例如，一次重点评析“事情的经过不具体”，先出示事情经过具体和不具体的典型片段，让学生比较、评析，教师归纳，以后单项训练（扩写），让学生真正能够解决“叙事不具体”的倾向问题。

教师要从实际出发，创造性地灵活选用最佳方法，上好作文评讲课，解决写作中的倾向问题。确保学生每写一篇都能达到写作要求，水平一篇比一篇高。不过，作文评讲课要让学生多读优秀习作、议论要少而精，万万不能把评讲课上成阅读分析课，脱离实际，空讲写作知识。

五、写字教学

我国的汉字历史悠久，很美，它是中华传统文化的结晶。自古以来，中国人一直努力把字写好，出了许多书法家。但是，目前有的应聘大学生写字不规范，笔画写错，间架不当，甚至把“师专”的“专”字写错，把姓张的“张”字的笔顺写错，因为全国学习英语、使用电脑打字后，大家写汉字的机会少了，练得少了，语文老师对写字教学不够重视。为了增强爱国情怀，热爱、弘扬中华传统文化，让中国人都能学好中文，写好汉字，学校必须加强写字教学，为学生终身发展夯实基础。

学校怎样加强写字教学呢？

（一）写字教学需要名师指导

名师出高徒。字写得好的教师，才能教出字写得好的学生。字写得不好的教师，就很难教学生写好字。因此，多年来，我校招聘教师注重挑选写字达标的教师；岗前培训注重引导教师，过好写字关。我校把小学语文课本课文后的田字格里的临摹生字，集中编印成《小学临摹生字表》发给全体语文及其他学科老师，让全校每一位老师常年临摹生字，学校定期组织同年级的语文及其他学科老师一起临摹本年级生字表，评定等级，在教学区“教师写字竞赛”栏内展览，掀起全校各年级各学科老师都自觉地争先恐后写好汉字的热潮，坚持一年，大见成效，坚持二年，效果惊人。

这样，我校不论语文老师还是其他学科老师，大家都能写好钢笔字、粉笔字、毛笔字。这确实是写字教学快出成果的关键。

（二）写字教学必须进课堂

写字教学是语文教学不可缺少的部分，写字教学必须进语文课堂教学，尤其小学低年级应作为教学的重点。

小学语文课本的课文后有“读读写写”的临摹生字的田字格。这些要求写的字，大多数字形简单、构字能力或构词能力强的独体字，也适当选择特别常用的合体字，大体按照由易到难、由简到繁、由独体到合体的顺序编排。

写字教学的方法也要改进。在一年级起步阶段，老师要具体指导字的基本笔画、笔顺规则、间架结构，打好写字基础，尤其要引导学生观察田字格中的标准字，重点对易错的笔画、笔顺、间架，要认真讨论，教师针对疑难要一边指导，一边示范，最后，让学生齐唱笔顺，口答基本笔画的写法，最后练习、评点。

在学生掌握基本笔画、笔顺规则的基础上，小学语文老师应灵活运用“以德贯穿：先学后教，当堂训练”教学模式，引导学生怀着爱国之情，仔细观察，找出规律，讨论难写的字、易错笔画的正确写法和易错笔顺的正确顺序，以后教师针对问题应教尽教，准确点拨，纠正错误，让学生认真临摹，达到握笔姿势、坐姿正确，并能较长时间保持，不仅把字写正确，而且尽量写得美观，最后，出示临摹好的生字，让大家欣赏；出示临摹不够好的生字，让大家纠错。写字贵在精，而不在多，要严格要求。

各学科教学关系密切。写字教学不仅要进语文教学课堂，而且也要进其他学科的课堂。其他学科老师也要课上板书规范，作好表率，学生作业书写规范，达到标准，切不可能语文课上加强写字教学，其他学科放任自流，影响学生写好汉字。

（三）各科作业的过程也是练字的过程

我校《作业制度》规定各科作业都必须书写规范，老师批改作业，不仅要给分，而且要评出书写等级。语文作业和其他作业都能书写规范，学生就能养成习惯、写字又好又快。我校多次搞作业展览，领导、来宾夸奖学生书写工整，一个样。相反，如果仅仅语文课上指导写字，而其他学科不抓写字，学生就难以把字写好。

（四）激发兴趣，培养特长

在课上强化写字教学、学生各科作业书写规范，一个样，写字质量和习惯好的基础上，教师必须言传身教，激发学生写字的兴趣，培养学生写字的特长。我校小学生不仅身边不离学校编印的《小学生临摹生字表》、“凹槽字帖”，课余或节假日，反复观察，寻找规律，苦练硬功，努力达到新教材规定的要求，而且参加课外活动兴趣小组，坚持练习写毛笔字，形成特长。学校每学期都举行临摹生字比赛、钢笔字、毛笔字等多种书法竞赛，涌现了一批喜欢写字、能写好字的优秀学生，他们参加国家、省级书法竞赛多次获奖，学校成为河南省书法实验学校。

一年级语文教案（人教版）

5. 动物儿歌

第一课时

学习目标：

1. 会认识“蜻、蜓”等 12 个生字；会写“间、迷”等 7 个生字。

2. 正确、流利、有节奏地朗读儿歌。

3. 通过朗读、表演，了解小动物的部分生活习性。

规范上课仪式（略）。

教学过程

一、板书课题

同学们，夏天就要到了，夏天里，在小动物们的身上发生了哪些有趣的事呢？这节课我们来学习第 5 课《动物儿歌》，来看看小动物们在夏天会做些什么！请同学们伸出右手和老师一起书写课题。（板书课题，生齐读。）

二、口述目标

这节课我们要比赛：

1. 会认识“蜻、蜓”等 12 个生字；会写“间、迷”等 7 个生字。

2. 正确、流利、有节奏地朗读儿歌。

3. 通过朗读、表演，了解小动物的部分生活习性。

同学们有信心学会吗？（有）好，下面比赛开始，请看：

三、第一次“先学后教”——比认识生字

首先，我们来听录音，请同学们捧起书，坐姿端正，听清每个字的字音。

（一）听录音，听清字音。

同学们，你们听得很认真，这节课有一些小动物来到了我们的教室，一起来看一看都有谁吧！

（二）出示图片认读加音节的生字词：

qīng tíng　　kē dǒu　　zhī zhū

蜻蜓　　蝌蚪　　蜘蛛

qiū yǐn　　hú dié　　mǎ yǐ

蚯蚓　　蝴蝶　　蚂蚁

指名读——齐读

备注：1. 引导学生发现这些生字都有“虫字旁”，明白“虫字旁”的字和动物有关。

2. 引导学生发现、掌握形声字的构字规律。

（三）出示加音节的生字词：

jié wǎng　　shí liáng　　mí cáng　　zào

结网　　食粮　　捉迷藏　　造宫殿

生练读——指名读

备注：网：通过观察汉字演变过程图，了解象形字“网”。

迷、造：熟字加偏旁的方法。

食、粮：引导学生观察共同的部件“良”，加上不同的偏旁组成不同的字。

（四）出示词语检测：

蜻蜓　　捉迷藏　　造宫殿　　蚂蚁　　蜘蛛　　食粮　　结网

同桌互相检测——开火车读——指名读

四、第二次“先学后教”——比会读课文

同学们，生字已经认识了，把他们送到课文中你还会读吗？接下来我们进行第二场比赛——比会读课文。请同学们模仿录音里的老师自己练习读，有不认识的字可以问同桌或举手问老师，尤其注意平翘舌音，要做到有节奏地朗读儿歌。

（一）自己练习读。

大家读得怎么样呢？我要来考考你了！下面我们来进行朗读比赛，比谁能把课文读得既准确又有节奏感。

（二）朗读比赛：

要求：读的同学比谁的字音准确，声音响亮，能做到有节奏地朗读。听的同学比谁听得认真，有错及时纠正。

指名读（上台表演）——师生一问一答——拍手读

（三）提问：

小朋友们能够模仿文中的句子结构来说一句儿歌吗？（出示图片）

生练说——指名说。

备注：兔子树下吃萝卜。

蜜蜂花间采蜜忙。

猴子树上荡秋千。

五、第三次“先学后教”——比正确写字

（一）师出示会写字。

请同学们认真观察“间、网、欢、池、造、迷、运”。注意它们的笔顺笔画、在田字格中的位置以及压线笔，自己书空一遍笔顺。

（二）提问：

“造、迷、运”：它们的偏旁是什么？（走之）笔顺是什么？（学生畅读笔顺：点、横折折撇、平捺；出示动画重点讲解走之笔顺及写法），这三个字在写的时候先写什么后写什么？（引出先内后外）

“间，网”：这两个字都是什么结构的字？（半包围结构）它们的笔顺规则是什么？（先外后内），“网”在写的时候里面的撇、点要怎样？（分布均匀）

“池”：这个字是什么结构？（左右结构）占格怎样？（左窄右宽）三点水要写得怎样？（呈弧形、第二点写在横中线上）右半部分的“也”，哪一笔压在竖中线上？（第二笔竖）

过渡语：找到了规律，能帮助大家更好地写好生字，下边大家在课本上描红、临摹这些生字，比一比，谁写的和课本上的一模一样！

（三）生描红并练写。

（四）实物投影仪出示，师生评议。

（是否和标准字写得一模一样）。

六、当堂训练

听写词语：

花间　造句　水池　结网　迷路　运动　欢乐

规范下课仪式：教师填写好《课堂纪律记载簿》。

24. 司马光

学习目标

1. 感受司马光机智勇敢、沉着冷静、爱护同伴的美好品质，努力学做会动脑、乐于助人的好同学。

2. 能借助注释了解课文大意，背诵课文，并用自己的话讲故事。

3. 能初步感受文言文的特点，简单说出文言文与现代文的区别。

教学课时：2 课时

课前预习。学生根据语文教材课文前的预习提示，借助课文下的注释或字典，把握课文大意，思考预习提示中的问题，画出不懂的语句，与同学交流，探究解决。

第一课时

学习目标：

1. 感受司马光机智勇敢、沉着冷静、爱护同伴的美好品质。

2. 正确朗读课文，读好停顿。

3. 认识“司、跌”等 5 个生字，会写“司、庭”等 7 个字。

规范上课仪式（略）。

教学过程

一、板书课题

同学们，你们听说过文言文吗？你们想知道什么是文言文吗？（文言文是我国古代的人们写文章用的语言。）今天我们就来学习一篇文言文——《司马光》。

司马光是 900 多年前一位很有学问的人。谁来说一说“司马光”姓什么？名什么？（回顾一年级所学《姓氏歌》中提到的复姓，知道“司马光”姓“司马”，名“光”。）

二、出示目标

今天我们所学的这篇文言文讲的就是司马光小时候的故事。这节课的学习目标是：（屏幕出示）。

三、第一次“先学后教”——检查预习，比正确朗读课文，认识生字

过渡语：目标已经清楚，这节课我们要通过两场比赛来达到目标。首先进行第一场比赛，比正确朗读课文，认识生字词。

（一）屏幕出示：

第一次“先学后教”——比正确朗读课文

听录音，比谁能读准字音，听清停顿。

（二）听录音，给难读的生字注音。

（三）跟读录音，划出停顿符号。

备注：群儿/戏于庭，一儿/登瓮，足跌/没水中。众/皆弃去，光/持石/击瓮/破之，水迸，儿/得活。

（四）指名读

（五）同桌互读、齐读

（六）认读生字

司　跌　持　弃　持

指名读、有错其他同学纠正（结合音、形、义识记）

备注：“司”：结合课题识记；组词：司机、公司。

“跌”“持”：关注形旁，猜猜意思，做动作识记。

“皆”：结合课下注释识记；组词：皆大欢喜、人人皆知。

“弃”：组词：放弃、舍弃。

四、第二次“先学后教”——比写字

（一）师出示会写字：

司　庭　登　跌　众　弃　持

（二）书写要点指导：

“庭”：广字旁下边的笔顺，先写外边还是里边？“壬”的两个横，哪一笔长，哪一笔短？

“登”：上半部分的笔顺是什么？（横撇、点、撇、撇、捺）

“持”：右半部分的横画有长有短，哪一横长，哪一横短？书写时还要注意横画之间的距离要均等。

下边大家临摹这些生字，比一比，谁写的和课本上的一模一样！

（三）生临摹并练写

（四）实物投影仪出示，师生评议

和标准字对比，哪里写得好，哪里写得不好，怎么改？

五、当堂训练：听写生字

（一）识记

司机　家庭　登山　跌倒　观众　放弃　坚持

（二）听写

规范下课仪式，教师填写好《课堂纪律记载簿》。

第二课时

学习目标：

1. 感受司马光机智勇敢、沉着冷静、爱护同伴的美好品质，努力学做会动脑、乐于助人的好同学。

2. 能借助注释了解课文大意，背诵课文，并用自己的话讲故事。

3. 能初步感受文言文的特点，简单说出文言文与现代文的区别。

教学过程：（规范上课仪式：略）

一、板书课题：

二、出示目标：

这节课我们接着来学习第 24 课《司马光》。司马光是我国古时候的文学家，他从小会动脑，很勇敢，我们立志报国，就要从小向他学习。这节课的学习目标是：（屏幕出示）。大家认真自学，一定能达到目标。

三、第一次“先学后教”——比正确译讲课文

（一）屏幕出示

第一场比赛——比正确译讲课文

自学指导：

请同学们朗读课文，结合注释，练习译讲。

有不会的地方可以小声问同桌，也可以举手问老师。

（3分钟后，比谁能正确译讲）

（二）学生练讲，教师巡视，了解学情。

（三）指名译讲。

1. 译讲第一句：

（1）群儿戏于庭：（一群孩子在庭院里玩耍）

同学们看注释，“庭”是什么意思？　　指名回答：（庭院）

备注：引导学生知道，文言文中的一些单音节词语可以组成现代文中的双音节词语来理解（组词）。运用这种方法理解其他字词的意思。

“群”：一群。　　“儿”：孩子。

于：在。　　“戏于庭”：在庭院里玩耍（注意词序的变化）。

这一句话是什么意思呢？

指名学生译讲。有错，则其他同学更正，老师补充。

备注：文言文翻译成现代文时，为了使语句通顺、内容连贯，需要加入适当的内容。

（2）一儿登瓮：（一个小孩爬到瓮上去玩耍）

大家见过“瓮”吗？　（出示图片）盛物的陶器，口小肚大。（如有学生质疑“瓮”与“缸”区别，出示图片进行区分。）

“登”是什么意思？　　指名回答　（爬上）

这一句话是什么意思呢？

指名学生译讲。有错，则其他同学更正，老师补充。

（3）足跌没水中：（一失足跌入瓮中，并没入水中。）

“足”：脚。　　“跌”：身体失去重心而掉下去。“没”：淹没。

谁跌入了瓮中？（一个小孩儿。）句子中省略掉了。

这一句话怎么理解呢？

指名学生译讲。有错，则其他同学更正，老师补充。

师：小孩儿掉入了水中，可能很快就被淹死，这可怎么办呢？我们来看看大家的做法！

2. 译讲第二句：

（1）众皆弃去，光持石击瓮破之：(其他小孩都吓跑了，只有司马光拿起石头把瓮打破。)

“众”是什么意思？　大家，在这里指除司马光以外的其他孩子。

“光”指的是谁？　司马光（课文里用“光”来称呼“司马光”，这在其他课文里比较少见。)

“持”拿。“击”敲打。“破”使……破坏。“之”指代瓮。

指名学生译讲这一句。有错，则其他同学更正，老师补充。

（2）水迸，儿得活：（水一下子喷涌出来，这个小孩便得救了。）

“迸”：涌出。（结合课本插图理解）　“得活”：得救。

指名学生译讲。有错，则其他同学更正，老师补充。

3. 课文的意思大家明白了，那我们把这篇文言文和之前学过的课文来进行对比。想一想，这篇课文的语言和其他课文有什么不同？

指名回答

备注：（1）我国历史悠久，文化灿烂，文言文是我国古时候的人写的，是古人的话，与现代文不一样。

（2）本课课文里有许多词语是单个字的。

（3）本课课文里用“光”来称呼“司马光”。

（4）本课课文不长，句子很短。

四、第三次“先学后教”——比正确背诵课文

课文的意思大家已经懂了，那我们来比一比，看谁能快速、准确地把这篇文言文背诵下来。

1. 学生自背。

2. 同桌互背。

3. 指名背。

4. 提问：（1）司马光为什么要救这个小朋友呢？

（2）司马光为什么不找大人去救？为什么不用木棒，要用石头？为什么要砸瓮的下方？

5. 学了这篇课文，我们要向司马光学习什么？（爱护同伴、聪明机智，沉着冷静。）

五、当堂训练——用自己的话讲一讲这个故事

课文会背了，接下来，我们就借助注释，用自己的话讲一讲这个故事吧。

要求：1. 按课文的顺序讲。

2. 发挥想象，把课文中的句子，改成自己的话详细地讲一讲。

例如，对“光持石击瓮破之”这一句，要发挥想象，说出司马光在砸瓮之前想些什么，说些什么，他是怎么砸瓮的，有哪些动作等。

（1）学生自己练习。

（2）指名上台说。

规范下课仪式：教师填写好《课堂纪律记载簿》。

第三节　小学英语

小学英语的教学目标不是单一的而是多元化的，既有教学单词、会读对话、会翻译对话、会编对话，又有写作能力要求（六年级），因此，小学英语新授课上运用“以德贯穿：先学后教，当堂训练”教学模式，常采用一节课几次“先学后教”，最后“当堂训练”，全程学生自主、合作、探究性学习，全过程以德贯穿、立德树人，其课堂教学结构示意图如下：

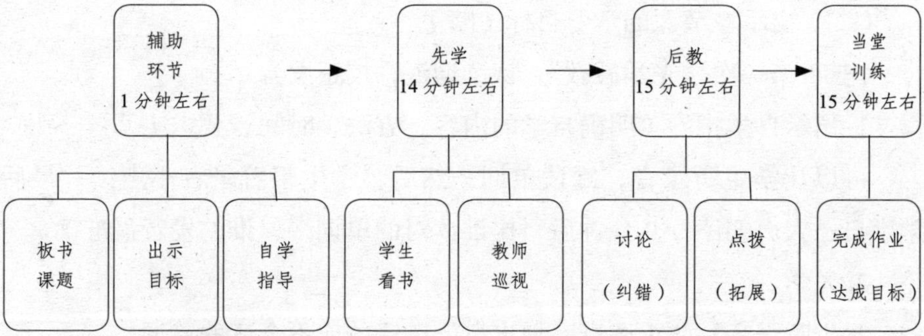

小学英语新授课必须从实际出发，考虑学生的基础：如小学三年级学生刚开始接触英语，要尽量让学生多听录音，模仿录音发音，比较、辨音、解决发音的难点，然后，听录音，教师范读、领读，把学生引进门；如学生学英语有了一点自学能力，教师就应该让学生先学。教师必须灵活运用“以德贯穿：先学后教，当堂训练”教学模式，在环节与环节之间，教师要讲一两句富有指导性、鼓动性的过渡语，承上启下，促进学生紧张学习，当堂达标，运用教学模式不得生搬硬套，千篇一律。

小学英语课堂教学要从学生听录音、读书、翻译开始，不过，课型不同，应用还要有所变动。下面分几种课型简介。

一、单词教学

规范上课仪式（略）。

教学过程

（一）板书课题

课题一般写在黑板中上方，书写要工整，笔画、笔顺正确，字体大小适当，也可白板出示，要确保最后一排学生也能看清。

（二）出示本节课的学习目标（略）

（三）第一次“先学后教”，认读词汇，校正发音

1. 出示自学指导（明确自学的内容、方法、时间、要求）。

可以让学生听录音，跟读单词；然后，学生跟着录音小声读；最后学生自己大声朗读，几分钟后，比谁读对的单词多，谁的发音最准确。

2. 先学。

学生听录音，注重读音，划出自己读错的或不会读的单词。

3. 后教。

①指名（先后进生，后优生）读单词，有错即停，其他同学纠错，老师板书读错的单词，并表扬正确纠错、声音响亮的学生。

②第一次“先学后教”中，先学与后教穿插进行，读一个，有错就纠，再读一个，有错再纠，边学边教。

过渡语：Wonderful, boys and girls. You can read the words and then let’s have a match.

（四）第二次“先学后教”，学生自读单词教师检查

1. 出示自学指导。

2. 先学。

（1）引导学生自读单词，教师巡视，及时解决学生的读音问题。

（2）教师在屏幕上呈现单词，学生合上课本自我检查，然后同桌互查，教师最后抽查。

3. 后教。

①同桌互读，发音不准的，互教。

②教师抽查，重点抽查后进生。

（五）第三次“先学后教”，联系汉语意思，读背单词

1. 出示自学指导。

2. 先学。

学生读单词，英汉结合背诵。（对于难以记忆的单词，教师引导学生

根据字母组合、发音要领寻找规律，进行记忆)。

3. 后教。

(1) 同桌互背

(2) 指名背诵

(六) 当堂训练

一般进行英汉互译训练或听力训练。教师指导学生能听、说、背熟本节课所学的单词。

操作要领：

1. 学生要独立完成，不得抄袭。

2. 时间一般控制在 10 分钟左右。

3. 写在单词本上，字体规范，下课后上交。

4. 下课铃声一响，学生交当堂训练作业。

规范下课仪式：教师填写好《课堂纪律记载簿》。

英语词汇学习一般采取单元或话题内词汇集中学习的方式。以上所谈的仅是一种操作方法，围绕“先学后教，当堂训练”这一模式，还可以有多种操作方式，不必拘泥一种。这种词汇学习方法同样适合初中和高中词汇教学。

二、对话教学

小学英语对话课教学，一般教案中在课题下写出：

本课学习目标有两个方面：一是情感、态度、价值观方面的思想政治教育目标；二是听说、读、写能力的目标，要求总目标与新教材和新课标的要求一致，不能随意降低，把该“运用”、培养听、说、读、写能力的，却不训练，使目标降低到仅仅“知道”或者“理解”的程度；也不能随意拔高，把该“知道”“了解”的目标，却要求“运用”。因为目标有导向作用，所以目标应该定为“I can read \I can use……”，即要求学生当堂不仅理解知识，准确记忆，而且一定要当堂完成作业，通过限时、独立训练形成能力。

（一）板书课题（20 秒左右）

教师要选用最佳方法开门见山，引入新课，板书课题。常用的方式有：

1. 出示精心设计的必要的图片或动画（与本课对话有关的人、或动物、或食物、或场景，显示一定要注重效果，不得喧宾夺主，底色常为白色，不用深色使得英文看不清楚，字不得太小、不规范、不端正，不得配音乐而影响效果），配合适当的动作、语言，让学生理解句子意思。

2. 教师要满怀激情，声音响亮，语速要慢，语言感染力要强。教师要用教案中精心备好的特别生动、有趣的三言两语，激发学生的兴趣，导入新课，也可边导入边板书。

（二）出示本节课的学习目标（略）

操作要领

1. 出示目标的目的是让学生明确本节课的学习目标，能紧张、高效地学习。

2. 出示的英语学习目标：一是情感、态度、价值观方面的思想教育目标；二是听、说、读、写能力目标，常用 I can read , I can translate, I can recite, I can ... ect.

目标要简明扼要，通俗易懂，让学生一目了然。

（三）第一次“先学后教”，比回答问题

1. 出示自学指导（明确自学的内容、方法、要求、时间）

2. 先学

学生先看图，听录音。边用手指指着句子边听录音，注意语音、语调；第二遍可以边听边小声跟读，在自己没有听懂或易读错的地方划上记号。

3. 后教

（1）检测学生听的情况。指名（先后进生，然后优生）回答问题。

（2）对于学生都难以回答的问题，教师可以通过启发引导的方式来解决。

（四）第二次“先学后教”，比正确翻译对话

1. 出示自学指导

引导学生大声朗读，一边读一边思考一边翻译，不懂的地方做记号，可以问同学或老师。

2. 先学

学生读对话内容，理解对话的深层含义，并在不懂的短语和句子做上标记。

3. 后教

（1）学生讨论。看白板上难读、难翻译的句子。教师要面向全体学生（目光巡视每个学生，不要盯住课本，不要只看少数学生），让全班同学思考，个个准备回答，然后再指名回答；要问：“会的请举手”，然后教师先让举手的学生中最差的学生回答；不要让全班齐声回答（因为齐答会使学生不动脑，谁会谁不会搞不清楚）；要让较多的同学读、翻译。

讨论的内容，要抓住重点，当堂突破难点。

讨论的顺序，后进生先回答，优生补充，归纳。

（2）教师补充、更正。

①教师不该讲的，坚决不讲：对学生通过自学，就已经掌握的知识点，坚决不教；若部分学生做错了的，让优生帮助更正，切不可学生讲一句，教师重复一句，学生讲一遍，教师重复一遍；对极少数学生知识回生的个别问题，也可以不教（待课外个别辅导）。

②教师该讲则讲，而且要讲好：教师讲的内容应该是全班同学通过更正讨论，还不会的地方，即大家都说错了的或都说得不完整的。

③教师要以身作则，做好榜样，立德树人。教师尤其要全身心投入，善于动脑，发现问题、解决问题，要能够驾驭好课堂，对学生要严格要求，确保学生坐姿端正，书写工整，解题规范。教师要用好教棒，千方百计让学生紧张地思考，解决疑难问题。

（3）比会读课文

（五）第三次“先学后教”，比赛编对话

1. 出示自学指导

2. 先学

学生以小组为单位，根据教材图片或教师例子编对话，教师巡视，必要时提供帮助。

3. 后教

（1）请学生上台表演对话。要求声音响亮，条理清楚，语法正确，句子流利，其他学生端正坐姿，认真耐心地听，不允许交流，发现问题，记录问题。

（2）教师既要关注台下学生，也要认真地听台上学生的对话，发现问题，记录问题。

表演对话结束后，台下学生举手发言，指出台上学生在口头表演对话中的问题（读音，语法以及行为举止等），教师补充学生未发现的问题并做归纳总结，同时评价学生表演的等级。

操作要领：

（1）要求对话内容紧扣本节课所学内容，可联系实际生活，进行适当拓展。

（2）分角色表演要关注全体学生，让后进生也有锻炼的机会。

（3）分角色表演要给学生适当的时间准备。

（4）教师要给学生创造一定的语言环境，鼓励学生大胆地进行演练，培养学生的演说技能。

（六）当堂训练

操作要领：

1. 教师精心设计练习题。当堂训练的练习题要课前出好，主要是看图连词、单项选择、连词成句等类型题。

2. 当堂训练必须严格。（1）教师要让学生合上课本，让学生像考试那样独立、限时完成，教师不得辅导学生，学生不得对答案，更不得作弊。（2）要注意矫正学生坐姿、握笔姿势，保证眼睛与书本距离一尺，培养他们的综合素质。

3. 要按时完成。当堂训练不使用作业本，给学生发放提前印好的作业题。当堂训练的时间 8 分钟左右。下课铃一响，学生交作业，确保作业不拖到课外、加重课外负担。

4.“当堂训练”的目的有四个：一是引导学生通过练习把知识转化为解决实际问题的能力；二是检测每个学生是否当堂达到了学习目标；三是减轻学生过重的课外负担；四是加快准确反馈信息，便于教师及时作好课外辅导，确保“日日清”。

教学对话课，教师要钻研教材、教参，精心划分课时，确定每节课的学习目标、教学内容，灵活运用“以德贯穿 先学后教 当堂训练”教学模式。

总之，课上每一个环节都是在让学生“先学”（发现问题），再“后教”（合作学习，解决问题），反复进行，最后当堂训练，按时独立完成作业。

三、复习课

小学英语复习课也要灵活运用“以德贯穿：先学后教，当堂训练”教学模式，操作方法与中学数学复习课基本相同（详见 P043），老师们要触类旁通，灵活运用，上好各种课型的复习课。

小学英语教师要引导学生走出教材，强化听、说、读、写综合训练，培养学生的综合、创新能力。英语复习必须全册课本（甚至全年级的课本）分类，一类一类地复习，一个难点一个难点地突破，不仅引导学生按课本顺序、系统地认真自读全册课本的各单元的单词、词组和课文，能够准确记忆，而且要让学生下功夫多练看图连词、单项选择、连词组句、写作（六年级）、灵活题，尤其是易错题，针对问题纠错时，教师要注重适当拓展：引导学生触类旁通，举一反三，融会贯通，增强听、说、读、写能力。

小学六年级教案（人教版 PEP）

Unit 3 Part B Let's talk

Learning aims:

1. I can read and translate the text skillfully.

2. I can use "— Where did you go? — I went to ...

— How did you go there?— By ...

— What did you do there?— I..." to ask and answer.

Teaching procedure:

Step 1Show the title and the learning aims(1')

Step 2 Guide One (4')

Please read the text by yourself and find out the answers.

Teacher reads the three questions slowly.

1. Where did Amy go?

2. How did she go there?

3. What did she do?

(In two minutes)

T: Look at the first question, who knows?

S1: She went to Sanya.

T: Look at the second one, who knows?

S2: By plane.

T: Look at the third question, who knows?

S3: She took lots of pictures and went swimming.

Step 3 Guide Two (13')

Please read and translate the text by yourself in 3 minutes.

T: If you have any questions, please hands up.

T: (In three minutes) Time is up. Any questions?

Ss: No

T: Very good!

1. Teacher shows the difficult words and sentences

点拨：T: Please look at the blackboard, who can read these sentences?

① over the winter holiday 在寒假期间② Sounds great! 听起来很棒！

③ sometime 某个时候

2.Read the text after the tape!

3. Read after the little teacher.

4. Read and translate the text in pairs

5. Have a match

Step 4 Review the usage of where, what and how (3')

Step 5 Guide Three (6')

Please recite the key sentences in3 minutes. Then let's see who is the best one!

1. — Where did you go over the winter holiday?

你在寒假期间去了哪里？

— My family and I went to Sanya.

我的家人和我去了三亚。

2. —How did you go there?

你们怎样去那里的？

— By plane.

乘飞机。

3. — What did you do there?

你在那里做了什么？

—I took lots of pictures, and I also went swimming.

我拍了许多照片，并且我还去游了泳。

(In three minutes)

Let the students check with their partner, then the teacher checks someone.

Step 6 Practice (8’)

Make a new dialogue

T：Now, I’ll give you an example, who can help me?

A: Where did you go over the holiday?

B: I went to ...

A: How did you go there?

B: By ...

A: What did you do there?

B: I ...

T: Understand? You will have three minutes to make a new dialogue. Ready, go!

(In three minutes)

T: Time is up. Let a few groups act them out.

Step 7 Do exercises (5')

Class Exercises

班级：__________ 姓名：__________ 学号：________

一、选出不同类的单词。

( ) 1. A. went B. did C. over

( ) 2. A. what B. beautiful C. how

( ) 3. A. where B. I C. you

( ) 4. A. was B. go C. do

( ) 5. A. beach B. went C. took

二、选词填空。

How	over	went	What	from

1. Where did you go __________ the summer holiday?

2. Xinjiang is far __________ here.

3. __________ was the beach?

4. My parents and I __________ to Shanghai.

5. __________ did you do there?

三、补全对话。

A: Where did you go over the winter holiday?

B: 1.____________________

A: Really? Did you like it?

B: 2. ____________________

A: How did you go there?

B: 3. ____________________

A: What did you do there?

B: 4. ____________________

A: Sounds great! 5. ____________________

B: Sure.

A. Yes, it was so warm.
B. I took lots of pictures, and I also went swimming.
C. We went there by plane.
D. My family and I went to Sanya.
E. Can I see your pictures sometime?

板书设计：

Unit 3 Part B Let's talk

1. over the winter holiday 在寒假期间

2. Sounds great! 听起来很棒！

3. sometime 某个时候

四年级英语教案（人教 PEP）

Unit 1 Words

Learning aims:

1. I can read and understand the words of Unit 1 skillfully.

（能熟读并理解第一单元的单词。）

2. I can recite the words of Unit 1 skillfully.

(能熟练背诵第一单元的单词。)

Teaching procedures:

Step 1. Show the learning aims (1′)

T: Now let's look at the learning aims. Are you ready?

Ss: Yes.

Step 2. Show Guide 1 (10′)

Listen carefully. Pay attention to the pronunciation and intonation.

① T: Listen to the tape carefully.

Ss: OK.

（学生认真听录音。）

② Listen again and read after the tape in a low voice.

（学生再次听录音，并小声跟读。）

③ T: Please read the words aloud by yourself in 3 minutes. If you have any questions, please put your hands up.

（学生大声朗读单词，如有不会的可举手示意。）

The words:

classroom	教室	window	窗户
blackboard	黑板	light	灯
picture	图画	door	门
TV	电视		

Step 3. Show Guide 2 (5′)

Please read the words by yourself in 3 minutes.

T: Look at the words and read them. In three minutes, let's see who can read them skillfully.

① Check in pairs.

② Have a match.（教师抽查。）

Step 4. Show Guide 3 (10′)

Please recite the words skillfully in 3 minutes. Then let's see who is the best one.

① T: Look at the words and recite them. In three minutes, let's see who can recite them skillfully.

（学生在 3 分钟内自背单词，教师巡视，及时解决学生的读音问题。）

② T: Now please check in pairs.

（同桌互查单词。）

③ Have a match.

（教师手持单词卡片，一面英语，一面汉语，教师出示汉语时，学生要快速说出英语；教师出示英语时，学生要快速说出汉语。抽查学生，要重点抽查后进生，如后进生发音有问题，就让优生帮助纠正。）

Step 5. 点拨。（对于难以记忆的单词，教师引导学生根据字母组合、发音要领寻找规律，进行记忆。）(5′)

① classroom（合成词：class+ room）

② blackboard（合成词：black+ board）

Step 5. Class exercises (9′)

① 教师用白板出示汉意，让学生快速说出单词。

② 限时书写训练（要求：1. 独立完成，不得抄袭。2. 3 分钟完成。）

一、写出下列单词的汉意。

1. classroom

2. window

3. blackboard

4. light

5. picture

6. door

7. TV

二、选出与其他单词不同类的一项。

( )	1. A. door	B. window	C. open
( )	2. A. go	B. see	C. classroom
( )	3. A. picture	B. near	C. blackboard
( )	4. A. where	B. six	C. eight
( )	5. A. desk	B. chair	C. cake

三、给下列单词选择合适的汉意。

( )	1. classroom	A. 教师	B. 教室	C. 讲台
( )	2. door	A. 窗户	B. 电视	C. 门
( )	3. picture	A. 图画	B. 计算机	C. 风扇
( )	4. light	A. 墙壁	B. 图画	C. 电灯

四、抄写下列单词（每个单词抄写两遍）。

1. picture　　2. door　　3. window

4. classroom　　5. light

第四节　小学综合学科（道德与法治、科学）

小学道德与法治和科学综合学科教学运用“以德贯穿：先学后教，当堂训练”教学模式，与数学新授课基本结构一样，都是一堂课搞一次性的“先学后教”，最后“当堂训练”，但也有不同：1. 数学课“先学”包括“学生看书”“书面检测”两个小环节，而小学综合学科“先学”仅有“看书思考”一个小环节，没有“看书”思考后的“书面检测”；2. 数学课上“后教”分互评书面检测题的对错和讨论，而小学综合学科课上“后教”只有逐题提问、讨论对答案，老师点拨；3. 数学课上搞两次“书面检测”，小学综合学科课上只有一次“书面检测”，就是“当堂训练”。这样，少了看书、思考后的“书面检测”，有利于学生集中精力看书、思考，联系学过的旧知，理解新知，接着讨论、教师点拨，加深理解，提升认识，增强实际运用能力，当堂达到学习目标。小学综合学科的课堂结构示意图如下：

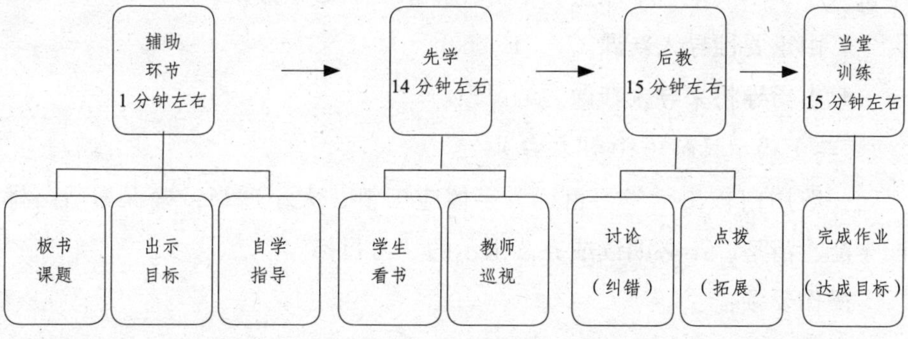

下面，介绍小学综合学科的一般操作要领（与小学数学基本一样）。

课前预习的方式：仅仅是看看课本，看思考题，联系同类旧知识，初步看懂新知。预习的时间：不长，不能花一节课时间，做《学案》的试卷而加重课外负担。

规范上课仪式（略）。

教学过程

（一）板书课题（20 秒左右）

课题一般用白板出示，也可写在黑板中上方，书写要工整，笔画、笔顺正确，字体大小适当，要确保最后一排学生也能看清，教师要认真开好头。

操作要领：

要精选最佳方式，引入新课，板书课题，常用的方式有：

1. 由旧知导入新课。三言两语由旧知引入新课，让学生联系旧知，更好地理解新知，形成观念，指导实践。

2. 出示动画引入新课。教师以屏幕出示精心设计的图片、动画，激发学生的兴趣，导入新课，但屏幕显示一定要注重效果，注重政治色彩，不得喧宾夺主（底色常为白色，不用深色使得文字看不清，屏幕上的字不得太小、不规范、不端正，不得配音乐）而影响效果。

3. 由重要性导入新课。

4. 由指导将来导入新课。

（二）揭示目标（10 秒左右）

一般用白板出示学习目标，字体应工整，大小适当，确保最后一排同学能看清楚，不必朗读或齐读出示的学习目标。

操作要领：

1. 出示学习目标的目的。让学生明确本节课的学习目标，能够紧张、高效地学习。

2. 出示学习目标的内容。学习目标有两方面：一是情感、态度、价值观方面的思想教育目标；二是知识、能力的目标。这两个目标都必须在每节课教案开头写明。

3. 出示学习目标的要求。

学习目标要具体、准确、简明扼要，对知识的理解、记忆、运用要有明确的要求，既不降低，也不拔高，更不能搞偏，因为目标有导向作用，它关系到课堂教学各个环节质量的高低。

4. 出示学习目标的时间（10 秒钟左右）。时间要恰当，既不能过短，急于切换，让学生没看清楚；又不能过长，节奏太慢，浪费时间。

（三）自学指导（30 秒左右）

白板出示。让学生明确自学的内容、方法、要求、时间。

操作要领：

1. “自学指导”好比学生课上学习的导航仪。教师要精心设计“自学指导”，确保“自学指导”富有实效，没有任何错误（包括字、标点、表述不准）。

2. 自学的内容：必须用好新教材，学生课上自学，主要看书、思考，找答案。

3. 自学的要求：

（1）自学要求，要分类提出：

①学生边看书，边思考，边在课本上画出找到的思考题答案，边解释答案中的关键词语，理解概念，弄懂“为什么”。

②认真思考课本上找不到答案的“思考题”，能联系实际，举例说明。

（2）学科不同，要求的重点不同：

①《道德与法治》课是思想教育的主阵地，要注重引导学生看书，能解释课文中的关键词语，理解概念，要引导学生能联系实际，举例说

明为什么，解释政治概念、社会现象，正确分析、回答实际问题，提高认识，落实行动。《道德与法治》课上一定要学生学了政治理论，就能运用政治理论，来判定、回答实际问题，确保观念正确，答题完整，语言准确。

②《科学》课上要引导学生热爱科学，养成科学的态度，学好科学知识，用于实践，培养技能，为将来成为有用人才打下基础。

4. 自学的时间。时间要恰当，要根据实际而定，既不能时间过长（使得学生拖拖拉拉，难以养成雷厉风行的习惯），也不能过短（使学生自学走过场）。

5. 出示自学指导以后，教师常鼓励学生“下面开始自学竞赛”，使学生愉快地自学，但语言要简洁。

（四）先学

1. 学生看书（看一看）

学生按照自学指导专心看课本，准确记忆、理解的基础知识；认真思考，弄懂“为什么”，准备正确回答思考题。这样，学生紧张地看书代替老师灌输、传授知识。

操作要领：

（1）教师应关注全体学生。学生看书时，教师坚持言传和身教相统一，站在讲台上，聚精会神地不停地关注每名学生，关注细节，重视育人，必要时走下讲台，帮助学生矫正看书姿势，端正坐姿，教师应对按照自学指导仔细看书的同学表示满意的神情，对看书不够专心的学生，个别提示，说上一两句悄悄话，营造专心看书、思考的学习氛围。教师要一心想着学生：学生有哪些疑难，该怎么最有效地引导、帮助解决……教师不能心不在焉、东张西望，不能说闲话，不能做闲事，不能在黑板上随便写字，更不能走出教室，影响学生学习。

（2）学生看书时，教师要及时表扬那些看得又快又认真的同学，激励其他学生向他们学习，激发大家的学习兴趣。

（3）要把握好看书的时间。一般情况下，尽量让学生在限定的时间内看完书，不延长，以此培养学生紧张学习的好习惯。但一定要根据学情，实事求是，如内容过多，大部分学生还没看完，时间可适当延长些；如学生全部看完了，可提前结束。

（4）过渡语：过渡语一般是："下面，进入"后教"环节，要检测同学们的自学效果，合作学习，解决疑难。

2. 后教（议一议）

（1）学生讨论

操作要领：

①要求对能从课本上找到答案的题，不必讨论，只要求引导学生解释答案中的难理解的关键词句，重在弄懂"为什么"；

②对从课本中找不到答案的"自学指导"中的关于综合训练的问题，要引导学生运用新知，联系旧知，认真审题，明确要求，抓住要点，规范答题，达到正确、完整，有条理、无病句。

③讨论要以学生为主。一般要先指名后进生回答，如学生回答有错，不管是什么错（观念错、还是其他……），教师都要明确指出"不对"，引起全体同学的重视，让其他学生纠错，直到正确为止；如学生说得不完整，则明确指出"不完整"，请其他同学补充直到完整为止；如学生回答无条理，则明确指出回答"无序"，引导其他同学修改，直到"有序"为止；如果学生回答有病句，则引导大家帮他修改病句……如学生抓不住重点，不简洁，则引导学生帮助……总之，要求学生讨论：思想观点、实际应用等综合题，一定要引导多名学生讨论，力求答案准确，让全体学生不仅增强思维、分析能力，而且能提高思想政治素养。

④教师该讲则讲，而且要讲好。如大家都不会，教师补充、更正、拓展。

总之，教师必须灵活选用最佳方式，有的放矢地解决问题，既不能该讲不讲，或者仅仅出示答案，一略而过，或者就题讲题，结果，错了的再错，也不能教师从头至尾一步一步地讲，更不能让一名学生上讲台从头讲到尾，这还是搞“满堂灌”。

3. 拓展

①“纠错”一结束，教师用逐一出示联系实际的易错题、灵活题，不得选用偏题、怪题，让学生走出教材，积极参加口答形式多样的（判断题、选择题、改错题）的灵活题，强化训练，增强记忆、思维能力；如时间不够，则取消口答竞赛。

②口答竞赛结束，教师要引导学生联系刚才看书后的检测练习和口答竞赛时出现的错误，作出课堂小结：总结运用新知识解题最易错的细节，教师只作极少的强调，但不必重复。这样由后教环节过渡到当堂训练环节。

（六）当堂训练

“当堂训练”就是接着“后教”环节，教师引导学生当堂完成作业。

“当堂训练”的目的有四个：一是引导学生通过练习把知识转化为解决实际问题的能力；二是检测每个学生是否当堂达到了学习目标，做到“堂堂清”；三是减轻学生过重的课外负担；四是加快准确反馈信息，便于教师及时作好课外辅导，确保“日日清”。

操作要领：

1. 当堂训练的时间不少于 10 分钟。

2. 当堂训练的练习题要有代表性、政治性、灵活性、针对性，绝对不能仅仅是填空、默写、检查记忆知识的练习题，绝不能有政治性的错误题；题型应该多样灵活多样（判断题、选择题、改错题等）；题量应该适当，不宜过多、过少；难易应该适度，不宜过难、过易，要确保学生下课前能够完成作业，减轻课外负担。

3. 当堂训练必须严格。（1）要让学生像考试那样独立、限时完成，教师不得辅导学生，学生不得对答案，更不得作弊。（2）要注意矫正学生坐姿、握笔姿势，保证眼睛与书本距离一尺，培养他们的综合素质。

（3）如少数学生做得特别快，提前完成，教师可安排他预习新课或做资料上的试题。

4. 下课铃声一响，学生交当堂训练作业。

规范下课仪式：教师填写好《课堂纪律记载簿》。

11. 让我自己来整理

学习目标：

1. 明白自己的事情自己做。

2. 初步掌握整理物品的一些基本方法或原则。

规范上课仪式（略）。

教学过程

一、游戏导入：

找橡皮，比谁速度快。（一个收拾整齐的书包，一个里边凌乱的书包，两名学生分别从里边找出橡皮。）说一说，速度快或慢的原因。

（出示课本插图）如果大家能像图上的小女孩儿这样每天整理书包的话，就会很快地找到想要的学习用品。这样的事情还有很多，今天我们就来学习第 11 课《让我自己来整理》。

二、出示目标：

这节课我们要学会哪些新本领呢？（口述目标）我们要通过几场活动

来达到目标，你们有信心学会吗？

三、第一次“先学后教”：小雨和他的“小伙伴”

1. 师：这是小雨，他结识了不少特殊的“小伙伴”，就让我们一起去看看，他的“小伙伴”有哪些？(课件出示一些学习、生活用品)

指名回答

2. 师：看来大家对这些“小伙伴”都很熟悉，那下面老师给大家出 2 个谜语，请同学们自己读一读（课本 42 页谜语），猜一猜，这是我们的哪个小伙伴？

指名回答（袜子、鞋子）

3. 师：这些“小伙伴”在我们的学习和生活中发挥了什么作用呢？

同桌互相说、指名回答

师：这些“小伙伴”在我们生活中有必不可少的作用。

四、第二次“先学后教”：找不到“小伙伴”了

今天小雨遇到了点麻烦，我们一起来帮帮他。出示小雨在杂乱的房间里找不到橡皮而急得满头大汗的情景。

1. 师：你遇到过类似的事吗？当时的感受怎样？

同桌讨论、指名回答

2. 师：为什么会出现这样的情况呢？

指名回答

3. 如果找不到自己的小伙伴会怎样呢？

指名回答

备注：会把家里翻得乱七八糟

会丢三落四，浪费时间

总之：我们的学习和生活都会受到影响。

师：找不到“小伙伴”了很麻烦，但是正是因为我们的东西没有条理，房间太乱，才造成我们找不到自己的“小伙伴”，同学们一定不要学图中的小男孩。

要想不出现这样的麻烦就得收拾好自己的物品，帮我们的“小伙伴，找到自己的家。

五、第三次”先学后教”：送“小伙伴”回家

1. 师：下面，我们来做一个游戏：送“小伙伴”回家。

（游戏安排：师拿出事先准备的各种生活、学习用品放在中间的桌子上，在这张桌子的对面安排 2—3 张桌子，这几张桌子代表了这些“小伙伴”的家，有生活用品、学习用品、卫生用品等。学生分组进行游戏，一组完成，大家用笔记录下结果，物品回归原位，下一组继续进行。最后比一比哪一组完成得又好又快，正确率高。）

2. 总结游戏结果。

3. 师：这些物品都是我们的“小伙伴”，缺少了哪一个，我们的学习和生活都会受到影响，希望同学们能熟悉这些“小伙伴”，明白它们的家在哪里，并送它们回到了自己的家，这是一种很好的习惯。

六、第四次“先学后教”：养成整理的好习惯

1. 师：我们来看看这两个小朋友做得对不对？（课件出示：教材上的两幅图）

指名回答

备注：这两个小朋友做得都不对，妈妈会整理，但是妈妈不可能帮我们一辈子，而且妈妈很忙，我们应该自己的事情自己做；另一个小朋友说，等长大了我再自己整理，这也是不对的。小的时候没有养成一个好的习惯，学会最基本的本领，长大了也做不好。

2. 师：其实，整理这些物品并不难，它也有一些小窍门，哪位同学平时做得比较好，跟大家分享一下自己的经验、窍门帮帮大家。

指名回答

3. 师：这里有一首儿歌，帮助大家养成整理的好习惯。

师生一起读儿歌，并进行分析。

4 师：除了儿歌，课本上还有 2 个小窍门，谁能找到？

（一个是定时整理，整理好了画个笑脸夸自己，一个是物归原处）

掌握好这 2 个窍门，你就能养成整理的好习惯。老师预祝大家都能养成这样的好习惯，成为一个爱整洁的好孩子。

七、当堂训练：

练习题：

1. 连一连，让我们把物品整理到对应的位置，做个整洁的孩子。

衣服	书包
尺子	桌子
杯子	柜子
被子	床上

2. 判断对错。

（1）我自己的房间，自己整理干净。（ ）

（2）在整理房间时，我把鞋子放到了洗脸盆里（ ）

（3）我最喜欢小狗熊玩具，每次玩过后我都会把它收好。（ ）

（4）书包能装很多学习用具。（ ）

（5）反正妈妈们会整理，我就不用整理了。（ ）

3. 择优选择。

（1）书，应该放到（ ）。A、脸盆里 B、书包里 C、衣柜里

（2）鞋子应该放到（ ）。A、衣柜里 B、鞋盒里 C、书包里

（3）下列物品应该和衣服放在一起的是（ ）。

A、尺子 B、跳绳 C、袜子

（4）下列物品不能和书包放在一起的是（ ）。

A、牙膏 B、笔 C、小刀

规范下课仪式：教师填写好《课堂纪律记载簿》。

第二单元　形状与结构

1. 抵抗弯曲

学习目标

1．知道房屋、桥梁结构中有“柱”和“梁”，梁比柱容易弯曲。

2．知道增加梁的宽度可以增加抗弯曲能力，增加梁的厚度可以大大增加抗弯曲能力。

课前准备

小组准备：长度、宽度相同、厚度不同的纸条（相同的卡纸粘贴而成）；长度、厚度相同、宽度不同的纸条；铁垫圈、竹片或尺子。

教师准备：有关的建筑图片。

规范上课仪式（略）。

教学过程

一、板书课题

师：同学们，在三年级时我们研究过纸承受拉伸和弯曲的性能。那么，纸抗弯曲的能力和什么有关呢？今天我们来学习“抵抗弯曲”（板书课题）。

二、出示目标

本节课我们的目标是：（出示）

1．知道房屋、桥梁结构中有“柱”和“梁”，梁比柱容易弯曲。

2. 知道增加梁的宽度可以增加抗弯曲能力，增加梁的厚度可以大大增加抗弯曲能力。

为了达到目标，下面请大家认真地看书。

三、出示自学指导

认真看课本 26—28 页的内容，按照下面的指导进行自学。

1. 研究纸梁的宽窄、厚薄怎样影响抗弯曲能力，分组实验并填写记录表。

2. 注意事项：（1）实验应控制哪些量不变。

（2）怎样表示纸的抗弯曲能力的大小？

3. 纸梁的厚度、宽度与抗弯曲能力的大小有什么关系？

（15 分钟后，比一比谁的自学效果做好！）

四、先学

（一）看书并分组实验

教师先组织学生认真看书，2 分钟后，组织学生小组进行试验。

（二）实验演示

学生一边做实验一边完成试验记录

（三）试验记录

1. 纸梁的宽度与抗弯曲能力的测试记录

纸梁的厚度（以最窄的为标准）		1 倍宽	2 倍宽	4 倍宽
抗弯曲能力的大小	预测			
	实测			

我们发现：纸梁的宽度与抗弯曲能力的关系是：

2. 纸梁的厚度与抗弯曲能力的测试记录

纸梁的厚度 （以粘在一起的张数计算）		1	2	4
抗弯曲能力的大小	预测			
	实测			

我们发现：纸梁的厚度与抗弯曲能力的关系是：

五、后教

1. 指定学生回答问题：

从实验中得出结论：增加横梁的宽度可以增加抗弯曲能力；增加横梁的厚度可以大大增加抗弯曲能力。要增加抗弯曲能力，增加厚度比增加宽度更有效。

2. 拓展：横梁平放还是立放好？

我们发现桥梁的横截面一般是什么样子的？观察桥梁是怎样安放的，通过今天的学习，请同学们说说这样安放的理由。并用实验来证明自己的理由。

六、课堂小结

提问归纳本节课学习的要点，指名回答，教师给予更正完善。

七、当堂训练

1. 填空题。

（1）横梁应该（　）放置，理由是（　）。

（2）增加梁的（　）和（　）可以大大增强梁的抗弯曲能力。

2. 判断题。（对的打“√”，错的打“×”）

（1）纸的厚度与抗弯曲能力成正比。（　）

（2）横梁比柱子容易弯曲和断裂。（　）

（3）两张纸的抗弯曲能力一定比一张纸强。（　）

规范下课仪式：教师填写好《课堂纪律记载簿》。

第六节　小学体育音乐美术

小学体育音乐美术教学运用“以德贯穿：先学后教，当堂训练”教学模式，一般采用一节课几次“先学后教”，最后“当堂训练”，全程以德贯穿，其课堂教学结构示意图与中学体音美学科基本相同，让学生先自主学习，后合作学习，全过程以德贯穿。

不管哪一种形式的体音美课，都要把思想政治工作贯穿教学全过程，规范上下课仪式，体音美老师做好楷模，言传身教（尤其体育老师不带手机、水杯上操场，要穿运动服、运动鞋，体育课上纪律严格，行动军事化）。小学低年级和中高年级学生基础不一样，要求不一样，上课就必须从实际出发，灵活运用“以德贯穿：先学后教，当堂训练”教学模式，不能死搬硬套，使得教学不符合实际而过难或过易、影响质量、影响学生的健康发展。

一年级体育教案

1. 跳绳：并脚跳

学习目标：

1. 初步掌握并脚跳短绳的基本技术。

2. 培养勇敢顽强、团结互助、克服困难的精神。

场地器材：短跳绳 50 根、足球场一块。

课前准备：

体育教师整体好场地和体育器材，作好一切准备；学生在指定位置集合后，有秩序地进体育场，按口令列队，要像受阅官兵那样，队伍整齐，姿势正确一个样，不讲一句话，真正达到静、快、齐。

教学过程：（规范上课仪式：略）

一、宣布教学内容

过渡语：同学们，今天我们的学习目标是掌握并脚跳的动作技能，能用标准动作连续跳绳十次。

二、第一次“先学后教”：队列训练纠正学生错误动作

三、第二次“先学后教”：学习手腕用力摇绳的方法

1. 先学。教师示范。学生认真观察、思考怎样手腕发力、连续摇绳。

2. 后教。让学生模仿做，老师不断纠正错误的动作。

四、第三次“先学后教”：学习完整并脚跳动作

1. 先学。看教师做示范动作，认真思考怎样能够连续跳。

2. 后教。让学生模仿做，两人一组，互相纠正错误动作，教师巡回指导，不断纠正学生错误动作。

五、第四次“先学后教”

1. 先学。

（1）学生独立做；

（2）教师挑选做得好的展示。

2. 后教。老师同学重点帮助做得不合格的学生，纠正动作，反复训练。

六、当堂训练：

1. 学生 4 人一小组，分组练习，相互讨论，老师巡视指导。

2. 分组进行测试，记录动作不熟练的学生。

规范下课仪式：教师填写好《课堂纪律记载簿》。

1. 小麻雀

学习目标：

1. 熟练掌握节奏型 $\underline{\times\ \times}$。
2. 学会演唱歌曲《小麻雀》。

教学过程：

一、发声练习（注意发声要求）

1. 音阶练习。
2. “咿呀”的练习。

二、板书课题（规范上课仪式：略）

谜语和图片导入。

三、出示目标

1. 熟练掌握节奏型 $\underline{\times\ \times}$。
2. 学会演唱唱歌曲《小麻雀》。

四、第一次“先学后教”：初听音乐感受歌曲情绪

（一）先学

同学们听歌曲，思考这首歌曲的情绪是怎样的？

（二）后教

指名口述思考题，老师小结歌曲的情绪是诙谐有趣的。

五、第二次“先学后教”：学习歌曲中的重点节奏和旋律

过渡语：为了更准确掌握歌曲，我们先来练习节奏和旋律。

自学指导：结合拍子示意图，练习以下节奏和旋律，两分钟以后看谁能准确流畅的打出节奏、唱出旋律。

$\frac{3}{4}$ ×× × × | ×× × 0 | ×× × × | ×× × 0 ‖

$\frac{3}{4}$ 2 5 5 2 | 1 1 2 0 | 2 5 5 2 | 1 $\underset{\cdot}{6}$ $\underset{\cdot}{5}$ 0 ‖

小麻雀 喳喳叫 走起路来 蹦蹦 跳

（一）先学

学生自由练习以上节奏和旋律两分钟

（二）后教

1. 老师请同学来打出以上节奏。

师强调：以上空拍都是一拍。

2. 师弹琴，学生听琴模唱以上旋律。

六、第三次“先学后教”：听音乐模唱歌曲

自学指导：听音乐学唱歌曲

第一遍：看歌词静静地听音乐（手指歌词，认真听）。

第二遍：小声哼唱（注意歌曲演唱特点：诙谐有趣的）。

第三遍：跟音乐演唱歌曲。

（一）先学

1. 学生手指歌词听音乐。

2. 学生跟琴唱。

（二）后教

1. 学生跟伴奏齐唱，如果唱对的，教师不重复教唱；如果唱得不对，则学生跟琴反复练习。

2. 教师解决难题：通过听琴正音来完成，如果出现错误的乐句，由教师分句弹琴，学生听琴上的音准来完成。

七、当堂训练

1. 教师伴奏，文艺委员指挥，全体齐唱歌曲。

2. 教师指名四人一组上讲台展示，比哪一组旋律准确、歌曲感情处理得当。

3. 加入律动（学生自己发挥想象力创编，最后师生共同表演）。

过渡语：同学们，通过本节课的学习，我们唱会了歌曲《小麻雀》，小麻雀是人类的好朋友，我们要爱护小麻雀，也要爱护大自然中所有的动物！

规范下课仪式：教师填写好《课堂纪律记载簿》。

二年级美术教案

9. 蜻蜓飞飞

学习目标：

1. 以蜻蜓为题材创作一幅线描画。

2. 培养学生热爱生活的感情，养成良好的观察能力，发现生活的美。

教学用具：示范作品、多媒体

教学过程：（规范上课仪式：略）

一、板书课题

用图片导入。提问：谁来说说你看到了什么？

过渡语：你们观察得真认真，教师指图说：这就是我们今天要创作的主角——蜻蜓。

标示板书课题《蜻蜓飞飞》

二、出示学习目标（略）

过渡语：大家有信心完成吗？声音真洪亮，老师相信大家一定能完成今天的学习目标。

三、第一次先学后教

（一）先学

教师出示蜻蜓图片，引导学生认真观察。思考：

1. 蜻蜓由哪几部分组成？

2. 蜻蜓的各部分可以用什么图形概括？

（二）后教

1. 指名回答 1、2 题，其他同学补充。

2. 引导归纳小结。

四、第二次先学后教

（一）先学

1. 教师出示蜻蜓作画步骤图。

2. 学生认真观察蜻蜓步骤图，根据步骤图，开始画蜻蜓。

（二）后教

1. 学生不会画的地方问同桌或者问老师。

2. 师归纳小结。

五、第三次先学后教

（一）先学

1. 教师出示以蜻蜓为主题的优秀作品，引导学生学习此类画的构图方式。

2. 引导学生创作一幅以蜻蜓为主题的作品。

（二）后教

1. 学生说出最喜欢的作品，并说明理由。

2. 师归纳小结。

六、当堂训练

作业：以蜻蜓为题材创作一幅线描画。（作画时间：20 分钟）

要求：1. 构图合理，主题物突出。2. 线条流畅，大胆想象。

七、展评作业

指生展示，学生互评，教师点评。

规范下课仪式：教师填写好《课堂纪律记载簿》。

第三章　教学模式影响全国

“以德贯穿：先学后教，当堂训练”教学模式影响全国。许多国家、省级教育专家多次、从多方面论证这种教学模式的科学性、实效性。全国多届教学研讨会上，各地校长、教师、教育工作者一致肯定教学模式确实是科学的高效的能够普遍推广的最佳教学模式。河南省沁阳永威学校多年在《中国教育报》、《人民教育》、河南省《教育时报》等报刊发表数十篇教改长篇论文和几本专著。省内外校长、教师赴河南省沁阳永威学校参观、考察、听课、评课者络绎不绝。河南省沁阳市教育局、教体局先后多次发文，在全市推广教学模式，河南省沁阳市各校普遍运用这种教学模式，效果明显，师生、家长以及各级领导都给予高度评价。河南省沁阳永威学校教学模式被河南省教育厅评为河南省教育科学研究优秀成果一等奖，在此基础上，“以德贯穿：先学后教，当堂训练”全国推广，效果一定更好，影响一定更大。

第一部分　专家评述

蔡林森教育思想为什么经久不衰?

中国教育学会名誉会长　顾明远

蔡校长已逾古稀之年，从江苏洋思中学到河南永威中学，几十年孜孜不倦培养一代又一代学生，他的教育思想永放光芒。为什么他的教育思想经久不衰？我觉得有下面几点：

第一，他热爱教育事业，热爱学生。蔡校长已年逾古稀，但仍然心系教育，他抛开了在富裕的家乡过退休赋闲的生活，跑到河南的西部农村办学，为的是什么？为的是教育，为的是我们民族后代的发展。他每天起早贪黑，以校为家，他的人生就是教育，教育就是他的人生，把一生贡献给了教育事业。我曾经说过，要成为一名优秀的教师，首先要有做教师的意愿。教师不只是一个普通的职业，它关系到儿童的未来、国家的命运、民族的兴衰。蔡校长把儿童装在心里，把祖国装在心里，所以才能取得今天这样的成绩。

第二，他有一个信念，就是“以人为本”、“以学生为本”，他相信每一个学生，充分认识到学生内在的潜力，相信每个学生都能成才。每一个教育工作者必须具备这种信念。有了这样的信念，教师才能全心全意扑在教育上，才能真正地热爱学生。他的“以学生为本”的教育思想，指导着学校的工作，引领着全校教师员工为学生的发展而努力服务，所以教育质量就很快提升了。

第三，他在教育中“以学生为主体”，“先学后教”的思想就是把学生放在主体地位。现在大家都在讲，未来教育是要把教师的“教”转变为学生的“学”。那么，蔡校长的教育思想已经超前了多少年。当然，未来的学，在信息化时代，还有新的含义。但这种转变，都是建立在“以学生为主体”理念之上。这种理念值得大力提倡。当前的教育现实中，许多老师仍然认为自己是主体，认为自己是知识的权威，学生只是接受教育，被动学习。教师可能在课堂上向学生提出许多问题，叫了许多学生起来回答，看起来也很热闹，但提的问题是老师的问题，不是学生的问题，还是没有学生的主体性。蔡校长不是那样，他始终把学生放在主体位置。“先学后教”就体现了以学生为主体。先由学生自学，发现问题，再由老师讲解，这就有的放矢，真正解决了学生的疑难问题。同时学生先学，可能会有自己的体会，不会因为老师先讲了，先入为主，影响学生自己的领悟。当然“先学后教”是一般方法，具体应用还要视不同科目、不同教学任务而定。

第四，蔡校长始终把课堂教学作为培养人才的主渠道。蔡校长一直认真抓课堂教学，让老师上好每一节课。他提出“当堂练习”，使学生在课堂上就学懂练会。这是减轻学生课业负担最重要的方法。学生在课堂上学懂学会了，课外作业就不需要那么多了。现在许多学校不是把精力放在上好每一节课上，而是放在课外作业上，给学生留许多家庭作业，使学生埋在作业堆里，没有时间思考，没有时间锻炼身体，没有时间参加自己喜爱的文体活动。蔡校长的“先学后教，当堂练习”，让学生先学，先思考，当堂练习，当堂学会，减少了作业，减轻了负担。

第五，严格管理。学校能有序进行，需要有制度保障。无论是洋思中学，还是永威学校，蔡校长都重视制度建设，建立了每位教师的岗位责任制。教师有章可循，校长有法监督检查，使学校工作有条不紊。所以永威学校能够在短短几年时间内取得成功。

蔡校长还有许多办学思想和经验，我也说不周全，以上只是我对蔡林森教育思想的一些体会。祝愿蔡校长身体健康，永葆青春。

2019 年 4 月 13 日

蔡林森这样当校长

中国教育学会常务副会长　郭振有

到永威看了老师怎样上课，蔡校长怎样评课，我感到一种巨大的震撼。

相对于“先教后学”，“先学后教”虽然只是一个次序变更，但无疑是一场革命。

有人说，蔡林森到了永威，沁阳校长、老师的教育观念前进了10年到20年。

到过洋思，到过永威，写过蔡林森的文章，自以为对这位著名的教育家型的校长了解了。其实仅仅是皮毛。

不久前又到永威，在学校生活了3天，听了一些课，看了永威的老师怎样上课，蔡校长怎样评课，我才感到一种巨大的震撼。

永威是一所沁阳市委、市政府及市教育行政部门大力支持的民办学校。蔡林森退休后，沁阳市教育局领导和永威学校董事长数顾“茅庐”。蔡林森十分感动，不好推辞，才来到这家人生地不熟的学校。他没有想到，他遇到的困难要比想象的大得多。他面临着巨大的挑战。他流过眼泪，想到退却。但又想，如果退却了，人们将如何看这个蔡林森？艰难的3年多过去了，永威也像洋思那样，成为中国基础教育界高高立起的又一面红旗，被人称之为河南省的“教育名片”。慕名来学习取经者，天天络绎不绝。

蔡林森的教育思想体现在他提出的“先学后教，当堂训练”这8个字上。这个理念极为简单、朴素。但要变成行为，却异常困难。蔡林森不得不亲自上阵，天天听课、评课。从小学到初高中各门学科，他轮番地听、评。每天听评四五节到七八节。日日周周月月年年，几乎一天不落。学校专门辟出“219”——一个能坐200多人的大教室，供本校和外地来的学习者听课。

蔡林森认为，一般传统的课堂，至少有50%时间是无效的。而80%的学生对教材要求是可以通过自学掌握的，另20%的学生对80%的教材内容也是可以通过互教互学，或教师点拨学会的。而老师们常常只管自己讲，不管学生学。倡导“先学后教”之后，有的老师又把“先学后教”不自觉地变成了“先学后讲”。蔡林森硬是一节课一节课、一门课一门课、一个老师一个老师地掰，一次又一次地掰，才逐步转变过来的。听了蔡林森评课，我没见过也没想象到，一个校长是这样抓课堂教学的。有时他先让教师自评，或让教研室同志评，最后他自己评。他会肯定这一节课的每一个优点，包括教学目标、重点确定、训练方式、板书设计，以及教师的精神状态、语音语气，也会指出每一个缺点。对一些老师的课他批评得非常严厉，具体到指出哪句话是不应该讲的，哪个问题的问法是不当的。然后他会告诉你，这堂课应该怎么提出问题、怎么组织等等。他的评点，击中要害，一针见血。对上课的老师来说，每节课都是一场头脑风暴，浴火洗礼。外地听课老师说，蔡校长指出的课堂上的问题是我们过去从来没想过也没有想到的，他的评课常评常新，点到骨子里了。

这才是真实的蔡林森。你不听他评课，永远理解不了这个对课堂教学极端认真一丝不苟的倔强的蔡林森！

这是一个老师们人人怕的蔡林森。不知有多少上课的以及本校听课的老师在他评课时哭了。不知有多少老师开始不理解他，甚至恨他。开始时没有人愿到“219”去上公开课。现在变了，被蔡林森评过课的老师都在迅速地变化，成长，“219”成了他们争着想去的地方！他们感到有自信了，有希望了，有奔头了。

有一位小学老师，4年前来永威任教。她十分认真地备课，上课滔滔不绝地讲。学生却交头接耳，做小动作，教学效果很差。她非常苦恼。心想，我备课讲课都很认真，为什么学生们却不尊重我呢？她感到很委屈。蔡校长到永威后提倡先学后教，她开始反思。又经过几次评课后，她能创造性地使用新的教学模式，成为一位优秀教师。

“先学后教”和“先教后学”，虽然只是一个次序变更，但对于传统的或者说一般老师长期习惯的教学方式来说，“先学后教”无疑是一场革命。从哲学观点看，“先学后教”作为一种现代的教育概念，是对实践经验的总结升华，是符合现代教学观的一种课堂模式，体现了“学生是学习主体”的理论，符合人的认知规律，科学地处理了教师与学生、教与学的辩证关系。蔡林森还提出“当堂训练”，不把教学时间前移和后推，让学生在课堂上紧张有序地学习、思考、做作业，有利于提高课堂效率，能使学生养成良好的学习习惯，也能够减轻学生的学习负担。革命，从来不是简单易行的。蔡林森从洋思到永威推进这项改革的经历，使我深感这场革命是如此地重要，又是如此地艰难。

永威学校所在的沁阳市、焦作市的教育局是开明的，有眼光的。他们先后在永威学校门口挂起了沁阳市、焦作市校长教师培训基地的牌子。3 年多来，永威学校已经为当地的校长教师举办过 40 多期培训班。为 10 多个省市举办过 30 多期培训班。

实践是检验真理的标准。蔡林森来到永威 3 年多，把一个濒临倒闭的民办学校救活了，一个不选择学生的学校的教学质量一跃而走在了前面。一个刚转来时英语 16 分、数学 63 分的学生，一年半以后参加中考，成绩达到了 521 分。一些地方教育局的干部也把孩子送到永威来受教育。因家庭迁居从永威转走的孩子又闹着返回永威来上学。

蔡林森把整个沁阳市的教育也激活了。全市 121 名校长已有 290 人次，4459 名教师已有 11000 人次，先后到永威学校封闭培训。经过培训的学校，都开始用“先学后教，当堂训练”的方式上课了，校长都像蔡林森那样评课了。新课改推进得如火如荼。有人说，蔡林森来到永威，沁阳全市校长、老师的教育观念前进了 10 年到 20 年。

蔡林森也许就是为教育而生的，为当校长而生的。他的全部兴趣、精力、活力，都集中在教学上。退休了，他本可以到国外跟着儿子享福，也应该在老家陪着 90 岁老父亲和孩子们享天伦之乐。他却又来到了永威。他的老伴，一位十分质朴厚道的女性，在大哭一场之后，也随来陪伴和照顾他的生活。

温总理说："我们需要由大批有真知灼见的教育家来办学，这些人应该树立终身办学的志向，不是干一阵子而是干一辈子，任何名利都引诱不了他，把自己完全献身于教育事业。"顾明远先生认为教育家应该有高尚的道德人格，先进的教育理念，卓著的教育成就。

如果评选当代的一批教育家，蔡林森，应该是其中当之无愧的一位吧。

在蔡林森教育思想研究会第六届年会开幕式上的讲话

中国教育报刊社原副社长　张新洲

尊敬的顾老、尊敬的各位来宾、各位校长、各位老师：

大家上午好！

值此"蔡林森教育思想研讨会第六届年会"在河南永威学校隆重召开之际，我谨代表中国教育国际交流协会未来教育研究专业委员会表示热烈的祝贺！

2018 年 1 月 20 日，《中共中央 国务院 关于全面深化新时代教师队伍建设改革的意见》中，明确提出：到 2035 年，培养造就数以百万计的骨干教师、数以十万计的卓越教师、数以万计的教育家型教师。

放在这一背景下，我们今天举办"蔡林森教育思想研讨会"就有了鲜明的时代意义。时代呼唤骨干教师、卓越教师、教育家型教师的呼声从未有像今天这样明确，这样强烈！

关键是，我们如何走向卓越？

透过六届年会，我们能否在蔡林森先生从教60年的足迹中，剖析出蔡林森是怎样从一个普通的乡村教师，一步一步走向骨干教师、卓越教师、教育家型教师的呢？

今天，我和渴望超越自我，走向卓越每一位校长和老师，从一个编辑的视角走近蔡林森。

为将本土教育实践中蕴含的中国智慧提炼出来，从而形成具有时代意义的中国特色的教育话语体系，我们策划编辑了“中国当代著名教学流派丛书”、“教育家成长丛书”和“寻找中国好课堂丛书”系列，我正在编辑这三套丛书过程中，认识了蔡林森，这位平凡而又带有传奇色彩的人物。

2005年12月，蔡林森校长的《蔡林森与洋思经验》一书问世。书的开篇有一个简短的“蔡林森小传”让我至今难忘：

蔡林森的教育理念：没有教不好的学生；人生哲学：吃苦就是享福；座右铭：要教师做到的，自己首先做到；要教师不做的，自己首先不做；口头禅：怎样干好，就怎样干。

2010年2月，蔡林森校长的《教学革命——蔡林森与先学后教》一书出版。书的开篇又说：吃亏是福，这四个字是我出自内心的体会。因为我能吃苦，在岔路口、关键的时候，该走哪一步？我选择了吃苦；在成功时、在辉煌时，在退休后，我都坚持吃苦，不停地学习，不停地追求——

2015年10月，《蔡林森从洋思到永威》由北师大出版社出版，蔡林森校长在开篇中说：“好多人问我，怎样才能当好老师，教好学生？怎样才能当好校长，办好学校呢？回顾从教56年的历程，我的体会是：成功的因素是多方面的，我的成长离不开领导、老师们的关心、帮助，就本人而言，主要靠吃苦，边干，边学，边创新。”

在这里，我提议，让我们以热烈的掌声，向边干，边学，边创新，60年执着追求的蔡林森校长致敬！

掌声过后，我们从蔡林森校长三本书的开篇语中，体会到哪些人生感悟？这让我想起美国石油大王洛克菲勒留给儿子家书中的一句话：“自我观念，决定人生走向！”

一句平凡的“边干，边学，边创新”，揭示了蔡林森，以及无数名师走向卓越的不可逾越的必经之路！

为什么许多人也是这样说了，也是这样做了。为什么收效不明显？

近20年来，我在策划编辑于漪、魏书生、李吉林、邱学华、蔡林森等近百位名师的著作时，我深深体会到：“自我观念，决定人生走向！”一个人思想的大小，决定他的成功与否。

观千剑而后识器，操千曲而后晓声，无疑是走向卓越的一条成功之路。当你从研讨会，从《丛书》中，看到这些当年和自己一样的普通教师，成长为今天受人尊敬的教育家的成长过程中受到启迪，当你触摸自己的爱心，把学生的成长和祖国的未来紧紧连在一起的时候，你会真切地感受到教育家离我们并不遥远。

当你用整个身心蘸着自己的生活积累去品味每一个讲座，每一位名师的“成长历程”时，在其浓缩着一位位名师在不断学习、不断超越自我、不断超越学科教学的求索足迹中，你会读懂“教育是事业，其意义在于奉献”的丰富内涵。

当你品味每一个讲座，研读每一位名师的教育思想，和每一位名师展开心灵对话时，都会深深地感受到，一个教师对教育独立的理解与执着地追求有多么重要。从思想成就一位普通的教师成长为受人尊敬的教育家的过程中，你会读懂“教育是科学，其价值在于求真”的深刻含义。

所以，我们无论是听讲座，还是阅读名师著作，我们都是不能只用耳朵和眼睛的，而是要用整个身心，蘸着自己的生活积累品味、反思。

因为，只有这样，我们才不会陷入一般意义上的技巧模仿，而是与“名师”进行思想的对话和精神的沟通，是理性的解剖和心灵的意会。只有这样，你才能读懂：教育是艺术，其生命在于创新；你才能形成自我观念，边干，边学，边创新，超越自我，走向卓越！

2019年4月13日

在蔡林森教育思想研究会第六届年会开幕式上的讲话

国家督学、江苏省教育学会会长　周德藩

首先，热烈祝贺蔡林森教育思想研究会第六届年会顺利召开！

我非常高兴看到这次年会的主题，强调教育的政治方向，强调教育人的政治站位，突出规范学校的办学行为。因为只有这样才能落实习总书记讲的教育是党之大计，国之大计，才能落实立德树人的根本任务。其实这也是我们当时总结推广蔡林森校长办学经验的初衷！

蔡林森教育思想研究会的任务在于研究蔡林森校长的教育思想。研究蔡林森的教育思想，实际上就是研究一位优秀校长的教育思想。或者说，研究一位优秀校长应该有什么样的教育思想。

我一直强调蔡林森校长的办学经验有四条，它是一个整体，缺一不可。其实，也就是说蔡林森教育思想包括四个方面，一是蔡林森的学生观，蔡校长说，“没有教不好的学生”。他把“没有教不好的学生”写在学校的旗帜上，落实在行动上。真的没有教不好的学生吗？他信而且做到了。他为什么能做到，就是他坚守一个字——“爱”。爱学生，爱每个学生，像爱自己的子女弟妹一样爱每个学生，学生都能成人成才。他本人就是把每个学生当自己子女一样爱的模范；二是蔡林森的教学观。我以为“先学后教、当堂训练”就是蔡林森的教学观，教与学是什么关系？他说“先学后教”，学生是主体，学生的学是第一位的，教是为学生的学服务的，所以要先学而后教，“当堂训练”保证了学生学习的时间和空间，也保证了当堂完成教学任务，所以“先学后教、当堂训练”这八个字把陶行知先生等一批现代教育家提出的教学思想落实了，把这轮课程改革提出的教学改革的目标达成了，不仅如此，他还总结了一套“先学后教、当堂训练”的教学模式，这套模式是有一定技术含量的，而且具有普遍意义，大家都可以模仿的，学成了就能提高课堂效率，如果把握的核心思想还能创造出自己的风格；三是蔡林森的教师观。“教书育人”是教师的天责，他以这个神圣的责任为核心，建立起一套责任制度，用以管理学校，他自己永远是第一责任人，并把“教书育人”的任务落实到每个教师和员工；四是蔡林森的教育观。教育是什么？“教育是奉献的事业”。蔡林森就是终生为教育奉献一切的典范，他的奉献精神影响一大批教师的奉献热情，进而影响学生的健康成长，所以蔡校长所在的学校总是一流的。因此，研究会研究蔡林森的教育思想，就是要影响一批校长，有了像蔡校长这样一批校长就能办出一批一流的学校。

最后，祝年会圆满成功！

2019 年 4 月 13 日

什么是新时代所需要的教育家

《人民教育》副总编辑、编审　赖配根

什么是我们时代所需要的教育家?

从蔡林森校长身上，我们可以得到很多启发。

首先是要有高尚的教育情怀。我在一篇文章里，曾说蔡校长是“为教育而生”。无论在洋思还是在永威，他都是“吃在学校，睡在学校”，“如果把学校比作一台机器，那么我就是整天守在这台机器旁边的看护人，哪个螺丝松了我就把它拧紧，哪里声音有问题我就找到原因马上修好。”他不习惯坐办公室，而是从早到晚，从一个教室走到另一个教室，“我就是要到‘前线去’。这样，老师、学生的一举一动都在我的眼里，大家的情绪、精神、态度怎么样，我都清清楚楚”。每天早上，他都准时站在学生公寓门口，迎接每个学生上早锻，“要让学生每天第一时间能见到我”。他的情感、他的精神世界、他整个的生命，都与学校、教师、学生、教学交融在一起。教育就是他生命的全部。这样的教育激情，这样的教育情怀，在中小学是少见的。

这就是教育家型教师、校长的第一品质，把教育当作自己的生命。这样的情怀，只能发自内心的需要，而不能矫揉造作。几十年来，蔡林森就是这么过着自己的教育生活，无论是默默无闻，还是已名闻遐迩，他每天的学校生活规律都是一样的。什么叫潜下心来育人？什么叫“吾道一以贯之”？蔡林森校长都足以当之。

其次，要勇于面对现实的教育土壤。许多人对教育有深刻的见解，但在他们的眼里，中国教育的现实要么无可作为，要么必须进行革命性的改变。这是一种逃避，即完全不能接受或认可现实。这些人，在教育改革上，要么四处碰壁，要么为教育制造新的混乱。教育首先是一项文化事业。文化是不能即刻“革命”的，而只能在“同情了解”的基础上进行变革。蔡林森校长对我们的教育现实，有着刻骨的体验，洋思中学曾经是一所农村薄弱校，永威学校一度面临“关门”的危险，他就在这样的“教育土壤”上创造着奇迹，把它们都改造成了教育质量一流、全国知名的学校。你若与蔡校长接触，就会发现，他没有什么时髦的词语，也不高谈西方后现代教育理论，但是，他对学校、教师、学生是那么了解，尤其是具体的教育教学实践，不管哪个学科，他都有着深刻的洞察。他的教育信念似乎很简单，就是坚信“没有教不好的学生”，但真正教书育人的人都知道，要把这一理念变为现实，需要怎样的智慧和毅力。他从不许诺要对教育进行根本性革命，但他默默地以自己个人的力量，去改变现实。他对教育现状没有慷慨陈词，在证明自己的教育改革成就时，仍然按照传统方式，老老实实摆出学生成绩方面的数据——他反对片面追求升学率，但在减轻学生负担、促进学生健康成长的基础上，他大力提高学生的考试成绩，因而他的改革是踏实的，坚不可摧的。我们缺乏的就是这样的改革者。

再次，要努力探索出一条有自己风格的教学模式。目前，中国的教育改革，不管提出的口号多么诱人，如果不能改变学生的学校生活，尤其是课堂生活，那么改革就是纸上谈兵。不幸的是，从上至下都在大谈特谈提高教育质量，却少见教育行政管理者真正关注教师的课堂教学，少有人深入研究教学模式的实践情况。蔡林森的改革实践，首先就是改变课堂；教育界、社会上对他的认可，首先也是因为他创造了“先学后教，当堂训练”的教学模式。关于这一模式，蔡校长的著作《教学革命》一书已经阐述得非常清楚，这里无须赘述。需要强调的是，每一个成功的教师，尤其教育家型的教师、校长，无不建立了自己的教育观、探索创造了自己的教育教学模式，比如李吉林老师的情境教育、邱学华老师的尝试教育、窦桂梅老师的“三个超越”和主题语文教学、孙双金老师的情智教育……虽然我们一直说教学有法、教无定法，一提到模式就有人反感，但现实是，对教育实践不断进行理性反思，并从而上升为具有个人色彩的“教育哲学”，同时，在理性与实践的互动过程中自然形成一定的教育教学模式，是所有名师、教育家成长的共同之路。模式并不可怕，可怕的是千千万万的课堂只有一种模式。只有广大教师善于总结个人的教育实践，并努力形成有自己风格的教学模式，我们的中小学教育才会百花齐放、灿烂夺目。

最后，要善于积累、总结适合中国教育土壤的学校管理经验和智慧。名师影响的只是自己班里的学生，教育家型的校长，则不但成就一批教师，而且成就千千万万的学生，真正能做到桃李满天下。但我们有一个误解，即认为一个名师，必定会成为一个好校长。许多人到永威学校考察，最感兴趣的也是“先学后教，当堂训练”的教学模式，以为有了先进的教学模式，学校教育的一切都 OK。实际上，正如好的教学模式 + 好的学校管理才能成就一所学校一样，只有名师 + 管理智慧才可能产生优秀的校长。蔡林森之所以为蔡林森，就在于他不但创造了自己的教学模式，而且还探索出了一套独特的学校管理模式，即教书育人责任制。这一管理制度，在他与永威学校董事长任太平先生合著的《学校管理变革》中有深入的论述，在此我只强调一点，那就是，学校管理靠文化（这里所指文化，侧重于人文精神的层面），但根本上要靠先进的制度，而学校管理制度的关键，是要激发起每个人教书育人的责任感。不把学校当作孤岛，而是置于整个社会大环境中；不把教师当作抽象的理想群体，而是基于其现实的情感需要、利益诉求加以引导、唤醒，以保障每个教师的教育教学主体性地位，是教书育人责任制的精髓所在。这是基于中国教育土壤，但又有所超越的学校管理模式。正是这一模式，与“先学后教，当堂训练”、“四清”等教学制度一起，造就了永威。一个有志于改变学校教育的校长，是不能满足于用先进的理念改变课堂，而要以自己的管理智慧乃至积累、总结出一套学校管理经验、方式，去立体、综合推进学校变革。只有这样的变革，才会给学生、教师、学校带来真正的变化。

总之，蔡林森校长和永威学校，是一座教育改革实践的"富矿"，每一个怀抱理想、追求卓越的教师、校长，都应该来开发、勘探，找到自己所需要的东西，再去改变现实、走向远方。

蔡林森的课改辩证法

天津市教科院基础教育研究所所长　王敏勤

河南省沁阳市永威学校的蔡林森校长，在多年的实践和探索中，对新课改的理念有着独特的理解和实践，特别注重处理好课改过程中的一些辩证关系，对我们很有启发。

一、课前预习与课堂自学的关系

新课改提出让学生自主学习，但没有明确是在课前自学还是课上自学。现在有些学校为了提高学习成绩，提倡学生课前自学。教师设计好"导学案"让学生在课外逐项完成，教师或学生小组还要检查批改。这种自学已经不是传统意义上的预习，而变成了一种"预习作业"。预习是一种好的学习习惯，凡是好学生都有预习的习惯。但把预习变成"预习作业"就变味了，如果每门课都布置预习作业，学生有多少课外时间？多年来我们呼吁减轻学生的课外负担，而这种做法却加重了学生的课外负担。所以蔡林森校长主张学生从上课开始自学，每堂课本着"先学后教"的原则，只要学生自己能够看懂的教师不讲，既培养了学生的自学能力，又减轻了学生的课外负担，这才是真正的高效教学。所谓效率是指"单位时间的达标率"，如果把学生的学习时间任意延伸到课前和课后，反而加重了学生的负担，是不提倡的。

二、课上紧张与课外轻松的关系

多年前蔡林森校长就提出一个观点：每堂课要像考试一样紧张。这句话听起来好像有些不合时宜，其实仔细想想很有道理。现在由于中考和高考制度没有大的变革，各中学依然有升学率的压力，让学生完成一定的学习任务既是中考和高考的需要，也是课程标准的要求。现在许多初中和高中教师都感觉课时紧，所以修订后的义务教育阶段19门学科的课程标准不同程度的降低了知识的容量和难度。让学生在课堂上紧张起来高效的学习，就是让学生在课外有更多的自由支配时间，发展自己的爱好特长。如果学生在课堂上忙于表演展示，过于轻松，课外势必要紧张，要忙于各种预习作业和巩固作业，这就是教学的辩证法：课上不紧张课外就会紧张。另外课堂上学生的紧张主要是思维活动的紧张，而不是肢体的紧张（体育课等除外），过多的交往互动势必会干扰学生的独立自学，应该让学生在课堂上有较完整的时间独立自学和思考。老师要潜下心来育人，学生也要静下心来学习。

三、走进教材与走出教材的关系

新课程提倡走进教材与走出教材。所谓走进教材是指首先要学好教材，走出教材是指不要局限于教材的例子，要根据学生的情况适当变通和拓展。新课改提倡“一标多本”，即一个课程标准、多种版本的教材，每种教材的编写特点和编写体例不同，同一概念举的例子也不同。虽然不同版本的教材质量不同，但都是经过教育部中小学教材审查委员会审定通过的，每套教材都是一个完整的知识体系和逻辑体系，如果学生能按照一套教材认真学好，特别是对于基本概念和基本理论能深入理解，就能做到“以不变应万变”。然而现在很多学校不是在教“课本”，而是在教“教辅”，特别是初三和高三毕业班，师生都抛开课本，用各种教辅资料进行大密度的题海训练，一方面加重了学生的负担，另一方面忽视了课本上的基本知识体系。蔡林森校长多年来一直坚持首先让学生学好课本，文科要读课本，理科也要认真读课本，有些公式概念要求学生背下来。他说要提高学习成绩的最好方法就是老老实实学好课本，这既减轻了学生的负担，又使老师和学生有了抓手，他的很多考试题目都是来自书上的例题和练习题原题。只要我们的学生能够把课本学好了，课程标准的基本要求达到了，学生的中考和高考就不会有大问题。

四、自主学习与合作学习的关系

新课改提倡学生自主学习与合作探究，有些教师就认为每堂课没有合作讨论就不是新课改的课，不管问题的难易都要让学生讨论或小组展示一番，其实有些问题是不需要合作的。自主学习与合作学习不是并列关系而是先后关系。每堂课都要本着“先学后教”的原则，先让学生自学，如果学生自己学会了，就没有必要合作。只有那些自己不能解决的问题才需要通过小组合作来解决，小学合作不能解决的问题需要老师的指导点拨来解决。

五、教师主导与学生主体的关系

尽管“主导”与“主体”不是一对逻辑范畴，多年来也备受质疑，但由于多年来人们已经习惯于这种表述方法，所以也没人再对这种说法较真。但在课堂教学中教师的主导作用主要体现在什么地方，是否只要把学生发动起来就算是发挥了主导作用？蔡林森校长“先学后教”的做法就是在发挥学生的主体作用，不管是文科还是理科，先让学生自学，学生有充分的自主权利。教师的主导作用不仅是对学生不会的知识进行辅导，更主要的是根据课程标准的要求对学生的正确引导，所以我们特别提倡教师要认真把握课程标准和教材。现在有些课看起来很热闹，其实教师本身对教材就没有深入的研究，对学生的引导也很肤浅，这实际上是弱化了教师的主导作业，也是不负责任的表现。

（本文原载 2012 年 5 月 23 日《中国教育报》）

蔡林森：此身再向学校行

中国教育报记者　苏婷

2008 年教师节，蔡林森是在河南省沁阳市参加的庆祝活动。这是他在沁阳度过的第二个教师节。

蔡林森，就是大名鼎鼎的江苏泰兴洋思中学前任校长——那位将一所地处偏僻、师资生源都很差的农村中学带成全国名校的领军人物。近些年来，洋思因其课堂教学模式改革，因其“没有教不好的学生”而成为在全国同行中知名度很高的农村学校，而与之不能分的创业者蔡林森的名字，更是广为教育界所知。

2006 年，蔡校长退休了。66 岁，一个按照标准来说早已是老人的年龄，他却因一个深深的、不了的情结，勇敢地迈向了一个新的开始，又努力攀上了一个新的高度。

一次不得已的“转身”

蔡林森那个始于 66 岁的新开端，是在河南省沁阳市永威学校发生的。退休，让他做了一次不得已的“转身”。

一进入 2006 年，已经过了退休年龄的蔡林森校长，就开始了一次痛苦的两难选择：退休，还是继续。

按照蔡校长的本意，是退下来，让年轻人挑大梁，而自己不要分文协助新校长专抓课改。这年 7 月，他先后 3 次递交报告，恳请退休。8 月初，领导批准了他的请求。

当真的要与自己奉献了大半生的洋思中学说再见时，这位老人的心情复杂得没人能够体味。此前4年，他刚到退休年龄时，泰兴市市委书记、市长亲自出面留他在校长任上。那时的他谢绝了民办学校的高薪聘请，仍拿着原工资和不比教师多的奖金，拼着命干了一件自己一生中最轰轰烈烈的大事：冒着风险自筹1.2亿元资金，在2005年秋季新学期，把个旧洋思中学从位于化工开发区的乡下迁入了城区。现在，当全新的洋思中学开始扬帆起航的时候，为之呕心沥血在所不辞的他却要离开了……

因为种种因素，蔡校长没能实现自己那个朴素、简单也很崇高的愿望——退休后继续留在洋思，继续做推动学校发展的“义务兵”。

苦闷之时，按照早已的约定，蔡校长利用暑假到河南沁阳市讲学。该市教育局局长得知蔡校长刚退休，便试着请他到民办的沁阳永威学校当校长。当时，从未动过远离洋思到别处去做校长念头的蔡林森哪里能考虑，他婉拒了对方。但在开学后不到一个月的时间里，永威集团董事长和沁阳市教育局领导三赴江苏力邀这位教育名家。厚道的蔡校长被人家的诚意感动了，当然最关键的是他心底深处那个爱学校胜过爱自己的情结驱动着他。10月中旬，从未离开过泰兴生活的蔡林森含泪告别了80多岁的老父亲，告别了故乡，也告别了洋思中学，带着老伴来到河南。

艰难的起步

当蔡林森走进永威学校的课堂，教师讲课“满堂灌”，学生上课打瞌睡，把作业都压到课后……这样的现象，让在洋思中学搞了多年“先学后教，当堂训练”教学模式改革的蔡校长一下子很不适应。一位学生上前板演，把“-”号写到分数线下，与分母在同一水平线上。蔡校长问讲课的教师：“怎么不给学生指出来？”这位教师理直气壮地说，“这是差班！他要会写，还叫差班生啊！”再翻阅作业，又发现作业量不足，教师也不全都进行批改——这是蔡校长到新学校的第二天，走进教室看到的景象。

进一步，蔡校长向一位副校长了解：“这里怎么进行的教学管理？”得到的回答倒很坦率：“大家都是打工的，谁也不管谁。”再问：“学生成绩有水分吗？”“有！有时候还给学生加分数呢，免得家长来吵。”……几天下来，看到的听到的让满怀热情与雄心而来的蔡校长心情十分沉重。他倒在了床上，不吃午饭，流下眼泪——就在前几天，永威学校为他举行了隆重的欢迎仪式，市委书记、市长都到了场。“现在我如果回家，怎么向社会交代？但如果干下去，学校倒了，给我划上一个失败的句号，岂不坏了自己的名声？”

最终，倔强的蔡林森从痛苦中站立起来。

“必须要靠改革。”有着多年学校管理经验的蔡校长决定用制度约束教师的教学行为，他连夜起草了细致的讲课、评课制度，又选印了大量课改资料发给教师们学习。此时，他在这所办有从小学到高中的民办学校担任的是初中部校长。

随即，一场初中部全体教师的赛课开始了。3个月多的时间里，“发了狠”的蔡校长每天从早到晚就“钉”在课堂里，一天要听七八节课，听完一节评一节，一定要抠到教师明白自己的问题、知道在哪儿改怎么改才罢休：“满堂灌”不行，学生自学不积极不行，当堂的教学目标完成了没有，“堂堂清”到底“清”了没有、真正关注差生了没有……连教师的仪表、教态都在评课范围内。第一轮，问题严重，十分起急的老头儿一丝不苟，毫不留情地给教师们挑毛病，有时说话很不客气。结果一轮课赛下来，校园里也快开了锅：不少教师难以接受这样的形式和内容，哭过的大有人在；有的教师甚至闹情绪，歇了几天才上班。可紧跟着，第二轮赛课又来了。此时，教师们在制度的严格要求下已有了些改变，能够少“灌”一些了。但蔡校长还是觉得大家没有真正掌握启发学生的精髓，只是摆了“给学生一定时间”的花架子。所以他仍然不放过大家。

到了第三轮赛课，“先学后教，当堂训练”的方法逐渐被教师“磨”熟了，学生的有效自学能够使课堂效率提高了。3个多月下来，教师们饱尝了酸甜苦辣，经历了一番脱胎换骨，而校长蔡林森也完成了一次艰难的起步。从那儿开始，蔡林森领导的初中部不断深化课堂教学改革，探索新路，教育教学走上了正轨。

从课堂走出来，蔡校长又狠抓了校园环境建设，教学楼里的所有标语全都由他亲自拟出；狠抓了纪律、广播操和卫生。每月，他要召开学校领导班子德育工作例会、班主任例会，校会、班会都要上成演讲比赛课；每月，评选文明学生、文明宿舍、文明班级，月底在校园里公布结果。他力排众议，搞了“教书育人责任制”：学校与所有教师一一签订了责任书，把教育、教学的责任具体落实到每位教师，让质量与每位教师的工资挂上钩。为此，老人戴着老花镜，逐字逐句地为不同层级的教师、干部起草不同的责任书。

只为教育而来

当初签合同时，永威学校董事长曾问蔡校长：“一年能在学校呆多少天，100天还是200天？”这也是时下一些退休名校长应聘民办学校的惯例。但蔡校长说，“只看工作需要！我要干不好就不接这个事，不能坑害了人家的孩子！”这位年近古稀的老人，每天清晨5点钟就起床了。拖着病痛的腿，他不能像在洋思一样跟着师生一起出操了，就在操场上一边看着大家跑，一边用喇叭对学生讲话；每天检查教学要来回上下楼，他咬着牙不让别人看出痛苦。一整天，他都在学校里，除了回宿舍吃三餐饭和午休一会儿，直到晚10点睡觉。每个月，他只出学校大门一次：理发。那个不了的情结，让蔡林森有那么大的力量突破惯例，突破障碍，也突破自我。而这一切努力，在这位勇往直前的老人心中，简单到只有一个简单的目的：办好学校。

学校教学刚刚有了起色，但到了期末，蔡校长早已制订并经学校通过的工作安排没能执行，而且是被学校总校长临时取消的。结果学期结束工作草草收兵，而认真的蔡校长恰恰非常看重这个环节，因为它是新学期工作的重要铺垫。还有，蔡校长做好的暑假教师培训计划也是到执行前又被改变，让蔡校长感到“这里做事太难”。他痛苦地递交了辞职报告：“奋战一年，初中部面貌大变，我有信心办好学校。

但既然全校思想不能统一，事情难办，我只好……”

在大家的挽留下，蔡校长又被任命为执行校长，负责初中和小学，而高中部由总校长抓。

谁都清楚，年近古稀的蔡林森绝不是为了权力来这里的，不然以他的知名度，当初就不会应承来做一个民办学校的副校长。凡事较真的他只是要“办好学校”，不管是公办还是民办，在他眼里都是教育。

接手小学部工作，对长期在中学工作的蔡校长是个新课题。“小学生年龄尚小，自学能力还不强，能不能运用‘先学后教、当堂训练’的教学模式呢？”蔡校长随即就和他的几位年轻副手们利用暑假，组织小学和初中的教师们在一起培训，一起赛课、评课，让初中部成功的改革在小学再度开花。开学后，蔡校长便全力以赴，和小学部的教师们一边上课，一边琢磨出了让小学生会学、学好的“五个一”教学模式：“看一看”，让学生先看课文；“想一想”，再思考几个问题；“考一考”是通过板演练习，检测看书效果；“议一议”，是大家讨论看结果对不对，为什么；最后是“练一练”，当堂完成作业。改革的效果很快显现，小学部教学质量迅速提高，进入全市优秀级，教师们也走出去到外校上示范课。至此，全情投入的蔡校长才有了一些成就感。

而就在同时，高中部的改革却“过了头”：学生起床早了，早饭前、晚饭后都要上课；体、音、美课被挤掉；还有几位教师一人要当几个班的班主任；洋思的经验“周周清”到这里变成了“周周统考”，并与教师的工资挂钩……耿直的蔡校长对此多次提出意见。到了学期末，高中部果然问题成堆，学生纷纷退学。最终，总校长请求辞职，而他同时又力荐蔡林森："只有他才能当这个校长"。

今年2月，蔡校长出任永威学校总校长。像最初那个艰难的开始一样，他又不顾一切地扑身高中部，强化德育，培养习惯；在高中部也组织教师人人赛课、评课，遵循高中教学规律进行课堂改革，大抓"堂堂清、日日清、周周清"，重点解决高中教学容量大、难度大和如何上好高考复习课等不同于小学、初中的新问题。从教师教学到学生自学，从早操、食堂到宿舍的纪律、卫生，蔡校长都一样样精心打磨，不达到理想就不罢休。不出几月，高中部马上发生变化，教师、学生的精神面貌和学习状态发生了根本变化，连体、音、美课都上出了特色。2008年高考，学校体、音、美专业成绩进本科线的达168人。

关系理顺了，思想统一了，效率提高了，学校运转正常了，大家心情舒畅了。蔡校长到永威学校两年，这里的教师讲课水平全面提高，多数都能对外开课，教学质量节节上升：初一、初二在沁阳市联考中都排名第一，初三第二；高一、高二成绩超过市一中分校，今年高考学校的本科上线率创造了历史最高水平。全校的纪律、卫生这些蔡校长非常重视的环节抓得卓有成效，再没有学生翻围墙、进网吧，使办学方取消了加高围墙的计划；因为公寓可以做到自我管理，守公寓的8名保安都转了岗。家长们纷纷慕蔡校长之名，把孩子送进这所在当地有了名气的学校。

不单为办好一所学校

随着蔡校长的到来，沁阳市教育局希望充分利用这位全国知名校长的资源，把他任职的学校建成当地的校长、教师培训基地，并尽快派校长进校，全程跟随蔡校长学习管理经验。

那时，蔡校长刚落脚不到一个星期，学校的情况还没摸清楚。能不能对外开放？有人担心培训了外校校长，会加大自己学校的竞争压力。但是，善良而又执着的老校长想的是：只有开放才能共同提高。

外校校长进来接受培训是对学校自身发展的一种促进，同时，如果永威学校顺利起步，这个案例也可供外校校长们借鉴和研究。

从2006年11月——蔡校长上任一个月后开始，沁阳市教育局下发文件确定在永威学校建立校长、教师培训基地，至今年5月末，已举办了10期培训，共有315名校长参加。今年3月—4月，沁阳所属的地级市焦作，教育局组织了5批183名校长前来培训，局长也亲自参加了一期。就是这样的培训也丝毫没有特殊，实行全封闭、军事化管理，全体学员不外出、不请假，全部食宿都在学校，作息时间和学生一个样。除了严格的纪律，还要求每人每周听、评课20节以上；每天晚上都有讨论座谈；每人要作笔记写心得；培训结束时，由教育局组织闭卷考试。

这充分体现了蔡校长的行事风格。“严”字之下，真心想让所有校长都办好自己学校的老校长，真拿出自己的真东西给大家分享。实打实的培训过后，受训校长们非常感动于永威的变化：“2005年我造访过一次永威学校，校园门可罗雀，一片沉寂。那时我想，永威会成为焦作市又一个倒闭的民办学校吗？

这次再到永威，我看到近4000名学生每天起床、用餐都井然有序，宿舍整齐卫生，教学区窗明几净，师生个个精神饱满，质量大大提高。这些变化来自于严格的管理和勤奋的工作。”焦作20中副校长邓小东说。焦作市许衡中学副校长王竹梅的感受是：“一个普通的私立学校，二流的师资，三流的生源，却创造出了全市一流的教育质量和品牌。这个教育奇迹是一个先进理念的彰显。”……一个月的培训下来，校长们得到的启发尽管是很传统意义上的，如进课堂抓教改、不当坐办公室听汇报搞外交的校长等，但一个新品牌在蔡校长手中创成的实绩足以让大家在追求现代、追求创新的同时，也得信服“老经验”。

回到自己的学校，培训过的校长又带领教师们来永威学习课堂教学“实战技术”，大大推动了学校教育教学质量的提高。沁阳市今年中考、高考成绩均上升为焦作市第一。为表彰蔡校长为当地教育做出的贡献，从今年2月起，沁阳市委、市政府为他设立了每年6万元的特殊津贴。

【记者感言】

一颗普通的灵魂能够走多远

因为敬佩，我在近七八年里一直与蔡校长保持着联系。前不久，随参加中国教育学会初中教育专业委员会专题会议的几位老专家和校长一起，到永威学校看望蔡校长。第一眼，大家就几乎是异口同声："蔡校长变年轻了！"

的确，在经历了退休后这一连串波折后，蔡校长的心情终于可以舒展了。

为什么要在本该享清福的时候选择去经受这样一次考验？以接近古稀的年龄，从南方到北方，从全国名校到一所百业待举的学校，其中的困难和不适应，蔡校长自己是能够预想得出的。最后他应了这桩事，又绝不是为了钱，当时很多人不能理解。所以，蔡校长埋头于这次新的创业，相当长的一段时间消失在众人视线外。现在，大家可以读懂他了。"老蔡就是为了那个解不开的情结才到这里来的，他是离不开学校啊！"一位熟知他的校长与我耳语。

一年多以前，我也曾见过蔡校长，那时他的脸上写着焦虑和忧郁。现在我才知道，他那时正在复杂的环境中进退两难。记得他总说一句话："我丢不起这个脸啊！"他还说，"不让我干好，不是害了我，把我的名誉也搭上了吗？"这些重复了几遍的话让我深深体会了一位长年生活、工作在学校的老校长对这份事业的挚爱。

当然，真正感动人的是他的作为。作为一个普通人，在物欲横流中全然不为物所累，在尽情工作中完全忘却自我，在享乐至上的时尚中自寻别人避之不及的辛苦，在对信念的坚守中实现最高享受……在蔡校长都是很自然、很自觉的事情。不一定要说“崇高”二字，普通与崇高之间，原本没有一条分明的界限。一颗普通的灵魂，就是这样顽强、自信，往往也是孤独地走向前去的。

关于蔡校长，可以说和值得说的事情太多了。限于篇幅，我们不能了。但就这些，一个正直、善良、执着于自己追求的蔡校长已经足以让人肃然起敬。从1994年《洋思之路》的报道开始，蔡林森的名声越来越大。14年来，他成为中学特级教师、全国劳模、全国十大明星校长……如今，他由江苏到河南，从公办学校到民办学校，一切都在变，唯一不变的是他的精神、品质、意志，这就是一位真正的名校长的素质。

（本文原载2008年10月21日《中国教育报》）

蔡林森：行走在求真的路上

中国教育报记者　苏婷

老校长　新征程

一个多月前，已74岁的蔡林森收到了一份特殊的教师节礼物：他的家乡江苏省泰州市授予他“泰州教育20年十大功勋人物”的称号。此时，距这位名满教育界的洋思中学老校长退休，已整整十年。

时间真正不能改变的，是蔡林森的教育情结。退休后的他，从几十年创造出的辉煌中淡出，像刚创业的年轻人一样，带着热情与梦想，凭着不服输的性格、不怕苦的精神，“跨省”开垦出另一片教育沃土——把一所快要坚持不下去的民办学校办成了当地极受百姓欢迎的名校，并且成为县、市、省的校长、教师培训基地。

在十年的办校过程中，蔡林森在心中反复琢磨着“千教万教，教人求真；千学万学，学做真人”这句话，并且一切都围绕这个“真”字展开。

课堂千变万化，真心研究好“每一节”

来到河南，管理一所自己并不熟悉的另一类学校，对当时已经64岁的蔡林森来说，是一场难以想象的挑战。连听了三天课、检查教案及作业后，他几乎要哭了——教师的教和学生的学都很难让人满意，学校该怎么办下去？但他已没有退路，只有振作起来，全盘谋划新的校长生涯。

当再次出现在全校师生面前时，蔡林森带来了亲手拟定的讲课、评课制度，复印了课改资料和各种学校的规章制度。同时，他还接纳了当地教育局组织的20多位校长进校培训，为的是“加大压力”，在开放环境下促进教师发展。

紧接着的，是一轮轮赛课。蔡林森听一节课就评一节课，他往往会当众指出教师的问题，丝毫不留情面，但同时又会给出易行的改进意见。有的教师难以“撑住”那种场面，几天不来上班，校园里议论纷纷。“倔老头”蔡林森不管那些，坚持通过这种最费力也最得罪人的方式，尽快提高教学质量。

用了3个月，蔡林森每天听、评课七八节，课堂效率大有提高，课改第一步艰难迈出。其间，教师们饱尝了甜酸苦辣，而人前人后的这位“铁面校长”，其实也同样经历了一段外人难知道、难体味也难经受的心路历程。从初中部的成功开始，蔡校长一路挺进，通过传统 + 创新，又先后“拿下”小学和高中学部的改革。

在永威学校，有4个专门为教师开展课堂教学评比的“大赛场”，电子显示屏上显示着当天的赛程安排，一年四季几乎从未间断。每年大约800余场，蔡林森几乎场场点评，顾明远先生称他是“评课大师”。蔡林森感叹：所有的坚守其实都出于“求真”。课改是为了学校的生存和发展，所以容不得花架子，更容不得做一点假。

学生先学做人，真情教好“每一个”

民办学校有自己的特点，学生教育当然与公办学校有所不同。蔡林森当年刚走进永威学校，曾问有关处室学生成绩是否有水分。当得知学校有为不让家长闹事给学生加分的情况后他摇了摇头：教育首先要教学生做人，学校自身不诚信又如何教好学生？

他亲自起草校规校训，把各种规章制度细化，且年年修订。考试作弊是他最深恶痛绝的事，为杜绝这一现象的发生，他先从教师抓起：一旦发现教师容忍学生作弊，就以辞退处理。他做到了，先后处理了四五位教师。为正校风，心急却也心细的蔡校长连校园里、教学楼内的标语都要亲自拟写，绝不凑合，每一条都经过深思熟虑，其中“实”这个字出现的频率最高。

人们都知道蔡林森把永威办成了一所地方优质学校，但对“优质”的理解往往是“学生考出了好成绩”。被忽略的是，抓教学不轻德育、两手同样都硬，是蔡林森做校长的“不变法则”，从洋思到永威一以贯之。经过几年打造，这所民办学校的学生除了各种考试成绩频上当地榜单外，良好行为习惯也让教育同行和家长们称道：课上 40 分钟的时间，所有学生认真听课，个个神情专注；大课间，所有师生都快速涌向操场，每个学生手里还都捎带着一份“学习快餐”。信手翻看学生平时试卷，从第一张到最后，干干净净，整整齐齐。从学习习惯到学习做人，作为校长的蔡林森一一关注。

夕阳虽晚犹红，真正干好“每一天”

每天清晨五点多，蔡林森就起床了，不是因为不想睡，而是他坚持让闹钟叫醒自己，盘算好一天要干的事情。学生起床的铃声响起之前，他就已经走出宿舍，在公寓外观察“情况”，然后到田径场上看学生早操和晨练；早自习时间他也在巡视，顺便把各项工作安排下去——早饭之前，他已将“校长事务”都“打点”完毕，到上课时除了巡视课堂就是全身心地投入课堂之中。别人问蔡林森，校长有那么多事要处理，哪来时间一年听1000多节课？其实74岁的他以校为家，工作对他来说就是生活。

常年“扎”在课堂，研究学生，改进教学，也有人质疑蔡林森的做法固守传统，缺乏创新。对此，他一笑置之：“外面各种学校改革的信息，我都在听。但我把握的是，一切改革都要服务于学生的发展，不能一会儿东一会儿西的。我们优良的传统决不能丢，要改的是不合理的东西。我的与时俱进，就是求真！”

做真事，当真人，“倔老头”蔡林森恪守着自己的信念。“既然来当这个校长，我就一定要干出样来，不然我都没脸回家！”这执着办学精神，还体现在他个人生活上：十年里，除了寒暑假，除了外出开会，他难得出次大门，出去也只是为理个发之类。对教师对学生，他像是一位慈爱的长者：每逢中高考，他都自掏腰包给学生们补助伙食费；上面奖励给他的笔记本电脑、电动车等，他都送给了学校教师……

在浮躁的社会背景下，蔡林森怀着一颗对教育的纯粹之心、求真之心，仍在不停地前行着。

本文发表在2016年10月19日《中国教育报》第六版《校长周刊》

校长当如蔡林森

张俊平

本期策划，涉及到一个人——蔡林森。将视野聚焦到一位校长身上，这在本刊有“独家策划”以来，还是第一次。

在基础教育领域，蔡林森是一个不甘寂寞，一再创造奇迹的校长。还是在20世纪80年代，他就将一所“三流的设施、三流的生源、三流的师资”的农村联办初中—泰兴市洋思中学，办成了“让每一位家长满意”的优质学校，“洋思经验”不胫而走，“洋思的魅力”与日俱增，在全省乃至全国形成了一股轰轰烈烈的“学洋思”的热潮。当历史的脚步迈入21世纪，蔡林森又一次给了人们以惊奇：不惜斥资1.2亿元人民币，将乡村中学洋思整体搬迁进城。对此，尽管人们有许多质疑甚至非议，但事实已经证明，蔡林森领导的这次具有战略意义的学校转移，为乡村中学洋思底得了新的发展机遇和生长空间。2006年7月，退而不休的蔡林森第三次让人拍案惊奇。不同的是，这一次是在异乡河南，他从“洋思经验”的缔造者变成“洋思经验”的推广者，仅仅用了两年多时间，就让名不见经传的沁阳永威学校实现了脱胎换骨的改变，成了质量上乘、人民满意的第二个“洋思”。

人们在惊叹之后都会追问：蔡林森为什么能够屡创神奇？专家学者深入洋思中学研究后认为，蔡林森的成功，在于他有一个先进的教育思想——没有教不好的学生；在于他有一种科学的教学方法——先学后教，当堂训练；在于他有一套有效的管理模式——育人责任制，周周清，等等。从教育科学的角度来看，这些毫无疑问都是成就洋思中学的重要变量。但是，我们依然要进一步追问：全省、全国那么多地区、那么多学校、那么多校长学习洋思，为什么至今都没有开出像洋思一样绚丽的花朵？为什么蔡林森只身到了河南，只用了短短两年多的时间，就将曾经很差的永威学校打造成了第二个“洋思”？

显然，奇迹是人创造的。陶行知先生早就有言，一个好校长就是一所好学校。毫无疑问，蔡林森就是陶行知先生所说的这样一位“好校长”：他全身心地投入——在他的精神世界里，教育至高无上，为了教好每个学生，他完全进入了一个忘我的境界；他有高尚的品行——一身正气，两袖清风，他用实实在在的行动，使自己成为学校的灵魂；他有责任感和同情心——教好每一个学生，让每一位家长放心；他有自己独立的教学观——以学生为中心，先学后教，当堂训练；他是一个行动的校长——认准了的事就做，且不畏艰险，坚持做好；他有创新意识和创造能力——凡事都从学校实际出发，创造性地解决管理和教学问题……正是因为有了这种精神、意志、品质、能力，在满是荆棘的教育之路上，蔡林森的脚步才迈得如此豪迈和高远。

本期策划，我们精心组织了3篇文章：一篇是蔡林森亲笔——《当校长就是为了教好每一个学生》，一篇是中国教育报资深记者苏婷所作——《一颗普通的灵魂能够走多远》，一篇是原江苏省教科所所长、国家督学成尚荣所写——《蔡林森：一本活的教育学》。三个人，三种身份，三个角度，立体地为我们再现了大校长蔡林森的精神世界和教育生活，也为我们解读蔡林森、学习蔡林森提供了不同的视角和思路。

2009年第1期《江苏教育》独家策划《大校长蔡林森》

论蔡林森的教育家本色

——“独家策划·大校长蔡林森”读后

戴　荣

在中国当代基础教育界，蔡林森可算是一个家喻户晓的人物：全国劳模、全国十大明星校长、两次受到江泽民总书记的接见，在把洋思这所村联办初中办成全国名校、再举校搬迁进城之后，又以 66 岁的高龄“转赴中原”，用两年多的时间，将一所名不见经传的河南沁阳永威学校，办成了质量上乘、人民满意的第二个“洋思”。从蔡林森对教育的独特理解、实践创新、执着追求精神和所取得的显著成就观察，蔡林森不仅是一位好校长，更是一位教育家。本文试对此作一探讨。

一、何谓“教育家”？

温家宝总理曾多次强调，要培养一支德才兼备的教师队伍，造就一批杰出的教育家。在国家科技教育领导小组前不久召开的研究制定《国家中长期教育改革和发展规划纲要》的会议上，温家宝总理又进一步强调：“教育事业还是应该由懂教育的人办”，“要造就一批教育家，倡导教育家办学。我们有许多优秀科学家，受到社会的尊重。我们更需要大批的教育家，他们同样应该受到社会的尊重。”

陶行知曾批评过三种看似“教育家”实际上是与“教育家”背道而驰的人，他说：“我们常见的教育家有三种：一种是政客的教育家，他们只会运动、把持、说官话；一种是书生的教育家，他们只会读书、教书、做文章；一种是经验的教育家，他们只会盲行、盲动，闷起头来，办……办……办。”中国教育学会会长顾明远在对教育界的现状进行分析后认为，我国教育工作者一般分为两类：一类是教育实践工作者，培养了大批人才，但是不注意总结经验；另一类是教育理论工作者，他们大多从事教育理论研究，很少参与教育实践。这实际上也就指出了当代中国难出教育家的“症结”。

那么，何谓“教育家”？有专家认为，一个有实践、有素质、有创造、有成就、有影响的教育者就是教育家。中央教科所所长袁振国认为，首先，教育家要有自己的教育思想，有对教育的独到理解，有对教育理想的不懈追求；其次，教育家不仅有深刻的思想更需要有丰富的教育实践，可以说，教育家就是有思想的实践家；再次，教育家是改革的实践家，创新的实践家，他们善于发现新情况、新问题、新趋势，能够与时俱进，使自己的教育思想在改革实践中不断创新；第四，教育家是一个先行者、示范者、发动者，是能够提出学校发展愿景目标的设计师，是能够打造精英教师团队的精神领袖，是一个追求卓越办学成就的领跑人；第五，教育家必须是人性丰富、人格完善、人品高尚的人，真正的教育家，留给人们的是思想，更是人格。

二、蔡林森其人

纵观蔡林森的人生历程，大体可以分为 3 个阶段。

第一阶段，60 岁前。他响亮地提出“没有教不好的学生，让每一位家长满意”的办学理念，创立“先学后教，当堂训练”的课堂教学模式，推行“从初一年级抓起，从新生进校第一天抓起，从最后一名学生抓起”，“堂堂清、日日清、周周清、月月清”和“承包教育教学质量”等行之有效的管理办法，把洋思这所“三流设施、三流生源、三流师资基础”的村联办学校打造成了一面全国素质教育的旗帜，创造了“洋思教育的奇迹”，原江苏省教育委员会和泰州市委、市政府分别作出了学习洋思的决定；蔡林森本人也成为了全国劳模、全国十大明星校长、两次受到江泽民总书记的接见。

第二阶段，60岁—66岁。在泰兴市委、市政府领导的一再挽留下，蔡林森同意继续担任洋思中学校长，工资一分不多拿，奖金拿教师奖金的平均数。在这6年时间里，蔡林森带领洋思开设“生活课程”，加强教师的“校本培训”、“校本教研”和“合作式教学”，继续深化素质教育，《中国教育报》在2004年推出《因为实在，所以有效》和《“倔老头”蔡林森》之后，在2005年5月间，连续用4个整版推出《“洋思现象”解读》，2004年的《人民教育》推出了《解读蔡林森和他的洋思团队》，2005年的《教育研究》推出了《实施优质教育，促进全体学生全面发展——洋思中学的经验及启示》，《江苏教育》也先后推出了长篇报道《洋思的魅力》和《拷问洋思》等。特别值得一提的是，蔡林森校长从洋思中学的长远发展考虑，在学校负债400万元的情况下，以非凡的胆识和魄力，斥资1.2亿元，将学校整体搬迁进城，实现了学校的“战略突围”。

第三阶段，从洋思退休以后。在洋思进城一年后，也就是2006年暑期，蔡林森先后3次向泰兴市委、市政府领导递交报告，恳请退休，让年轻校长接班。8月10日，泰兴市委、市政府领导同意了蔡林森的请求。此时的蔡林森已经功成名就，学校发展到了一个高峰，自己成了名副其实的“乡村教育家”。

此时的蔡林森是真想彻底摆脱“凡事纠缠”，离开课堂、离开洋思，过上优哉游哉、颐养天年，或者是闲来休息休息，高兴时“云游讲学”的生活吗？（要知道，当时全国各地对其可是“趋之若鹜”、“崇拜之至”）。

非也。他内心的真实想法是“不要分文协助新校长专抓课改”，因为他“离不开课堂，离不开洋思”，课堂和洋思已经成了他生命的全部。由于一定原因，蔡校长没能继续留在洋思。

在河南沁阳教育局领导一再邀请、河南沁阳永威集团董事长“三顾茅庐”般的“精诚所至”和原江苏省教育委员会副主任周德藩的悉心开导下（“教育无国界、无省界，你到河南推广江苏经验，同样是为教育事业做贡献，也为江苏争光，陶行知不是在几个地方办过学校吗？”），蔡林森以66岁的高龄“背井离乡、转赴中原”，用两年多的时间，将一所名不见经传的河南沁阳永威学校，办成了质量上乘、人民满意的第二个“洋思”。

三、蔡林森的教育家本色

2009年第1期的《江苏教育（教育管理版）》推出了“独家策划·大校长蔡林森”，其中包括四篇文章：《江苏教育》主编张俊平的《校长当如蔡林森》、蔡林森自己的《当校长就是为了教好每个学生》、中国教育报资深记者苏婷的《一颗普通的灵魂能够走多远》和国家督学、原江苏省教科所所长成尚荣的《蔡林森：一本活的教育学》。通读这四篇文章，可以对蔡林森在河南永威两年多时间的情况知道一个大概。

一同事问我，“独家策划”为何称蔡林森为“大校长”？蔡林森校长“大在何处”？是啊，“海纳百川，有容乃大”，“大校长蔡林森”的含义何在？后读到袁振国先生在《中国当代教育家丛书》的前言《教育家向我们走来》中的一段话，自感茅塞顿开。袁振国说：“没有‘捧着一颗心来，不带半根草去’的大爱，没有‘我不入地狱，谁入地狱’的大义，没有‘敢为人先，争创一流’的大志，岂有大教育家？”蔡林森不甘沉寂、不离课堂，“单刀赴会、逐鹿中原”，显示出的不就是“大仁大爱、大智大勇、大志大气”的教育家本色吗？！

大仁大爱。蔡林森视学生如己出，视学校如家庭，视教育如生命，在洋思就不乏这样的例子。到了永威之后，蔡校长更是如此。他生活简朴，把工资中相当大的一部分献给了有困难的学生、教师或其他人：自掏腰包3.5万元，让高考、中考期间的学生买些冷饮或增加营养；亲自为学校谱写校歌，并自费1万元请人灌唱片在学校播放；学生家庭困难交不上学费，蔡校长不言语就给交了；董事长跟其签订合同，嫌给的工资多了，要求奖金减半，不是对教育和学生具有大仁大爱的人，岂会有这般的作为？

大智大勇。在洋思，他坚持“没有教不好的学生”的办学理念，创立“先学后教、当堂训练”的课堂教学模式，实行一“包”到底、从“三个一”抓起、开展“四清”活动和将德育、体育放在突出位置；到永威，他“五坚持、两不变”（坚持“当校长就是为了教好每个学生”，坚持“先学后教、当堂训练”的教学模式，坚持“教书育人责任制”，坚持“四清”的教学过程管理，坚持依靠科学，统筹兼顾，让每个学生全面发展；“没有教不好的学生”的教育理念一直没有变，求真务实的工作作风没有变），以课堂教学为中心，突出学生的德育、体育，特别是在小学和高中成功推广了“洋思经验”，两年多时间就取得显著成绩，这是何等的智慧？！当初的洋思中学，在继续对学区内学生实行义务教育的同时，满足全国各地学生求学需要，增挂“泰兴市洋思实验中学”的牌子，实行公有民营，贷款建校，收费还贷，使学校的办学条件发生翻天覆地变化；特别是以“400万元”的债务之身，斥资1.2亿元，将洋思从农村搬迁进城，既继续从事农村教育，又彻底解决学校发展之困，这是何等的胆识和魄力？以66岁的高龄接手一所民办学校，不图钱财，冒着“功成名就”的个人历史可能改写的危险，“放马中原”，这又要何等的勇气？！

大志大气。陶行知先生有言：“为一大事来，做一大事去”。在江苏，他把一所几个村联办的初中办成了中国名校和素质教育的典型，这必然是非大志而不能为；在刚到永威的三个多月时间里，他每天从早到晚“钉”在课堂里，一天听课评课七八节，江苏江都国际学校朱锡根校长感言：“猛然间，我甚至很想算这样一笔账：我们做了几年校长，甚至十几年校长，加起来我们听的课比蔡校长三个月多几节？”而这就是源于蔡校长“坚信没有办不好的学校”，“我一定要再拼一回，一定要办好永威学校”的“大志”。当初，在洋思刚刚才有一点名气时，面对上级领导、外校教师和新闻媒体指导、学习、质疑、追问的各种目的，蔡林森就不顾“稚嫩”、“处处瑕疵”的实际，敞开大门，欢迎参观指导，并接受邀请四出讲学和上公开课，最终促进了洋思的大提升、大发展和声名远扬；如今在永威，蔡校长继续善良而又执着地认为“只有开放才能共同提高”，学校既是沁阳市教育局的校长、教师培训基地，又接待了焦作市的多批校长培训，这也是非“大气”而不能为也！

孔夫子“颠沛流离，累累若丧家之犬”而不改其志，陶行知“脱下长衫”穿上草鞋，“与牛大哥做朋友”，皆几十年如一日，始成教育家。正如袁振国先生所说，教育是挚爱，这种爱，越是无私，越是深厚；教育是思想，这种思想越是现实，越有智慧；教育是信仰，这种信仰越是坚定，越有力量；教育是追求，这种追求越执着，越有成果。蔡林森无法复制，也无须复制，但他身上折射出的教育家精神却值得我们广为倡导和大力弘扬！

蔡林森，一本活的教育学

成尚荣

蔡林森：又一次创造了奇迹。这次是在河南的沁阳。

如果说，蔡林森在家乡泰兴洋思创造奇迹，得益于本土文化和本土经验的优势，相对说还比较容易成功的话，那么，在异土他乡的中原地区，在民办学校，再一次创造奇迹，则是相当的不容易，相当的不简单。

蔡林森，就是一本活的教育学。

是的，蔡林森是一本不断创造奇迹的教育学。不过，我们不应只关注奇迹的本身，而忽略奇迹的背后，忽略奇迹创造的过程及其成功的秘诀。只有这样，才能真正理解蔡林森这一或的教育学的深刻意蕴；也只有这样，蔡林森这一“文化符号”才会产生巨大的文化力量，使“蔡林森”具有普遍的意义。

一、“蔡林森精神”：永远的追求

哲学家尼采曾评说人的伟大和可爱。他说：人之所以伟大，是因为人是一座桥梁而非终点；人之所以可爱，是因为人是一个跨越的过程而非完成。他还说，人的新的荣耀，不是来自所来之处，而是将要前往的地方。

蔡林森的伟大与可爱，就在于他永远去走过一座又一座桥梁，永远在跨越，永远向着前往的地方。正是这样，蔡林森心中有一块精神高地，表现出一种特有的精神气质，体现了一种强势的精神力量，我们不妨称之为“蔡林森精神”。

“蔡林森精神”之一：追求人的生活价值。卢梭在《爱弥儿》中说：“我们，在这个和世界出生两次，第一次是为了生存，第二次是为了生活。”生活与生存的根本区别在于生活是富予意义的。这一命题往深处说，可以理解为对人生价值的追索。美国学者赫舍尔说，人生的价值不在于你现在是什么，而在于你将来能够成为什么。而且他说，这就是人生之谜的谜底。蔡林森退休了，怀着复杂的心情，告别了洋思中学，来到了河南。“我来永威学校图什么？如果图钱，就必然办不好学校，我来当校长，就是一心办好学校。”这就是蔡林森的价值判断与价值追求，这就是蔡林森的价值宣言。蔡林森以他的自身行动宣告：人的价值不以退休来划分的，不是以人的年龄来区分的。年轻人，我们是否应该从中领悟“人总是要有点精神的”深刻含义呢？是否以蔡林森为镜子照一照自己的精神世界中还确实点什么呢？

“蔡林森精神”之二：拼一回。初到永威学校，蔡林森面临着想象不到的困难和矛盾，几位好心教师劝他不要待下去，赶快回家。但是，蔡林森的回答是：鼓起勇气，站了起来，“我一定要再拼一回，一定要办好永威学校，创造又一个教育奇迹。”“拼”，是一种勇气，是一种自信，是一种坚守和争取，爱拼才能赢。蔡林森又以他自身的行动宣告：面对困难的最好态度是“拼”。蔡林森明明知道，拼是要大付出的，是要冒险的，但他“拼”了，这就是一种精神。教育教学改革永远需要这种“拼”的精神。

“蔡林森精神”之三：创新。蔡林森绝不是一个“鲁莽之人”，他不仅是苦干实干，而是一个“智者”，会巧干，会智慧地干。创新也不是以年龄的大小为界限的。蔡林森敢于创新，也善于创新。比如，他在永威学校小学部，倡导教师灵活运用“先学后教，当堂训练”的教学模式：看一看，让学生看课文；想一想，再思考几个问题；考一考，通过板演练习，检验看出效果；议一议，大家讨论；练一练，当堂完成作业。这是洋思教学模式的小学化和具体化。如经济学家熊皮特所言，元素的重新组合或元素的发展，就是一种创新。蔡林森的心中总是涌动着创造的激情，创新使蔡林森永葆青春。

“蔡林森精神”还有很多元素，以上三点是其内涵中最基本也是最为重要的。“蔡林森精神”成为蔡林森教育学的核心价值观，使他永远站立着，永远走在前头。

二、蔡林森的行动指南：从理念到信念

蔡林森创造奇迹的一切行动，源于心中的一杆标尺，那杆标尺是他的办学理念，而且办学理念发展为他的教育信念。

苏格拉底认为理念是一种思想，柏拉图认为理念是事物的本原，康德认为理念是一种纯粹的理性思考，黑格尔则认为理念是一种真理，中国的“理”也强调事物存在的根据。蔡林森不一定对理念作出文字上的界定，但他都用行动具体生动地诠释了理念。不仅如此，蔡林森还把理念转化成信念——坚信不疑，坚定不移。这就是蔡林森的不同凡响之处。

蔡林森的信念是：没有办不好的学校，没有教不好的学生。

的确，没有办不好的学校。校长是学校的灵魂，一个好的校长就能

办好一所好学校——我们坚信。因此，“没有办不好的学校”的下半句应是：只有不会当的校长。蔡林森这一信念，首先基于他对学校的认识。学校是文化的创生地，而文化是人创造的；文化上的每一次进步都会让学校向自由迈进一步。蔡林森管理学校、领导学校，就是在穿凿一种文化，让教师们浸润在文化中，让文化影响教师、改变教师。我们不妨把蔡林森所创造的文化称作：解放思想、实事求是。他不保守，又踏踏实实，一切从实际出发，一切为了解决实践中存在的问题。蔡林森，是一种典型的校园里行走着的文化符号。其次基于他对教师的信任。他深信，每个人都渴望得到别人的认同，尤其渴望得到校长的肯定。他还深信，学校是依靠教师来办的，离开教师，校长再有天大的本事也会一事无成，或曰，校长天大的本事是调动教师、依靠教师。

的确，没有教不好的学生。我们绝不是教好学生的一切责任都推给教师，若此，是不公平的，也是不科学的。但是，无疑教师在学生成长过程中起着巨大的作用。同样，蔡林森的这一信念是基于对学生的认识：学生有无限的可能性。更为重要的是他对学生有自己独到的认识和措施。他说：“差生为什么成绩差，主要是行为习惯差……因此，要教好每个学生，必须统筹兼顾，狠抓全面发展，特别要抓行为习惯的养成教育。”其实，叶圣陶先生早就这么主张了，关键是蔡林森真正认识了，而且实打实地去实行了。行为喜欢的养成岂在某一个早晨？蔡林森的可贵之处在于坚持，在于严格训练，在于校长和教师的以身作则。此外，学生需要激励。

蔡林森把理念变成信念，是他的行动指南，是他成功的又一密码。必须之处的是，他的理念和信念深植于校园的土壤之中，吮吸着大地的营养。这种理念和信念带着泥土的芳香，使他与教师心贴着心，与学生手牵着手。于是，这本教育学引导校长和教师去建设精神家园。用信念和理念去锻造教师的人格特征。

三、蔡林森的管理智慧：人格治校下的严格管理

蔡林森的学校管理以严格著称，何止是严格，甚至是严厉。这种印象中还隐含着另一种思想：蔡林森的管理是一种"霸道"。但是深入研读，你会有另一种发现，那就是他具有管理的艺术，表达着管理的智慧，形成了蔡林森的管理风格。艺术也好，风格也好，蔡林森这本活着的教育学中管理的关键词是两个：严格管理、人格治校。

不可否认，蔡林森的管理是非常严格的。比如组织教师赛课，他听一节评一节，毫不客气地指出问题，有的教师难以接受，哭了，甚至闹情绪，歇了几天才上班，不少人袖手旁观，指手画脚。但是，蔡林森"仍不放过他们"，指出他们出现的新问题。结果是，"老师们饱尝了酸甜苦辣，艰难地迈出了课改的第一步。"这里需要讨论的是：管理需要不需要严格？回答当然是肯定的。"不守规矩，难成方圆"的古训至今都是正确的，至今都具有普适意义。而且，必须指出的是，当下的学校管理，与管理的松懈是有关的。在以人为本的今天，严格管理不能退出治校的视野，不能退出校园。管理的严格，实质上体现了管理者的社会良知，意味着社会责任的勇敢担当。我们应当向蔡林森的严格管理致敬。

传统的理念与经验，包括关于规矩的古训，应当给以时代的解释，赋予时代的意义。蔡林森对此作了有效的探索，那就是人格治校下的严格管理。他自己说："我以人格治校，时时、处处为学生着想，努力为学生服务，赢得了大家的理解、支持，这是办好学校、教好每个学生的前提。"显然，没有人文关怀，缺少管理者的人格魅力，严格管理难以进行，难有成效，甚至会走向反面。想起马卡连柯的一句话：只有更多的尊重学生，才能更严格要求学生。把这句话迁移到整个学校管理中来便是：只有更多的人文关怀，才能更严格地管理学校。蔡林森正是体现了这一管理智慧。

蔡林森把人格治校置于前提，以严格管理的方式来呈现，归纳起来是：首先把校长的关心与帮助落实到有困难的、需帮助的教师身上。他

把钱看得很轻，那是因为把人看得很重。其次，让教师和学生各个是被管理者，个个又是管理者。当被管理者的体验会迁移到管理者身上来，当管理者才会有主人翁的意识，管理与被管理的容融洽和互动，形成了特有的管理机制和氛围。第三，让教师和学生在文化标识中受到激励和鼓舞。灯箱上同伴的照片、格言，还有名人雕塑上的名言，都会冲击师生的心灵，找到学习的榜样。第四，严格的管理制度。制度像是一座冷冰冰的机械，但是它公平，坚守规则。而制度一旦抹上人文的阳光，就会更加美丽起来。为什么教师结构工资制、“包”的责任制、取消快慢班的决定得以推开，而且有了成效？就是人文与严格的统一，制度不仅有“刚度”，而且有了温度，让人既感到压力，又有温暖的感觉。第五，靠前指挥、走动式管理。只有深入，才能了解真情，才能正确决策，才能使管理呈现在具体的真实的生动的情境中。

四、蔡林森改革的重点：课堂教学模式的探索与真正的落实

在蔡林森这本活的教育学中，课堂教学居于非常重要的地位。他坚信，教学质量是学校的使命，也是学校的生命线，而质量的提高，必须依赖课堂教学的改革。可以说，一个对课堂教学不重视，不感兴趣的校长，肯定不是好校长，学校也肯定办不好。蔡林森可不是这样。他对课堂教学不仅重视，而且是他的“兴奋点”，是他办好学校的突破点，是他管理学校的强项，形成了他的优势，成为他成功的又一秘诀。

课堂教学究竟怎么改？要改的地方太多了。蔡林森抓住了课堂教学的核心：让学生学会学习。《学会生存》早就指出：“教育的目的在于使人成为他自己，‘成为他自己’。”“学习过程现在正趋向于代替教学过程。”“现代教学，同传统的观念与实践相反，应该使它本身适应于学习者，而学习者不应屈于预先规定的教学规则。”蔡林森以清醒的头脑，准确地把握了教学的核心问题，坚定不移地坚持和推进“先学后教，当堂训练”教学模式，使洋思模式在一所民办学校取得了成功和新的进展。

“先学后教”的可贵之外，在于让学生走在教的前头，让学生先探索，先体验，积累经验，发现问题，产生障碍，然后带着问题去学习。“先学”势必把学生一开始就置于学习的主体地位，而且成为“后教”的依据及重点。这样的教不是盲目的，不是随意的，势必使以学定教的理念和原则落到了实处。其实，洋思的这一模式，不仅是“先学”，而且是把贯穿在整个教学过程之中。所以“先学后教”不仅是一个先后次序的问题，更是突显和落实教学核心的问题。无疑这是正确的，是科学的，是先进的。

“当堂训练”的可贵之处，在于对教学负责，对所有学生的学习负责。

教学不等于训练，但教学需要训练，问题是需要什么样的训练。在“当堂训练”的基础上，蔡林森坚持课堂教学的“四清”。他不仅对“四清”作了准确定位，而且有正确的指导思想，归结起来就是他所强调的，“从实际出发，怎样做效果好就怎样干”。同时，有很好的策略，抓了细节，抓了落实。

蔡林森自己也在不断改进和完善。比如“讲”和“练”的关系充满着辩证法，特别是“要练出门道，练出智慧，练得精彩”，闪现着他的教学哲理的光彩。

蔡林森的再一次创造奇迹，又一次告诉我们，怎样做一个好校长，当好校长不仅是应该的，而且是可能的，关键是校长本人是不是有追求，是不是有智慧，是不是有自己的主张，是不是能坚持。他是一本活的带有乡土气息的教科书，不仅校长应该学，而且教师也应该学。这本教科书已成为一本具有中国特色的、本土文化特点的活的教育学，他自己本人也定会成为教育家，永远行走在现代化的校园里——我们相信，而且乐观地期待着。

第二部分　社会影响

课改有规矩　不能太“任性”

蔡林森

近两年，我们永威学校依法执教，不断深化课改、实践创新、提高课堂教学效率，使得小学、初中、高中教学质量保持焦作领先，学生全面发展，各级领导、学生家长都很满意。在实践中，我们不断领悟，越来越觉得课改也要讲规矩。

不讲规矩，课改则败

有的专家主张课堂上让学生放松、愉快，讲什么“师生是兄弟姐妹，平起平坐……课堂上要给学生自由，不必要求学生坐端正，要允许学生打手机、喝水……”

对此，我们有不同看法。我在洋思中学、永威学校带领老师搞了30多年的课改。实践使我们认识到：不讲规矩，课改则败。课堂上学生随意喝水、打手机、做小动作、东张西望，怎么能安心、专心学习？怎么能培养良好的习惯、态度？2006年我加盟沁阳永威学校，推进课改，不仅在宏观上守纪律、讲规矩，坚决执行法令、法规，开全开足课程，加强体育锻炼，确保学生睡眠、休息时间，而且注重引导师生在课堂上守纪律、讲规矩，确保教学秩序良好。

制定制度，立下规矩。一到永威学校，我就根据国家教育法令、法规制定《教书育人责任制》《永威学校师生课堂规则》等制度，给师生立下规矩，保障课改顺利进行。《永威学校师生课堂规则》第5条规定：“教师必须以身作则，一举一动给学生良好影响：教态自然、大方、微笑、亲切、富有感情，说话声音洪亮，抑扬顿挫；板书工整，无一字潦草；

不穿背心、拖鞋（不坐着上课）；不带茶杯、手机进教室，不抽烟，不随便离开教室，不讽刺、歧视学生。”《永威学校师生课堂规则》第6条规定：“学生必须坐姿端正，胸与桌一拳，眼与书本一尺，握笔姿势正确；要尊敬老师，听从教导，不顶撞老师；要发言先举手，不穿背心、拖鞋，不带手机进教室，课上不喝水，不吃零食，不做小动作，不随便说话……”

执行制度、检查考核。学校办公室按照制度，每天每节课都检查各学部课堂纪律。例如，打了小预备铃，检查上课教师是否迅速站到教室门口关注督促并确保学生做好课前准备工作，室内安静；上课铃响后，是否准时上课，师生礼貌问好；课堂上师生是否违纪；下课铃响后，教师是否拖堂……检查结果列入当天学部纪律评比；学部政教处每天检查各班课堂纪律，记载公布，列入当月对班主任、任课老师的考核。

发现问题、解决问题。通过检查，发现高中部有的老师板书潦草，随便进出教室；课上讲话随随便便，散布消极的、落后的思想言论……针对问题，学校严肃、耐心地进行思想教育，同时，坚决严格按制度扣发当月师德津贴和班主任费，整顿纪律，效果明显。

常年赛课、坚持规矩。好教师上的好课，有一个明显的标志就是课堂纪律特别好，学生讲规范；差教师上的差课，鲜明的标志就是课堂纪律差，学生习惯差。因此，我校常年赛课、评课时，坚持一方面注重学生紧张、高效地学习，另一方面注重学生是否守纪律、讲规矩。比如，怎样握笔、怎样坐、怎样读书等，旗帜鲜明地教育师生懂得守纪律、讲规矩的重要性，能够自觉地严格要求自己，严格训练，磨炼意志，养成好习惯、好态度，提高综合素质。这样，既提高质量，又实施了素质教育。

培训教师，确保规矩。个别刚毕业的女教师，亲和力过了分，和学生嘻嘻哈哈、吹吹捧捧，使得学生反而瞧不起她，在她的课上自由散漫……老师不像老师，学生不像学生，教学质量明显下滑，她急得无法可想。对此，我们开展有关培训。我作过几次《怎样抓好课堂纪律》的讲座，要求女教师们自尊、自爱、稳重、端庄，要营造尊师爱生的良好氛围……针对有的教师形象不佳，我们组织教师举办了教师礼仪培训班，让教师反复学习教师礼仪规则，进行礼仪单项训练。这样通过培训，教师素质高了，组织能力强了，课堂纪律好了，课改就顺利地深化了。

要中用，不图中看

注重效果，不图形式。1982 年，我在洋思中学开始搞课改就注重实效，不图形式。我带领教师大胆改变教学方式，砍去新授前七八分钟的检查复习，确保当堂完成作业，免得学生课外作业抄袭。这一改革效果明显。后来，发现课堂时间太紧，密度太大，就又改变方式，让学生星期天预习下周的新课，晚上预习明天的新课，这种改变有用，但搞一段时间后，觉得费时多、难坚持、效果不佳，就立即停止。接着，把“学生看书、练习”后的“教师讲”改为“后教”，即“兵教兵（学生教学生）、教师补充、更正”，以后把“兵教兵”改为“先学生更正，后学生讨论、最后教师点拨”……就这样，从实效出发，不断改变形式，即使在同一环节，也在不停地改变低效的细节，课改不停，改变形式不停，由低效向高效前进的步伐不停。

形成模式，灵活运用。经过多年的探索，我们形成了“先学后教，当堂训练”的一般操作方法，包括三个辅助环节（板书课题、出示目标、自学指导）和三个主要环节（先学、后教、当堂训练）。运用这个教学模式，教师能引导学生紧张自学，帮助解决疑难。随着课改的不断深化，由于学情不同、科目不同、课型不同，“先学后教，当堂训练”的操作方法也应该相应地有所不同。例如，数学课搞一次“先学后教”的一般操作方法，但课型不同，也不完全一样，小学数学先让学生根据老师的“自学指导”，“看一看”课本，以后检测或叫“做一做”，但小学一年级学生有字不认识，看课本有困难时，可以在老师的引导下，看一点，理解一点，不过，只要一年级学生能看得懂课本，就应该让他自己看，以后检测。

反对形式主义，提高教学质量。在熟练运用“先学后教，当堂训练”，基本形成自己习惯了的教学结构，就会不知不觉死搬硬套，出现新的形式主义。例如，教小学四年级语文《桂林山水》，共两课时，第一课时应该达到逐段理解词义、句意、归纳段意，第二课时背诵综合练习，而任课老师上第一课时，让学生听录音，自己练习读，指名读，讨论生字的音、形、义、组词，写生字、默生字……一节课结束了，学生的阅读、写作训练却落空了。小学数学课上本应该一次“做一做，议一议”，却改为反复五次“做一做，议一议”，这样，程序多了，一会儿这样，一会儿那样，走过场，学不实。我听课后，指出学生自学的环节过多，拖场子，费时间，要求简化程序，合并或去掉不必要的环节，教师不讲空话、废话，要重点训练学生读、写、思维、计算能力。任课教师说：“听课的来宾都说好啊！我们上课要给来宾看，让来宾了解‘先学后教’的程序。”我说：“错了，不能让来宾觉得我们的课好看而不中用……”

深化课改，不断打假。评课的标准是效果，效果好就是好课。学生会的不要讲，学生不会的一定要讲好；用什么形式好就用什么形式，用什么形式影响质量就不用。一定要把握好一个“度”，不能由一个极端到另一个极端。搞极端化，就是在搞形式主义、花架子，就是在搞假课改，尽管搞得热闹，说得漂亮，但效果不会理想。我校深化课改，坚持中用，不图中看，例如：没有在教室的四周都安上黑板，免得影响教室的光线和学生视线、精力的集中；我们不搞学生课上围坐在一起，免得学生浮躁，不能静心、安心、专心学习；我们没有让教师退居二线，闲在一旁，让学生上讲台当主持人，因为这不利于他们紧张思维、高效学习。

要实干，不尚空谈

在当下课程改革的热潮中，学校应当怎么深化课改呢？是空谈、重复理论，还是坚持实践创新、老老实实地在应用上下真功夫呢？应该实干，坚持实践创新，在应用专家的研究成果上下功夫。学校课改的课题是什么？就是学校课改中的问题，也就是提高质量、实施素质教育的突出问题。怎么研究呢？就是要坚持理论联系实际，即应用专家理论研究的成果，长期实践，老老实实地解决本校课改中的许许多多具体问题。永威学校守纪律、讲规矩，深化课改就是坚持实干，连续9年常年赛课、评课，每天发现问题、研究问题、解决问题，每天都有收获。

我们坚信：只要继续坚持依法治校，守纪律、讲规矩，不断打假，反对形式主义，课改就一定成功，为民族复兴而办好学校、育好人才的梦想就一定实现。

（本文发表在2015年4月8日《中国教育报》第12版）

坚定政治方向　规范办学行为

——河南省沁阳永威学校成功的实践和体会

蔡林森

2019年2月12日（农历正月初八）上午9时，永威学校寒假教师培训班在永威大礼堂隆重举行。沁阳永威学校400多名教工和来自省内外的教育部门领导、校长、教师们一起认真学习《新时代中小学教师职业行为十项准则》和《中小学生减负措施》，讨论、通过《永威学校2019年春学期工作计划》，参加教师“大干新学期实现新目标”的誓师会，听、评“教师做楷模、学生有精神、学习高效”的观摩课……

学习结束，来宾们在雪地里合影后，手捧学校赠送的新学期各学科教案等资料，情不自禁地说：河南省沁阳永威学校成为名校不仅是因为坚持“先学后教，当堂训练”，教学质量高，而且更是因为坚持政治方向、规范办学行为……

教育公平，家长满意

（一）学习党的十九大精神，深有体会。在党的十九大召开的大喜日子里，永威学校领导、教师认真收听广播，学习党的十九大报告，对报告中“发展素质教育，推进教育公平……努力让每个孩子都能享有公平而有质量的教育”有特殊的理解，因为大家有亲身的体会。记得2006年11月上旬，沁阳市期中学业水平测试，永威质量特差，例如初二快班英语平均分50多分，及格者个位数，慢班平均分只有24分。面对现状，我这个刚刚加盟永威的校长坚信“没有教不好的学生”的教育理念，坚信执行教育法规、不分快慢班是正确的，就大胆地排除各种干扰，连夜组织分班、抓阄，第二天早晨，召开动员会，立即取消快慢班，迅速掀起学习竞赛热潮，教师无一人搞有偿家教或到辅导班兼职，人人老老实实地给学生补课，不放弃一名后进学生。期末初中部各年级教学质量跃入沁阳领先水平。从此，教学质量越来越高，学校越办越好。

（二）落实党的十九大精神，教好每名学生。在党的十九大精神的鼓舞下，我校领导、老师增强了能够教好每一名学生的信心，学校在小学部四楼上安装了“努力让每个孩子都享有公平而高质量的教育”19个大字的霓虹灯，进门的画廊上有“在习近平新时代中国特色社会主义思想引领下，努力办好学校，让每个孩子都享有公平而高质量的教育”的巨幅标语，校园里竖起了四块永威学校向社会公开承诺的标语牌：小学学生人人优秀，全面发展；初中学生人人优秀，全面发展；高中普通生上理想大学，优生上重点大学，特优生上名牌大学。学校工作计划中的奋斗目标定为：学生人人争取德智体美劳全面发展，达到“五好”的具体要求，教学质量为人人及格（无一差生）、人人优秀、力争满分、能力过人，这也是任课教师责任制的年终考核指标。全校出现了更加喜人的景象：小学成为河南省书法实验示范学校，2100 多名小学生人人坐、写姿势正确并且写字漂亮、期末成绩优秀，全校语文、数学双科满分 1590 名，低年级有 7 个班人人语文、数学满分；初中部每年招生 1000 多名，学年初平行分班考试数学成绩不及格者高达 500 多名，其中，有的分数很低。但是，教师们坚信“没有教不好的学生”的教育理念，一心努力教好每名学生，谁也不搞有偿家教，结果学生人人及格，几乎无人不优秀，优生越来越好；高中教师也努力教好每名学生，不让一名掉队，结果每名学生成绩都有明显提高，水涨船高，优生越来越好，每年都有学生考上北大、清华等名牌大学；我校多年项项一流，无人严重违纪，无安全事故发生，学生虽不去校外培训班学习，却能德智体美劳全面发展，这与有些学校教师热心有偿家教，只抓少数冒尖生、放弃后进生形成鲜明的对比。家长了解永威、信任永威，就乐于把孩子送到永威就读。实践证明，推进公平教育，才能让社会、家长满意。

（三）坚持教育公平，家长、社会满意。有的省示范高中为了能有升入北大、清华的优质生源，就违规举行招生考试，挑选全市优生，精选全市优秀公办教师任教，采取不收学费等优惠政策，在高中校内办起精英初中。这样扰乱教育秩序，对全国均衡教育区域办好公办、民办学校产生负面影响。例如：我校初中部少数管理干部和年轻教师就害怕不平等的竞争，要求学校也要像他们那样办精英班、重点班。

面对新的挑战，该怎么办？永威学校听党话，跟党走，坚定政治方向，坚决落实党的十九大精神，老老实实地推进教育公平，坚持按教育法规招生，不分快慢班，努力教好每一名学生，得到家长、社会和参观来宾的一致好评。

以德贯穿，课堂高效

（一）“先学后教，当堂训练”影响全国。2006 年以来，永威学校坚持常年赛课、评课，推广“先学后教，当堂训练”教学法，大面积提高了教学质量。“先学后教，当堂训练”教学法于2014年获得国家教育部门课改成果一等奖。总结永威的实践，我写成的《教学革命——蔡林森与先学后教》《学校管理变革》《蔡林森：从洋思到永威》3本书和发表在《中国教育报》《人民教育》杂志上的几十篇论文一直影响全国。

（二）“先学后教，当堂训练”的最新操作方法。随着信息技术进课堂，教师们告别小黑板，用上电子白板，把“先学”由原来的“学生看书后上讲台板演”改成了“学生看书后一起完成多题书面检测练习”，有了惊人的新发现：小学、初中、高中学生看书后都能快速独立完成书面检测练习，大多数学生成绩满分。从此，教师们相信我校学生自学能力比过去强，就大胆探索，普遍运用“先学后教，当堂训练”的最新操作方法：先学——学生看书并独立完成多题书面练习；后教——教师用白板公布答案，学生评定对错；教师统计满分人数，表扬满分的学生；以后让未获得满分的同学把试卷交给老师，教师用白板出示学生练习中的错误；大家只讨论“哪里错”“为什么错”，教师适当点拨、拓展，引导学生举一反三；最后当堂训练。这样，适当增加训练的题量，加快训练的速度，节省学习的时间，更大限度地暴露、有的放矢地快速解决疑难问题，效果更好。

但是，因学段（小学、初中、高中）不一样，学生的基础不一样，科目和课型不一样，所以具体操作细节也不完全一样，学生检测练习的题量既不能过多，又不能过少，拓展的习题既不能过难，也不能过易，要把握好度，教师要精准点拨，精准解决疑难问题，也十分困难。“先学后教，当堂训练”8个字，看起来简单，其实不简单，千变万化，灵活运用更不容易，就像先进的设备、技术，要靠先进的工人操作那样，遵循规律、科学的“先学后教，当堂训练”教学方法也需要高素质的教师。因此，我校一直努力提高教师素质，促进教师提高灵活运用“先学后教，当堂训练”教学法的水平。尽管我校所有运用“先学后教，当堂训练”教学法的老师，教学质量都在全市遥遥领先，但是有的教师素质仍然没有别的教师高，他的教学质量也就没有别的教师高。

（三）以德贯穿“先学后教，当堂训练”的全过程。尽管我校在2007年制订的《永威学校师生课堂规则》中就明确要求教师在课堂上既要做好楷模，渗透德育，让学生有精神，养成好习惯，又要善于引导、帮助解难，让学生紧张学习，当堂达标，尽管我校于2016年9月明确提出赛课、评课的标准：一评渗透德育好，二评紧张学习好，但是，学校抓课上渗透德育不及抓改革教学方法扎实，使有的教师虽然能够灵活运用“先学后教，当堂训练”的教学方法，但是课上自己不能做好楷模、抓好纪律，学生学习不够紧张，“先学后教，当堂训练”的优越性就不能充分地发挥出来。

“要坚持把立德树人作为中心环节，把思想政治工作贯穿教育教学全过程，实现全程育人、全方位育人”“思想政治工作是学校各项工作的生命线”，习近平新时代中国特色社会主义思想使我们认识到，深化课改，推广“先学后教，当堂训练”教学法，不仅是改革教学方法的问题，而且更是思想革命，弘扬革命精神的大问题，必须坚决地落实，把思想政治教育贯穿“先学后教，当堂训练”的全过程，简而言之就是“先学后教，当堂训练”要加上“以德贯穿”，更概括地讲，叫作“先学后教，以德贯穿”。2018年秋学期结束前，我校每个教室前都张贴了评课标准：“一比以德贯穿好，二比紧张学习好。”在2019年寒假教师培训班上，永威领导、教师经过学习、讨论，一致通过“评课一票否决制”，即凡是以德贯穿不达标的课，就是不达标的课，因为以德贯穿不达标，即使运用了“先学后教，当堂训练”教学法，也只是在搞形式主义。这样，从2019年春季学期开始，我校课改将由以往重点改革教学方法的阶段转为今后不仅继续改革教学方法，而且重点教师做好楷模，提高以德贯穿水平的阶段。学校培养典型，带动全面，逐个解决存在问题，确保课上教师都能做好楷模，学生都能有精神，高效学习好。

减轻负担，提高质量

（一）什么叫“减轻负担”？《中小学生减负措施》中“减轻违背教学规律，有损中小学生身心健康的过重负担”的规定十分明确，就是要减违背教育教学规律，有损学生健康的过重负担。何谓“过重”？底线就是“违背教育教学规律，有损学生健康”，如不违背教育规律，不有损学生健康，就不是“过重”负担。我们要把握好一个“度”，不是说课外一点负担都不要，也不是说负担越轻越好，更不是要一刀切地减负。因为全国范围大，学校多，学生的负担不一样，有的地区学生负担重一些，有的边远山区学生负担轻一些，即使同一学校、同一班级，学生负担也不一定一样重，班上有的学生负担重些，有的学生怕学习，课上常睡觉，不做作业，这样的学生负担还重吗？如果这样的学生也要减负，岂不是要他什么都不学吗？对这样的学生，应该教育他明确学习目的，端正学习态度，努力为实现中国梦而好好学习。

（二）“减轻负担”与“提高质量”的关系。减轻负担的目的是什么？说到底就是要严控书面作业总量，科学合理布置作业，尤其不得超过课标要求，不得布置重复性、惩罚性的作业，要让学生省出时间，促进全面发展、提高综合素质，而不是不要提高教学质量。

（三）减负的根本出路在于课堂的高效。课外要减负，课上就该紧张、高效，负担到位。永威学校坚决执行教育法令、法规，开全开足规定课程，坚决执行课程表和作息时间表，一方面坚持抓课堂，引导教师灵活运用“先学后教，当堂训练”教学法，让学生课上像考试那样紧张、高效地学习，正确理解知识，准确记忆知识，当堂完成课本上的练习，达到“堂堂清”，提高课堂教学质量，另一方面，抓课外，让学生在课外有足够的睡眠、休息、体育锻炼、参加各种社团活动和公益劳动的时间，接受体育、美育、劳动教育，爱美、会美、爱劳动、会劳动，能够全面发展。我们深深地体会到：如果不抓课堂高效，课外减负将会说到做不到，或者课外减负成为形式主义，导致放任自流，误人子弟。

（四）课前主动预习，课后主动复习、巩固。课堂高效、当堂达标不等于课外负担就该一点也没有。为什么呢？因为有的学生课上准确记忆的知识，课外就有忘记的，有的上午记得的，下午又有忘记的，今天记得的，明天就会忘记，尤其是基础差、学习困难的学生，他们可能课上没有真正达到“堂堂清”，还有死角，因此，我校一直坚持“四清”制度，即不仅课上让学生紧张学习，努力达到“堂堂清”，而且课外让学生复习、巩固、提高，努力达到“日日清”“周周清”“月月清”，夯实基础，熟能生巧，形成能力，养成好习惯。在达到“四清”的基础上，优生珍惜课外学习时光，走出教材，多读课外书籍，坚持写好日记，练习书法，争做特优人才。

这样，学校学生既课上紧张高效学习又课外减负，复习、巩固，既“补差”，人人努力学得好，又“培尖”，优生能更好。这样的学习方式使学生都无须再花费时间到校外培训机构学习。

教师优化，学生“五好”

人们常说：名师出高徒。有什么样的老师，就有什么样的学生。要学生德智体美劳全面发展，达到“五好”，教师就必须首先做到德智体美劳全面发展，达到“五好”。怎样培养德智体美劳全面发展达到“五好”的老师呢？我校优化教师队伍建设，培养名校、名校长的方法主要有如下几种：

（一）抓好岗前培训。每年，学校都坚持以德智体美劳全面发展，达到“五好”的标准招聘优秀大学生进校任教。要求面试教师唱一首歌，对不会唱《国歌》或者唱歌毫无感情的教师尽量不用；要求面试教师讲故事，对不会讲话的教师尽量不用；对行为不正的面试教师尽量不用。这样进校的教师即使是非师范类的或者文凭没有优势的，但综合素质不低。

新教师被录用后，我校就对他们进行严格的岗前培训，给他们发学校《永威教师手册》，让他们学习教育方针、政策、法令、法规，学习

"先学后教，当堂训练"教学法，让他们一一过好师德、教材、教法、基本功关，获得四项培训合格证书后，才能上讲台。岗前培训的时间从签订合同那天开始，直到秋季学期开学前，一般用半学期或一个暑假的时间；如有特殊情况，就突击岗前培训，确保上岗就能胜任。例如：今年寒假我校教师培训班开班那天，突然发现两名初一数学教师、1名初二数学教师、两名初一语文教师都因病或其他原因不能上班，有的要辞职，有的要长期请假。怎么办？怎么才能确保没有乱班，能使每个班的学生和家长都满意呢？校长和初中部的领导都十分重视，立即千方百计地招聘到6名未教过学的新教师，他们都不是师范类毕业生，也不是本专业的毕业生。于是，学校领导在办好学校教师寒假培训班的同时，起早贪黑对这些新教师突击岗前培训，新教师手拿新学期的教案，先一节一节地听老教师上观摩课，后上汇报课，校长始终跟踪把关、指导，结果奇迹出现了：正式开学、按课表上课那天，新教师进班上课效果很好，学生和家长都很满意。

（二）常年继续学习。每学期初，全体教师都要坚持学习《中小学教师职业道德规范》和《中小学教师违反职业道德行为处理办法》以及学校的各项制度，广泛阅读名著及报刊文章，学习"先学后教，当堂训练"教学法，坚持以老带新，常年继续学习。例如：今年春季学期，教导主任教初一数学，与7名刚工作的新数学教师签订合同，明确责任，新教师教得好，师傅也能获奖，新教师教不好，师傅也受罚。这样新老教师捆绑承包，老教师给新教师上超前课，老教师听新教师的汇报课，并且一起参加常年赛课、评课，相互促进，不断提高教育教学水平。

（三）坚持奖优罚劣。学校不仅要按照《教书育人责任制》奖优罚劣，而且要帮助教师全面理解、准确把握、坚决做到国家教育部门《中小学教师职业道德规范》等教育法令法规，对教师队伍中出现的违背党的路线方针政策的言行或者体罚学生、徇私舞弊、弄虚作假等问题，要坚决严肃处理，该处分则处分，该开除则开除。这样确保全校教师无一人搞有偿家教，个个安心、热心努力教好每个学生，得到家长的好评。

（四）培养名师、名校长。学校继续培养骨干教师、优秀教师创造条件加入中国共产党，给他们压担子，当学校各级管理人员和领导，扶上马，送一程。在此基础上，学校大胆放手让他们独立给来宾上课、作介绍，去外地讲学，写文章、参加编书……在改革开放的浪潮中锻炼成长为名师、名校长，永威学校常务校长申芳芳就是突出的代表。

2018 年，我校党支部被评为焦作市十佳先进基层党组织。永威学校董事长任太平多年发给学生助学金、奖学金累计 3000 多万元，他被评为第八届中华慈善奖最具爱心捐赠个人，还获得第二届中华慈善突出贡献奖，校长被评为全国乡村教育家，获评为焦作市优秀党员，常务校长被评为焦作市劳动模范。总之，党建引领教师做好楷模，保障了学生德智体美劳全面发展，健康成长。例如：校长、教师带头劳动，学生积极参加管理好 300 多亩校园，学校 2018 年被评为河南省最美校园。2018 年 12 月 27 日，刚刚上任的沁阳市领导调研我校，看到校园文化氛围浓，处处美化、净化，一排排雪松、广玉兰高过三层楼……他高兴地对在场的各级领导说："想不到冬天的永威校园就像南方的公园，百亩草坪青青，棵棵香樟枝叶茂盛，喷灌设备现代化……"他注意到随处可见的"师生环保、绿化责任牌"，语重心长地说："永威学校名不虚传，经验宝贵，应该推广……"

的确，沁阳政府部门官网常报道永威，省内外赴永威参观学习的来宾越来越多，有的多次进永威跟班听课、长时间培训，有的学校主动与永威学校建成友好学校，相互学习，都尝到甜头。

目前，我校继续组织教师学习、落实《新时代中小学教师职业行为十项准则》《中小学生减负措施》，坚定正确的政治方向，规范办学行为，做实做细做好各项教育教学工作，努力创建新时代的中国名校，让每一名学生都能全面发展、为实现民族复兴的中国梦多做贡献。

本文发表在 2019 年 3 月 6 日《中国教育报》第 12 版

高效的关键在于教师

申芳

2006年10月，蔡林森校长加盟永威学校。上班的第三天，他就组织初中教师赛课、评课，推广“先学后教，当堂训练”。三个月后，初中部教学质量由下游跃为沁阳领先。不多久，小学、高中推广“先学后教，当堂训练”教学模式，也很快上路，效果喜人。实践使大家认识到：推广“先学后教，当堂训练”，让学生紧张、高效学习，离不开老师的引导和帮助。有的教育专家宣传西方教育，主张教师下讲台到幕后去，否定教师的作用，这是行不通的。如果教师主导作用发挥得好，善于引导，正确地帮助解决自学后的疑难，学生就一定学得好；如果教师不能以身作则、不会引导、该讲的不讲、该讲的讲错，甚至对学生撒手不管、放任自流，学生就学得不理想。因此，我们永威学校坚持常年赛课、评课，不断深化课改，重点不在操作方法，而在提高教师的师德水平、引导水平、点拨水平，让教师课上能够为人师表，渗透德育，有效地引导学生紧张学习，帮助学生解决自学后的疑难问题，确保课堂教学更加高效。

为人师表，渗透德育

深化课改的重点之一——提高教师的师德水平

课堂上，怎样有效地实施情感、态度、价值观的教学目标呢？我校引导教师牢记国家领导人“德高为范。教师是学生道德修养的镜子”、“用自己的行动倡导社会主义核心价值观”等教导，注重身教，努力使自己的形象、衣着、语言、神态、情感，一举一动都要给学生良好的影响，变为学生日常的行为。

守纪律，讲规矩。有的专家宣传西方教育，主张课堂上要给学生自由，不必要求学生坐端正，要允许学生打手机、喝水……如果这样，学生自由散漫，怎么能安心学习？怎么能培养良好的习惯、态度？这样的学生长大了怎么能够成为遵纪守法的公民？怎么能够成为听党指挥、能打胜仗的中国人民解放军战士？不以规矩，不成方圆；不以规矩，不出人才。因此，我校制定《师生课堂规则》，设立《课堂纪律记载簿》，要求教师课堂上带头守纪律，讲规矩，如发现学生违纪，可目光示意或不点名制止，必要时点名制止，如无效，则在《课堂纪律记载簿》上记载，待课后处理，不得体罚、变相体罚学生（包括不让进教室、罚站或赶学生出教室）。学校评课坚持先评教师身教、渗透德育；学校办公室坚持按制度每天、每节课检查课堂纪律，列入对学部的考核；学部政教处每节课检查各班的纪律，列入对班主任和任课老师的考核。发现问题，及时解决。有位高中数学老师，工作认真，但上课毫无表情，有气无力，声音太小，评课时，校长严肃地指出问题，坚持不懈地努力解决问题。有位物理老师说话太快，眼睛不看学生，影响学生思维，校长也不放过，尽力纠正。校长作讲座，搞培训，加强师德教育，学校按责任制严格考核、兑现，使得以前在课堂上对学生撒手不管、放任自流、随便进出教室，板书潦草、不注意形象，散布落后言论、带茶杯、手机进课堂或者坐着上课等不良行为统统不见了。老师们提高了认识，自觉遵守《永威学校师生课堂规则》，规范自己的行为，对学生的影响是潜移默化的。

肯吃苦，有精神。在老师好的影响下，过去上课一会儿摸头，一会儿转笔，一会儿东张西望，坐不正，无心学习，却叫喊"压力大、学习苦、整天累"的学生大有转变，也和大家一样不怕吃苦，不怕学习，不怕压力和竞争。学生个个守纪律、讲规矩，握笔姿势、坐姿、站姿一个样，逐渐养成紧张、快干的吃苦精神和一丝不苟的科学态度，享受着战斗的欢乐和成功的喜悦。

爱读书，有能力。在老师好的影响下，学生专心读书，严格训练。

各学科课堂教学均从读书开始，一上课学生就紧张地读书，准备检测；检测更正、讨论后，学生当堂背诵，准确记忆。学生在课堂上先参加书面检测，最后限时、独立完成书面作业。这样，学生当堂读，准确记忆知识点，当堂练，做对习题，形成能力，达到“堂堂清”；课外，与遗忘作斗争，反复背，反复读，直到达到“日日清”为止；周末，反复背、反复读，不达“周清”不罢休。每月底，学生互背当月所学知识点，不熟的读熟，确保准确记忆，达到“月月清”。就这样，学生养成爱读书的习惯，精读课本，准确记忆，严格训练，形成能力，为自己的终身发展和幸福奠定了基础。

教师以身作则，渗透德育，使得学生有精神，讲规矩，习惯好，这是课堂纪律严明、课堂教学高效的保障。

精心设计，善于引导

深化课改的重点之二——提高教师的引导水平

教师精心备课，设计自学方案。剧本是一剧之本，教案是课堂教学之本，好教案是学生紧张高效学习的好方案。有人以为搞“满堂灌”，教师离不开教案，如今搞课改，似乎教案不那么重要，反正学生想学什么就学什么，想怎么学就怎么学。我们认为这是错误的。因此，每年寒暑假，我校都坚持从实际出发，组织全体教师下真功夫集体备好全学期的新授课，方法是：在个人超前钻研教材（要学生练的、背的，教师先练、先背）的基础上，教师集体研讨把握住教材的重点、难点，根据上学年教后录（讲课后的记载），预测学生可能出现的错误，以后反复修改上学年的教案，达到五个“统一”：1. 统一进度（精心划分课时、确定每节课的教学内容）；2. 统一学习目标；3. 统一自学指导（自学内容、方法、时间、要求）；4. 统一思考题、检测题、课堂作业；5. 统一教学过程。这是在精心策划课堂上学生自学的方案；开学后每星期日，教师集体复备下周新授课，重点研讨学生更正、讨论后会有哪些疑难或错误，教师如何对症下药，纠正、拓展，指导运用（提醒可能会出现的错误），这是在再次反复修改学生自学的方案，力求符合学情、效果最佳；上课前，教师熟记教案，准备课件，准备能有效地实施自学方案。这样认真备课，精心设计，从宏观上保障了学生在课堂上紧张、高效地学习。

教师讲好过渡语，当好主持人。细节决定成败。过渡语好像学生自学的路标、导航仪，但是，有的老师却不重视。例如：有的教师过渡语几乎每节课、每个环节都是一样的几个字："下面请看"、"下面开始练习"、"下面开始更正"、"下面开始讨论"、"下面开始做作业"。这样的过渡语干巴巴的，缺少激情，缺少鼓动性，不利于调动学生的积极性，不利于学生愉快地学习，使得课堂教学的过程缺少系统性、逻辑性；有的教师过渡语讲得太快，无节奏，声音小，啰嗦、空话、废话多……赛课、评课时，校长毫不客气地指出问题、尽力解决问题。以后，校长赶写"怎样讲好过渡语"的文章发给大家。老师们认真研讨、落实，努力课前写好、记熟并且练习说好过渡语，课上有效地引导学生一步一步地自学、达到目标：一进课堂，教师满怀激情，三言两语引导学生投入战斗；板书课题后，过渡语要能引导学生明确目标，激发学习积极性；出示目标后，过渡语重点鼓励学生根据自学指导，紧张、高效地看书、思考，迎接检测；学生读书时，教师要巡视、关注，必要时说一两句有针对性的鼓励语；看书后、检测前，过渡语要能够启发学生，正确运用新知识又对又快地解题；检测结束后，过渡语要引导学生运用新知识判定解题是否有错，为什么错；更正、讨论结束后，过渡语为总结，强调重点、难点，并要求学生灵活运用，避免错误。这样，教师的过渡语既要有系统性、逻辑性，又要有艺术性、鼓动性，号召力，能激发学生、启发学生紧张自学。

教师仿佛是战场上的指挥员，教师好像节目主持人。教师提高了引导水平，学生自学很快上路，奔驰在快车道上。这也是课堂教学高效的保障。

准确点拨，解决疑难

深化课改的重点之三——提高教师的点拨水平

教师课堂上不仅要能够引导学生紧张高效地自学，而且要能够有的放矢地准确点拨，帮助学生解决自学后的疑难问题。这是课堂高效的最大难题。

教师该点拨的内容是什么呢？就是学生自学后暴露出来的疑难（不懂的）问题或练习中的错误且全班无一学生会讲或讲不全的内容。教师点拨的内容很少，点拨的时间很短，一般不超过6分钟。但是，点拨的要求很高：一要点拨准，有的放矢，对症下药；二要点拨狠，力求点石成金，解决疑难。

常见的点拨不准的问题有：1. 无重点，不分主次。如两名学生板演，每人做几道题，板演后，老师逐人、逐题一步一步讲，方法为一问一答，仿佛是在说相声，浪费时间，却不能解决重点问题。又如，高中语文课上，译讲古文，逐句解词、翻译，费时多，难懂的却一掠而过，使学生模糊不清，更不能准确记忆。2. 重点偏，颠倒主次。例如，有理数混合运算，重点应该是讲“运算顺序”，教师却把重点定在讲“计算错误”。又如，讲列方程解应用题，重点是列方程，教师却在花功夫解方程，这样使学生糊里糊涂学习走上歪路。3. 难点偏，难纠错。如两名学生板演，每人做几道题，多数题做对，只有一题做错，或者几道题都只有某一步做错，老师点拨东扯西扯，却忽视了讲清错的那题或错的那一步，不能解决疑难问题。4. 抓芝麻、丢西瓜。对个别学生个别旧知回生的问题，应该个别解决，不应对全班学生反复讲，否则，既不利于解决新知方面的倾向问题，又不利于节省时间用于严格训练。怎样才能解决存在问题，确保点拨准呢？我校赛课、评课时，注重研讨教师哪些该讲、哪些不该讲的问题及解决的办法，引导教师在课堂教学的过程中，始终关注每一个学生，关注每一个学生眼神、表情、精神状态，尤其关注后进生（因为后进生的问题是课堂教学中要解决的问题），能对学情了如指掌：学生看书时，教师不仅关注、提醒全体学生专心致志，而且要鼓励学生质疑问难，便于自己快速了解学情；板演练习时，教师关注全体学生，搞清楚“谁对谁错”，“谁快谁慢”，思考“为什么”、“怎么解决”，进行第二次备课，即思考如何点拨；提问或更正、讨论时，教师不仅要搞群言堂，大家议，大家评，要让尖子生当老师，帮助后进生更正，并给大家讲清“为什么”，而且要万分清楚学情，快速准确决定该点拨的内容（尖子生不会，也讲不清的疑难问题）。

常见的点拨不狠的问题有：1. 就题讲题。只说出答案，而不重视审题以及根据新知解题的思维过程，更不能寻找一般规律，上升理论。2. 讲错，不科学。字音读错、笔画笔顺写错、画图、实验有误、答题不规范、观点不对、要点不全，表述不清，有病句，对学生评点不准（如学生读书无节奏，却要表扬有节奏；学生答题不完整，却要说对、很好）。3. 无条理，思路不清。老师不能准确运用归纳、演绎法讲述，不利于培养学生的分析、思维能力。怎样才能解决存在的各种问题，确保点拨狠呢？我校坚持引导教师吃透教材，语文教师先练课文后的综合题，力求答题标准，学校组织教师考教材、考基本功，促进教师努力提高文化水平。例如：2015 年暑假，我校小学、初中、高中语文教师写好秋学期的下水文，开学后，学校评讲教师的第一篇下水文，指出问题，要求复作，直到达到要求为止。这样，教师写好下水文，就能够提高在作文指导、评讲课上的点拨水平。同时，我校赛课、评课时，始终严格要求教师，注重评教师点拨的科学性、艺术性、实效性。这样，教师不断提高水平，点拨既能答案正确，又能让学生知其所以然，找到规律，上升理论，举一反三，触类旁通，预防运用时可能出现的错误，使学生不走弯路，答题规范，习惯严谨。

教师提高了水平，点拨准，点拨狠，就能当堂真正解决学生自学后的疑难问题。这确实是学生课堂上自学高效、课外负担减轻的保障。

我们永威学校常年赛课、评课，推广“先学后教，当堂训练”教学法已经快十年了，起步、上路、深化，看似容易却艰辛。我们既狠抓深化课改的重点，不断提高教师思想素质和引导、点拨水平，又狠抓灵活运用“先学后教，当堂训练”的操作方法，确保刚进校的教师快速上路，教育思想、教学方法和老教师基本一样。学校坚持统筹兼顾，协调发展，项项一流，小学、初中学生人人优秀，多数满分，高中质量连年焦作第一。不过，推广“先学后教，当堂训练”，深化课改，是长期的艰巨任务。我们一定加倍努力，实践创新，造就名师，创建名校，争取更大的胜利。

本文原载2016年3月1日《中国教育报》第7版

教好每名学生的秘密何在

（河南省首批义务教育标准化管理示范校在省厅集中评审的校长展示）

河南省沁阳永威学校常务校长　申芳

2006年以来，沁阳永威学校坚持面向全体，教好每名学生，成为中国名校，常年接待省内外来宾。沁阳市教体局多次发文，组织校长、教师进学校培训，学校成功举办过六届蔡林森教育思想研究会年会和20多次全国、省级课改研讨会。

怎么教好每名学生呢？学校的实践和体会有如下几点：

一、“没有教不好的学生”是能够教好每名学生的教育理念

2006年10月下旬，原江苏省洋思中学蔡林森校长加盟我校，发现学生参加沁阳期中统一测试，成绩很差。他坚信没有教不好的学生，连夜按期中成绩平行分班，教师抓阄接班，第二天清晨，召开动员会，取

消快慢班，正常上课。学生奋战三个月，期末成绩跃为沁阳一流。从此，我校不再分快慢班，教学质量在沁阳遥遥领先。

2017年，我校响应十九大“推进教育公平……努力让每个孩子都能享有公平而有质量的教育”的伟大号召，立即行动，营造教好每名学生的氛围，引导教师排除干扰，加倍努力教好每名学生，得到了家长、社会和参观来宾的好评。

《中国教育报》2019年3月6日发表的长篇报道《坚定政治方向，规范办学行为》以及多年多篇论文都作了总结，得到各地认可。

二、“以德贯穿 先学后教 当堂训练”是能够教好每名学生的教学模式

2006年，我校普遍推广、发展“先学后教，当堂训练”教学模式，教师不仅能引导学生课上紧张高效地看书、思考，练习、纠错，当堂正确理解，准确记忆，完成作业，形成能力，而且能不断创新，成果喜人。

2007年，小学数学形成了“四个一”教学模式，小学语文形成了“几个比”的教学模式；我校用上电子白板，把“先学”由原来的“学生看书后上讲台板演”改成了“学生看书后完成多题书面检测练习”；最近，我校形成了“以德贯穿 先学后教 当堂训练”最新操作方法，课上，教书与育人相统一，言传和身教相统一，学生坐立行读写姿势正确，能力增强，全面发展。

蔡校长撰写的《教学革命——蔡林森与先学后教》（首师大出版）、《蔡林森从洋思到永威》（北师大出版）两书和国家、省级报刊上多篇论文都对“先学后教，当堂训练”作过全面系统的总结，在全国产生很大的影响。2012年，小学“四个一”教学模式获得河南省教育科学研究优秀成果一等奖；2014年，“先学后教，当堂训练”教学法获得教育部课改成果一等奖。

三、“教书育人责任制”是能够教好每名学生的管理体制

十四年来，永威学校一直坚持暑假中修改、完善并签订新学年的教书育人责任制，即层层、全员承包（校长、中层干部、班主任、各学科教师），包教好每名学生，又项项承包（用餐、就寝、课外活动、保护视力、美化校园等），包项项一流；每天检查、记载，每月发放考核津贴，学期末（学年末），学校统计、公布全学期（全学年）考核结果，发放教师年终奖，这样极大地调动大家的积极性，确保全体学生全面发展，让每位家长满意。

蔡校长和任太平董事长合写的全国发行的《学校管理变革》一书，系统介绍教书育人责任制的管理体制，在全国影响很大。

四、“党建引领 教师优化”是能够教好每名学生的关键

我校党支部2018年被评为焦作市十佳先进基层党组织，2019年被评为焦作规范化标准化建设先进党支部、沁阳先进基层党组织。蔡林森校长被评为焦作市优秀党员，常务校长申芳芳被评为河南省劳动模范，党支部带领党员不断优化教师队伍。

同时，学校坚持岗前培训，确保新教师一上岗就能胜任，坚持师徒结对，以老带新，常年集体备课、赛课评课、开展教研，共同提高，确保人人都有教好每名学生的本领，坚持反对教师中的违规行为，确保教师人人遵纪守法，一心努力教好每名学生，无伤害学生、搞有偿家教等违纪行为，坚持给骨干教师压担子，扶上马，送一程，让他们去外地上课、讲学，写文章、参加编书；坚持家校结合，请家长参与学校管理，每月底测评教师，张榜公布，几乎人人满意率100%。长期的实践磨炼出一批受到省、市表彰、全国知名的校长、教师。

总之，我校坚持面向全体，教好每名学生，每年教学质量全市遥遥领先，都获得焦作、沁阳的奖牌，学校项项一流，被评为河南省依法治校示范校、河南省卫生先进单位、河南省园林单位、河南省最美校园、

河南省书法实验学校。今年2月，沁阳教体局下发全面、深入学习我校高质量发展的新文件，组织校长、教师进我校接受培训。

“以德贯穿：先学后教，当堂训练”教学模式越来越高效

河南省沁阳永威学校副校长　胡晓炜

2006年10月，蔡林森校长加盟沁阳永威学校后，沁阳市教育局就多次发文，组织校长进永威培训，组织教师进永威听课，沁阳很快掀起推广“先学后教，当堂训练”的热潮，收到了好的效果。近几年，永威学校继续坚持常年赛课、评课，不断推广、发展形成“以德贯穿：先学后教，当堂训练”教学模式，教学质量始终在全市遥遥领先。

2020年2月，沁阳教体局认真研究决定，下发文件《沁阳市教育体育局关于深入向蔡林森校长学习推进教育教学高质量发展的意见》，2020年10月9日下发《关于组织各校到永威学校培训学习的通知》，每天组织沁阳139名教师进永威听课，计入教师继续教育学时，同时，下发《沁阳市教育体育局关于开展中小学校长到永威学校封闭研修培训的通知》，组织全市中小学校长，分四期培训，每期培训一周，实行全封闭管理。培训学员们在永威参加听课、评课，每天晚上听永威校长、学部校长作讲座，周末上汇报课、参加演讲比赛，校长们十分激动，情不自禁地说，想不到永威学校创造了新的奇迹，课上得这么高效。大家心服口服，决心真心实意学永威，闫开校长说：“我们一定像永威学校那样常年赛课，不断打假，真正消灭废课、假课……”廉战胜校长说：“我们学习永威经验，就要用钉钉子精神，下足‘绣花’的功夫……”

的确，在2020年春天，防控疫情，学生居家学习，线上教学，家长

陪着孩子听课，都夸永威学校“以德贯穿 先学后教 当堂训练”教学模式好极了：学生就像在学校上课那样，按时上、下课，按照屏幕上出示的自学指导，紧张地看书、思考，回答问题，书面练习，讨论纠错，当堂完成作业。家长们主动与我校教师微信联系，表示十分满意，2020 年春学期末，沁阳学业水平测试，永威小学学生成绩人人优秀，教学质量被评为沁阳唯一的优秀级，永威初中教学质量在全市更加遥遥领先，沁阳市内外越来越多的家长愿意把孩子送来永威上学。

2020 年秋学期，进永威的参观考察者络绎不绝。10 月 31 日，学校举行开放日活动，省内外来宾高达 1200 多名，他们挤满了 6 个大公开课教室听课，挤满了大礼堂听讲座，个个激动，大有收获，不少与会代表会后主动带领校内教师再次进永威参观学习。根据新形势，我校决定 12 月 12 日再次举行开放日活动，报名参加的人数没有减少。

今年秋天，邀请我校校长、教师讲学、上公开课的地方明显增多。11 月 26 日、27 日，我校应邀赴广东第二师范学院讲学一整天，其中，蔡林森校长作了《教好每个学生的教育理念和教学模式》《坚持立德树人创建中国名校》的两场讲座，副校长胡晓炜作了《“以德贯穿：先学后教，当堂训练”教学模式的操作要领》《坚持教书育人责任制 实现标准化管理》的两场讲座，每场讲稿均达 2 万多字，校长站着演讲近两个小时，精神抖擞，均产生了轰动性的效应，广东第二师范学院的领导、教授高兴地和我校校长拍照留念，学员们争先恐后地与我校校长拍照，并主动与我校建立微信联系。

2020 年，学校被评为河南省首批义务教育标准化管理示范校。特别令人兴奋的是我校被评为河南省铸牢中华民族共同体意识教育示范学校，不仅因为我校一直坚定政治方向，规范办学行为，让 500 多名少数民族的孩子也都能享有公平而有质量的教育，让他们的家长也都能满意，而且因为我校坚持多年接待西藏、新疆以及四川阿坝等少数民族地区的校长、教师参观学习，向他们提供各种教育教学资料，帮助他们推广“以

德贯穿 先学后教 当堂训练”教学模式，为少数民族地区教育高质量发展作出了应有的贡献。

总之，我校坚持十四年常年赛课、评课，推广、发展形成的“以德贯穿 先学后教 当堂训练”教学模式越来越高效，影响越来越大。

我们坚信：在习近平新时代中国特色社会主义思想指引下，只要加强教师队伍建设，提高师德师风水平，坚持课堂上教书与育人相统一，言传与身教相统一，“以德贯穿 先学后教 当堂训练”教学模式就一定能够遍地开花，硕果累累。

本文发表于2021年1月4日《中国教育报》

沁阳市教育局关于全面深化实施“先学后教当堂训练”教学法的指导意见

沁阳市教育局文件沁教文〔2013〕33号

为深入贯彻落实《沁阳市教育局关于开展向蔡林森校长学习活动的决定》(沁教文〔2012〕193号)，进一步规范中小学课堂教学，全面深化实施“先学后教，当堂训练”教学法，持续提升课堂教学效率，现就有关工作提出如下指导意见。

一、要充分认识全面深化实施“先学后教，当堂训练”教学法的重要意义

蔡林森校长长期教育教学的实践成果——“先学后教，当堂训练”教学法，将洋思中学由普通的农村初中变成了全国名校。2006年，永威学

校在蔡校长领导下，确立“没有教不好的学生”的教育理念，推行“先学后教，当堂训练”教学法，实施“教书育人责任制”管理，永威学校教育教学质量快速提升，迅速由薄弱学校成长为全国名校，创造了“永威奇迹”。学校目前已成为教育部中小学校长培训实践基地、全国基础教育培训实践基地。2012 年，中国教育报刊社人民教育家研究院在永威学校成立了蔡林森教育思想研究会，永威学校已经成为影响全国的教育品牌。

蔡林森校长任职永威学校后，在初中继续深入推进“先学后教，当堂训练”教学法，努力让学生紧张高效地学习，初中教育质量连续位居焦作二百余所初中之首。同时积极探索“先学后教，当堂训练”教学法在小学、高中的应用模式，在永威小学形成了“四个一”教学模式，永威小学教育质量位居沁阳第一；在永威高中探索“自主、合作、自主”课堂教学模式，永威高中本科上线率跃居焦作第一，都取得了优异成绩。

我市近年来认真践行“先学后教，当堂训练”教学法，积极倡导“教书育人责任制”，教育教学质量连年提升，中小学学业水平质量监测成绩连续名列焦作第一，这是坚持实施“先学后教，当堂训练”教学法取得的丰硕成果。

实践证明，“先学后教，当堂训练”教学法能够科学、有效、快速地提升课堂教学效率，是我市中小学课堂改革必须遵循的教育原则。只有坚定不移地学习、研究和深化这种教学法，不断规范课堂教学，才能持续提高教育教学质量，真正实现学生“身心健康、素质全面、气质优雅、个性突出”的素质教育目标。

二、全面把握“先学后教，当堂训练”教学法，进一步规范课堂教学，提高课堂教学效率

（一）“先学后教，当堂训练”教学法在各学段的运用

1.“先学后教，当堂训练”在高中的应用

“先学后教，当堂训练”教学法在高中课堂的应用模式是“自主、合作、自主”。它的基本教学过程分为自主学习、合作学习、自主运用三个环节。

“自主学习”是在教师简明扼要地出示学习目标、进行自学指导后，学生带着思考题在规定的时间内，自学相关的内容，限时完成检测题。

“合作学习”针对“自主学习”环节暴露出来的问题，采用生生互动、师生互动、“兵教兵”的方式，通过学生之间、师生之间的更正、讨论，解决疑难问题。

“自主运用”是学生对当堂所学知识的自我检测和自我订正，基本要求是“限时训练”，学生独立紧张地完成课堂作业。

高中阶段实施“自主、合作、自主”教学模式，也就是“先学后教，当堂训练”。其中前一个“自主”，即“看书、检测”。“合作”，即“后教”。后一个“自主”，即“当堂完成作业”。

2.“先学后教，当堂训练”在初中的应用

“先学后教，当堂训练”教学法在初中课堂的教学程序为四个环节八个步骤，即辅助环节含三个步骤：板书课题、出示目标、自学指导；先学环节含两个步骤：看书、检测；后教环节含两个步骤：更正、讨论；当堂训练即限时训练。

初中阶段实施“先学后教，当堂训练”教学法的关键，在于教学全过程教师都要指导学生紧张、高效地自学。教师对学生通过自学或经过“兵教兵”后，已经掌握的内容，坚决不讲，教师只讲学生自学后还不能掌握的内容。

3.“先学后教，当堂训练”在小学的应用

“先学后教，当堂训练”教学法在小学的实践成果是看一看（读一读）、做一做、议一议、练一练“四个一”教学模式。它包括四个环节：看一看（读一读），即学生独立看书、思考，在教师的指导下，自主理解和把握新的知识点；做一做，即学生运用刚学到的新知识，试着去解决新问题；议一议，即学生更正、讨论，教师点拨；练一练，即学生当堂独立完成作业。

在上述四个环节中，学生是活动的主体，教师的引导是关键。“看一看（读一读）”前教师要让学生明确“看”的内容、方法、时间和要求，“做一做”时教师要认真巡视，发现学生做题中的错误，做到心中有数；“议一议”让学生充分地更正、讨论，教师引导、补充，帮助学生掌握规律和方法；“练一练”前教师要考虑作业量和难易程度，要设计必做题、选做题或思考题，满足学生不同层次的需要。

（二）落实“先学后教，当堂训练”教学法应做好的主要工作

1.学习课标，研究教材，提高教师运用教材的能力。要把学习研究课程标准，作为校本教研的中心和重点工作，通过“说课标、说教材”、考试等形式，促进教师对课标和教材深层次把握，提高教师落实课标运用教材的能力。

2.加强集体备课，充分发挥集体智慧和团队力量。

（1）集体备课的过程要求。根据课程标准，首先要科学制订教学目标、精心设计教学过程、认真精选训练题目；其次要集中研究、讨论和完善教学设计；最后，在统一的教学设计基础上，教师根据个人的教学风格、班级学情特点进行二次备课，最终形成具有自己风格的教案。

（2）集体备课的内容要求。集体备课要坚持“五统一”原则，即教学目标统一、自学指导统一、教学过程统一、教学手段（含课件）统一、训练或检测内容统一。

（3）集体备课要设计好堂清、周清内容，堂清、周清内容要涵盖课

程标准对学生基本知识、基本技能的全部要求。

3. 抓好“四清”，保障课堂教学效果

（1）进一步明确“四清”的意义

“四清”是保障“先学后教，当堂训练”教学法成功实施的重要环节，更是教好每个学生，尤其是教好后进生的必由之路。坚持“四清”，不仅能让学生不停地与遗忘作斗争，熟记知识点，夯实基础，而且能激发学生读书的积极性，培养学生爱读书的习惯和认真读书、高度负责的态度，增强学生的自信心，磨炼学生不屈不挠的意志，促进学生全面发展。

（2）准确理解“四清”的内涵

“堂堂清”：学生在课堂上紧张地看书、练习，当堂理解、记忆知识，再通过更正、讨论、教师点拨加深理解、记忆，最后通过当堂作业形成能力，达到“堂清”，不把作业和问题留到课后。

“日日清”：每天早读（文科为主）、晚自习（理科为主）及课余时间，学生熟记知识点，更正作业，做到当天该理解的都理解，该背的要会背，该运用的，都做对，做错了的都更正。对过不了关的少数学生，任课教师可挤时间给予辅导。

“周周清”：不出试卷，不考试，不阅卷，不搞疲劳战术，而是引导学生以课本为本，自背、自练、互背互查本周所学知识点，老师抽查，以点带面，人人一一过关。

“月月清”：每月自查、互查，学校抽查，查漏补缺。

（3）落实“四清”的基本要求

“四清”的对象是全体学生，尖子生先“清”，一马当先，带动后进。“四清”的重点是后进生，教师要特别关注最后几名学生，要从最后一名学生抓起，坚持每节课、每天、每周亲自一一查。“四清”的内容不仅包括理解、记忆知识，而且包括能运用知识，口述或做对课本上的练习、习题，并能触类旁通、举一反三。“四清”是相互联系，相互促进的，“堂堂清”是基础，每堂课达到目标，“日日清”、“周周清”、“月月清”就非常顺利；狠抓“周周清”、“月月清”，就能促进“堂堂清”、“日日清”。

（三）实施“先学后教，当堂训练”教学法基本课型要求

1. 关于新授课。每节课必须出示课题、学习目标、自学指导。学习目标应切合课程标准和学情，不得随意拔高或降低标准。自学指导必须明确自学内容、自学方法、自学时间和自学要求，要运用一定的激励手段，让学生紧张高效地学习，不同的学科或课型可以进行若干次自学。

“先学”环节的基本要求：学生看书时，教师要关注全体学生，同时把握好看书的时间。一般情况下不延长，培养学生紧张学习的良好习惯。

“后教”环节的基本要求：教师不能就题讲题，要引导学生寻找出规律。

“当堂训练”环节的基本要求：课堂练习的时间一般不少于 15 分钟，课堂练习要低起点，多层次，能够满足所有学生不同层次的需要。

根据学情不同、学科不同、课型不同，教师要学会灵活运用，真正实现自主、合作、探究的课改理念。在学习知识和掌握技能的同时，让学生掌握学习的方法，体验学习的过程，实现情感态度价值观目标。

2、关于复习课教学。复习课的基本原则是“先考后教，针对训练”。首先要通过有效检测，摸准学情。其次要针对检测结果，分析原因，教师开展针对性的点拨讲解，讲深、讲透、讲出规律，使学生触类旁通，掌握方法和技巧；最后要选择针对性较强的题目进行拓展训练，培养学生综合运用知识的能力。

三、保障措施

1. 提高认识，狠抓落实。各中小学要深入贯彻落实《沁阳市教育局关于开展向蔡林森校长学习活动的决定》（沁教文〔2012〕193 号）文件精神，组织教师认真学习研究蔡林森校长《教学革命》、《学校管理变革》等重要著作，深刻领会蔡林森教育思想的精髓，切实掌握“先学后教，

当堂训练”教学法的理论基础、方法运用及各学科的操作方法。要通过考试、赛课、评课等多种方式保障学习效果，真正使每个教师深刻理解课改原则，系统掌握课堂教学方法，不断提高课堂教学效率。

2. 强化领导，确保效果。深化实施“先学后教，当堂训练”教学法的关键在于领导重视，各校要切实加强对课改工作的领导，校长作为第一责任人，要深入学生、深入教师、深入课堂，深入“四清”全过程，不断发现并及时解决教学管理中存在的问题，确保课改效果。

3. 加强考评，促进课改。建立健全考评机制，定期评选课改示范校，表彰和奖励表现突出的学校和个人，激发广大教师干事创业的积极性；对行动迟缓，力度不大，落实不到位的学校要通报批评，并限期整改。

沁阳市教育局

二〇一三年三月十四日

沁阳市教育体育局关于深入向蔡林森校长学习推进教育教学高质量发展的意见

沁阳市教育体育局文件　沁教体发〔2020〕15号

焦作工贸职业学院，各中小学、幼儿园，局直各单位：

根据《中共中央国务院关于深化教育教学改革全面提高义务教育质量的意见》《国务院办公厅关于新时代推进普通高中育人方式改革的指导意见》(国办发〔2019〕29号)精神，市教体局决定在全系统开展深入向蔡林森校长学习活动，推进教育高质量发展，办好人民满意的教育，持续争先进位，建设教育强市，为奋力建设全面体现新发展理念示范城市先行区作出更大贡献。现提出如下意见。

一、指导思想

以习近平新时代中国特色社会主义思想为指导，深入学习贯彻党的十九大，十九届二中、三中、四中全会精神，坚定中国特色社会主义道路自信、理论自信、制度自信、文化自信，践行创新、协调、绿色、开放、共享新发展理念，弘扬黄河文化。深入贯彻落实“教育是国之大计、党之大计”的重要论断，贯彻党的教育方针，坚持立德树人、铸魂育人，始终做到初心如磐、使命在肩、只争朝夕、不负韶华，办好人民满意的教育，持续争先进位，建设教育强市，在高质量发展的道路上不断实现新的跨越，为奋力建设全面体现新发展理念示范城市先行区作出更大贡献。

二、工作目标

坚定政治方向，办好每一所学校，进一步擦亮我市教育品牌。推动形成校兴我荣、校衰我耻的办学作风，让每个孩子都能享有公平而有质量的教育、办好人民满意的教育，成为全市全体教育人的理想信念和价值追求。

打造一支讲政治、讲学习、讲团结、讲实干、讲纪律、讲廉洁，政治过硬、责任过硬、能力过硬、作风过硬的蔡林森式校长队伍。推动形成万众一心加油干、越是艰险越向前的工作作风，让办好学校、培养好老师、教好学生，成为全市校长的理想信念和价值追求。

培育“有理想信念、有道德情操、有扎实学识、有仁爱之心”好老师。推动形成勇担重任、教书育人、甘当人梯、注重师风的工作作风，让争当中华民族“梦之队”的筑梦人、争做塑造学生品格品行品味的“大先生”，成为全市教师的理想信念和价值追求。

三、学习内容

（一）坚定政治方向

1. 践行习近平新时代中国特色社会主义思想。学习蔡林森校长认真贯彻落实习近平新时代中国特色社会主义思想，始终不忘初心，牢记使命，听党话、跟党走，忠诚党的教育事业，全面贯彻党的教育方针，中小幼思政课建设旗帜鲜明、螺旋上升、一体渐进，坚持抓好培养什么人、怎样培养人、为谁培养人这个根本问题，时刻在习近平新时代教育思想的引领下砥砺前行。

2. 践行全心全意为人民服务宗旨。学习蔡林森校长将习近平总书记“我将无我、不负人民”作为自己的座右铭，治理一所集高中、初中、小学、幼儿园四个学段8000名学生规模的学校，始终做到一个“无我”的状态，为永威学校的发展坚守岗位、殚精竭力、无私奉献、越战越勇，让每个孩子都享有公平而高质量的教育，努力办好人民满意的教育。

3. 践行立德树人教育根本任务。学习蔡林森校长时时处处立德树人、铸魂育人，坚持将立德树人作为中心环节，把思想政治工作贯穿教育教学全过程，实现全程育人、全方位育人。在“先学后教，当堂训练”教学模式基础上，形成具有时代特色的以德贯穿“先学后教，当堂训练”新时代高效教学模式，培养德智体美劳全面发展的社会主义建设者和接班人。

（二）深化改革开放

1. 深化教学变革。学习蔡林森校长自觉将改革作为办好学校、培养好老师、教好学生的关键一招，创立“先学后教，当堂训练”教学模式，推进教学革命，在教育教学实践中摆正“教”与“学”的主次、顺序和关系，即以“学”为主，“教”为次；先“学”，后“教”；学生是主体，教师是主导；以学定教。学习蔡林森校长完善以德贯穿“先学后教，当堂训练”新时代高效教学模式，由重教学方法的改革阶段转为重思想政治教育的改革阶段，既重教书更重育人，既重知识更重品德，既重技能更重习性，促进教师与学生的共同发展、全面发展、高质量发展。

2. **推进管理变革**。学习蔡林森校长创立“教书育人责任制”，推进管理体制创新，实现人人有事干、人人有责任、人人都是管理者、人人都是被管理者的高效管理目标，激发每位教职员工的工作潜能，提升新时代教师专业素质能力，培养一大批来之能战、战之必胜的过硬教师团队。

3. **坚持开放办学**。学习蔡林森校长通过学校大开放促进质量大提升的工作思路，建立健全与先进地区、高校及科研机构合作交流机制，学习先进教育理念，借鉴先进经验，引进优质教育资源，加大与知名学校合作办学力度，创新合作模式，打响教育品牌，提升教育对外开放质量和水平。

（三）加强制度建设

1. **下大气力建制度、立规矩**。学习蔡林森校长在长期的教育教学实践中，创立完善以“教书育人责任制”，以德贯穿“先学后教，当堂训练”新时代高效教学模式，“堂堂清、日日清、周周清、月月清”（以下简称“四清”）工作等为内核的学校制度体系。各中小学要立足工作实践，广泛征求意见，努力建设具有根本性、全局性、稳定性、长期性和体现指导性、针对性、操作性的学校制度体系，让制度成为提升管理效能、擦亮学校品牌的最大优势。

2. **下大气力抓落实、抓执行**。学习蔡林森校长强化制度意识，自觉尊崇制度，严格执行制度，坚决维护制度，健全权威高效的制度执行机制，加强对制度执行的监督，推动学校制度落实工作抓实抓细。学习蔡林森校长带头维护制度权威，做制度执行的表率，坚决杜绝做选择、搞变通、打折扣的现象，防止硬约束变成“橡皮筋”、“长效”变成“无效”。

（四）主攻教育质量

1. **盯紧常规教学**。学习蔡林森校长常年坚持赛课，紧紧抓住课改“牛鼻子”，抓细集体备课、抓强课堂教学、抓牢“四清”工作、抓实校本教研等，提高常规教学质量。

2. **落实精细管理**。学习蔡林森校长坚持推进精细化管理，时时同党中央要求“对标”，用人民群众新期待“透视”，高标准做好每件事，高质量抓好每节课，落实精细化管理，实现教育教学高质量发展。

3. **解决矛盾问题**。学习蔡林森校长直面问题的勇气，解决问题的水平，不断增强问题意识，准确发现和正确解决前进道路上的各种矛盾和问题，特别是紧紧抓住课堂教学的主要矛盾和关键问题，不断提高学校治理能力。学习蔡林森校长以壮士断腕的勇气、凤凰涅槃的决心，敢于向积存多年的顽瘴痼疾开刀，敢于触及深层次矛盾，把改革进行到底。

4. **激发师生干劲**。学习蔡林森校长善于激发教职员工的奋斗精神，树立奋斗光荣、实干光荣的鲜明导向，下大力气开展教师培训，营造比学赶超、主攻教育质量的浓厚氛围，促进我市教育永远朝气蓬勃。

（五）涵养斗争精神

蔡林森校长将办好名校、培养名师、教好学生，生命不息、战斗不止，每天享受着战斗的欢乐和成功的喜悦作为自己最大的幸福，把办不好学校、误人子弟、受到良心的责备作为最大的痛苦。要学习蔡林森校长始终以饱满激昂、焕然一新的工作“精气神”，去获得发展的主动，破解发展的难题，找寻新的发展动力。

四、推进路径

（一）系统学习运用蔡林森教育思想内核

1. **坚信“没有教不好的学生”教育理念**。广泛宣传动员，深入系统学习蔡林森教育思想，学习“没有教不好的学生”教育理念，坚持以人为本，改革育人模式，更加注重开发和挖掘学生禀赋和潜能，更加注重培育学生发展核心素养，培养德智体美劳全面发展的社会主义建设者和接班人。

2. **用好以德贯穿“先学后教，当堂训练”新时代高效教学模式**。组织教师系统学习蔡林森校长发表文章和最新专著《以德贯穿 先学后教 当堂训练各科操作指南》，将以德贯穿“先学后教，当堂训练”新时代高效教学模式，作为全市中小学校基本教学法，灵活运用于各学科教学实践，努力实现每节课学生紧张、高效学习，当堂达到知识目标；增强分析、解决问题等能力，努力提高核心素养，养成良好习惯。

3. **落实“教书育人责任制”**。在学校管理的方方面面，完善制度建设，发挥制度优势，落实承包责任制，开展学生自主管理，明确工作高标准，推进管理制度化、精细化、流程化，实现事事有人管、人人有责任、项项高标准、件件精细化，切实提升管理效能。

4. **抓牢“四清”工作**。“四清”工作是实现教学高质量发展的重要保障，各中小学校要结合实际，以德贯穿，抓实“四清”工作，打牢基础知识，培养学生迎难而上的意志品质和行为习惯，努力让每个孩子都能享有公平而有质量的教育。

（二）组织校长教师永威培训

1. **开展“影子”培训**。组织教体局班子成员、全市中小学校长（含副校长和完全小学校长）、责任督学、骨干教师，分批次深入永威学校，跟随蔡林森校长，开展每学期一周的封闭式“影子”培训。通过聆听讲座、参加听评课、撰写学习心得、深入调查研究等方式，与时俱进、近距离学习蔡林森校长坚定政治方向、深化改革开放、加强制度建设、主攻教育质量、涵养斗争精神的思维思路、方式方法、制度机制等。学以致用，将永威学校教育教学工作的好经验、好做法与本校工作实际相结合，切实推动工作，持续增强干劲，实现质量提升。校长要通过“影子”培训，进一步讲政治、讲学习、讲团结、讲实干、讲纪律、讲廉洁，政治过硬、责任过硬、能力过硬、作风过硬，争当蔡林森式校长，办好学校，擦亮学校品牌。

2. **开展学科轮训**。分学段、分学科、分批次，组织开展学科教师封闭轮训，教育集团成员学校校长和教研室学科教研员负责组织，通过聆听讲座、参加听评课、撰写学习心得、深入调查研究等方式，学习掌握永威学校以德贯穿“先学后教，当堂训练”新时代高效教学模式、“教书育人责任制”和“四清”工作的具体操作法，结合工作实际，完善教育教学工作方法，教好每一名学生，推进学科教学高质量和班级管理高质量。每学期集中开展1次，每次不少于2天。

3. **开展靶向学习**。学校及时梳理教育教学过程工作中产生的难题，带着问题、灵活机动组织教师深入永威学校开展精准学习、靶向“就诊”，组织学习一次，解决问题一批，整改提升一档。

（三）持续开展课改大比武活动

制订教体系统关于开展“三赛四比”课改大比武的实施方案，营造浓厚的课改大比武氛围，常年比武、全员参与、以赛促改、以改提质。组织校内课改赛、教育集团内课改赛、全市课改赛三个层级的比赛，系统开展比集体备课质量、比课堂效益、比“四清”效果、比教学成绩四个方面的评比。开展校长公开课大比武和骨干教师课改成果展示活动，抓“关键少数”课改能力带“绝大多数”课改能力提升。评选表彰一批沁阳市课改先进校、课改优秀校长、课改优秀教师。

（四）推进以德贯穿“先学后教，当堂训练”新时代高效教学模式与教育信息化的深度融合

依托信息技术营造信息化教学环境，推进信息技术在日常教学中的深入、广泛应用。加强教师融合应用能力培养，引导教师开展网络备授课、网络教研、网络听评课。有针对性地开展以德贯穿“先学后教，当堂训练”新时代高效教学模式与信息技术深度融合的课例培训。研究微课在以德贯穿“先学后教，当堂训练”新时代高效教学模式中的应用。培养教师利用信息技术开展学情分析与个性化教学的能力，增强教师在信息化环境下创新教育教学的能力，让信息化教学真正成为教师教学活动的常态。

五、保障措施

（一）提高认识，加强领导

深入向蔡林森校长学习，是我市教体系统学习贯彻习近平新时代中国特色社会主义思想，推进教育教学高质量发展的重要抓手和主要措施。教体局成立以党组书记、局长为组长，其他党组成员和科级干部为副组长，各科室、二级机构负责人和各中小学校长为成员的深入向蔡林森校长学习推进教育教学高质量发展工作领导小组，切实强化学习工作领导。各中小学校要高度重视，成立深入向蔡林森校长学习推进教育教学高质量发展领导小组，一把手校长负总责，系统谋划，制订方案，分工负责，统筹推进。

（二）真学善用，务求实效

深入向蔡林森校长学习，各中小学需真学真懂真信真用。必须在学懂上下苦功夫，树立依靠学习走向未来的理念，不断与蔡林森校长比差距，自觉增强深入向蔡林森校长学习的主动性，坚决摒弃自我满足、浅尝辄止，严格杜绝拿学习来装门面、喊口号。必须在弄通上下苦功夫，通晓蔡林森校长教育思想内核，像蔡林森校长一样，坚定政治方向、深化改革开放、加强制度建设、主攻教育质量、涵养斗争精神。必须在做实上下苦功夫，既绵绵用力又集中发力，将蔡林森教育思想与本校教育教学工作实际相贯通，一节课一节课抓落实，抓出高标准；一项工作一项工作抓效能，抓出高质量，汇聚起全市教育系统抓高质量的工作合力、不竭动力。

（三）完善机制，强化考核

教体局将深入向蔡林森校长学习与党建工作深度融合，选准结合点、切入点，通过有效的载体和形式，通过一体化考核，使党建工作与业务工作结得更紧、抓得更实。采取经常性督查、巡回检查和随机抽查等方式，对各学校活动开展情况进行督促检查，及时了解活动开展情况，总结、推广先进典型经验。教体局各科室和二级机构要深入分包学校，通过听评课、与教师座谈等形式，及时了解活动开展情况，对学校提出指导性意见。各校要将深入向蔡林森校长学习作为推进教育教学高质量发展的长线保障，建立长效机制，推动学习活动向纵深开展。

2020 年 2 月 14 日

出版的代表性著作

1. 中国当代著名教学流派丛书《蔡林森与洋思经验》一书，由我和邱学华一同编著，国际文化出版公司 2005 年出版。

2. 中国当代著名教学流派丛书《教学革命——蔡林森与先学后教》一书，首都师范大学出版社 2010 年出版，十多次再版。

3. 中国当代著名教学流派《蔡林森：学校管理变革》一书，由我和任太平一同编著，首都师范大学出版社 2012 年出版。

4. 教育家成长丛书《蔡林森从洋思到永威》一书，北京师范大学出版社 2015 年出版，2021 年第 5 次印刷。

5. 编写了《学生谈永威》、《教师谈永威》、《家长谈永威》、《实话实说——家长、学生谈永威》以及每年《教工手册》等。

近几年发表的代表性论文

1. 长篇课改论文《优化课堂教学实施素质教育》发表于 1998 年 7、8 期《人民教育》，全面介绍“先学后教，当堂训练”教学模式，文章分三大部分：第一部分：明确素质教育的课堂教学模式，第二部分：形成素质教育的课堂教学结构，（“先学后教，当堂训练”），第三部分：建立素质教育的评价标准。

2. 长篇课改论文《每节课教师讲几分钟岂能硬性规定》，发表于 2007 年 11 月 20 日《中国教育报》，着重阐明了课改在以科学发展观为指导，依靠科学，遵循规律，正确处理好各种关系，不可搞极端化、形式主义。

3.《校长素质与学校品牌建设》，发表于 2008 年 4 月 25 日《教育时报》。

4.《当校长就是为了教好每个学生》，发表于 2009 年 7 期《江苏教育》。

5.《从洋思到永威》，发表于 2010 年 6 月 7 日《中国教育报》。

6.《吃苦是福》，发表于 2010 年 21 期《人民教育》。

7、《课改断想》，发表于 2011 年 22 期《人民教育》。

8.《永威课改的 10 条定理》，发表于 2011 年 10 月 11 日《中国教育报》。

9.《永威学校管理的 10 条定理》，发表于 2011 年 10 月 25 日《中国教育报》。

10.《“先学后教”岂要“学案”支撑》，发表于 2013 年 11 期《人民教育》。

11.《课改，亟需科学发展观引路》，发表于 2013 年 12 月 4 日《中国教育报》，该文论述课改必须以科学发展观引导，标题为（1）要认真研究、正确理解“先学后教，当堂训练”。的教学模式，着重讲了“先学后教，当堂训练”教学模式是科学的、高效的、可操作的教学模式。（2）要常年赛课，灵活运用“先学后教，当堂训练”的教学模式。（3）要排队干扰，正确推广“先学后教，当堂训练”教学模式。（4）科学发展观是深化课改的法发。

12.《课改有规矩，不能太“任性”》，发表于 2015 年 4 月 8 日《中国教育报》。

13.《解密“教书育人责任制”》，发表于 2015 年 4 月 13 日《中国教育报》。

14.《掀起“先学后教，当堂训练”的盖头》，发表于 2015 年 4 月 16 日《中国教育报》。